◆ 高等学校小学教育专业教材 ◆

中国文化概说

主　编　陈书禄
副主编　王　青

南京大学出版社

高等学校小学教育专业教材
编写委员会名单

目　录

绪 论[①]

彬彬哉我文明！

五千余岁历史古，光焰相续何绳绳。[②]

在灿烂的世界古老文化中，如巴比伦文化，古埃及文化，古印度文化，古希腊、罗马文化等，有的早已灭绝，有的遭到破坏或摧残，有的出现大断层而失去光泽，唯有源远流长而又博大精深的中国文化一直生气勃勃，并且代有高峰，蔚为壮观。在相当长的时期里，中国文化一直站在世界文化的前列，是世界上自成体系、独树一帜的文化。现在，中国文化不仅积淀着深厚的底蕴，而且焕发出新的生机，以更加坚实的步伐走向世界，走向现代化。

第一节 “文化”界说与“中国”的含义

本书名为《中国文化概说》，意在展示中国文化发展的大致风貌，探讨中国文化演变的基本规律，使人们更具体、更深入地了解中华民族在这块古老的土地上，在悠久的历史进程中，是怎样在特定的自然环境和特定的社会历史条件下创造了自己的文化，形成了至今犹存的文化特征。因此，首先应该对“文化”的概念作简要的界定，对“中国”的含义作简要的说明。

“文化”的定义，往往是“仁者见仁，智者见智”。西汉刘向《说苑·指武》中写道：“凡武之兴，为不服也，文化不改，然后加诛。”西晋束皙《补亡诗·由仪》中写道：“文化内辑，武功外悠。”南朝齐王融《三月三日曲水诗序》中写

---

① 此章与第一章参考阴法鲁、许树安主编《中国古代文化史》（北京大学出版社，第一册，1989年；第二、三册，1991年），冯天瑜等著《中华文化史》（上海人民出版社，1990年），李宗桂著《中国文化概论》（中山大学出版社，1988年），张海鹏等主编《中国传统文化论纲》（安徽教育出版社，1996年），丁守和主编《中华文化大辞典》（广东人民出版社，1989年）及《中国大百科全书》（中国历史卷，中国大百科全书出版社，1992年）等。

② 梁启超《爱国歌四章》其三，《饮冰室文集》之四十五（下），《饮冰室合集》第五册，中华书局，1989年版。彬彬：既有文采又有内容，这里有优秀而丰富多彩的意思。绳绳：连绵不断。

道："敷文化以柔远，泽普汜而无私。"其中的"文化"均指封建王朝的"文治教化"，意为用诗书礼乐等教化世人，是与"武功"相对而言的概念。大体说来，中国古代的"文化"概念，基本上属于精神文明的范畴，与没有教化的"野蛮"等形成反照。

近代以来，人们对文化的概念进行了多方面的探讨。梁启超在《什么是文化》中说："文化者，人类心能所开释出来之有价值之共业也。"梁漱溟在《东西文化及其哲学》中说，文化是"生活的样法"。据美国文化学家克罗伯和克拉克洪 1952 年出版的《文化：概念和定义的批评考察》中统计，世界各地学者对文化的定义有 160 多种。这也就是说，"文化"是中国古已有之的词汇，在近代吸收了西方学术思想后，被赋予了新的含义。本书所讨论的"文化"，力求古今贯通，中西汇合，侧重于以下四个层面：

第一个层面为物态文化，或称"物质文化"。所谓"物态文化"，是由"物化的知识力量"所构成的，包括人类加工创制的各种器具，是可以看得见、摸得着的具有物质实体的文化，也就是人们的物质生产活动方式和产品的总和。例如人们衣、食、住、行所凭借的物质条件，那衣裳、冕帽、鞋、袜等，那柴、米、油、盐、酱、醋、茶等，那都城、宫殿、平房、楼房、窑洞、帐篷、吊脚楼、蒙古包等，那马车、石桥、木船乃至汽车、火车、飞机等，还有那雄伟壮观的万里长城，那庄严肃穆的北京天坛，那巍峨壮丽的曲阜孔庙，那清静幽雅的成都武侯祠，那小巧玲珑的苏州拙政园，那气势宏大的秦始皇陵兵马俑等，都是"物化的知识力量"，都称之为物态文化。当然，不同时代、不同民族，物态文化风貌也各不相同。比如战国时期西北游牧民族的服装特征为短衣、长裤、革靴，衣服紧窄，与汉族当时的宽衣博带不同。中原地区的赵国武灵王为了组织骑兵，最早推行"胡服"（西北游牧民族的服装），并且学习游牧人的骑射等方式，史称"胡服骑射"。又比如唐代女子服饰的特点是梳螺髻，穿窄袖短襦，半臂，肩上搭有披帛；而宋代女子服饰的特点是梳高髻，戴高冠，穿窄袖对襟背子。明代的官服是戴乌纱帽，穿盘领袍；清代的官服则是戴暖帽或凉帽，穿马褂长袍。显然，物态文化是文化整体（还包括下文所说的制度文化、行为文化、心态文化等）的物质基础，一定时代的物态文化往往与这个时代其他层面的文化发展相互协调（当然，它们之间有时也不成正比）。例如，唐代国势鼎盛、气度恢宏的文化（所谓"盛唐气象"），有着坚实的物质基础，诚如诗人杜甫在《忆昔二首》其二中所描绘的那样："忆昔开元全盛日，小邑犹藏万家室。稻米流脂粟米白，公私仓廪俱丰实。"

第二个层面为制度文化。所谓"制度文化"，是由人类在社会实践中组成的各种行为规范、准则以及各种组织形式所构成的。制度文化所反映的是人与人之间的关系，这种关系表现为各种各样的制度，包括政治制度、经济制度、文化制度、教育制度、军事制度、法律制度、婚姻制度等。例如中国封建社会的官制、铨选制、田制、兵制、刑制、爵制、勋制及至姓氏制度等一系列典章制度。又例如，明代从洪武四年(1371 年)开始，在各州县设立由粮长负责征解税粮的制度，其办法是每州按征收粮食的数额分为若干粮区，各区设粮长。这种制度先在南直隶(今江苏、安徽省)等地推行。其中上元县(治所在今江苏省南京市)平均每区辖 20 余里。由于辖区较大，粮额便多了，征收税粮任务繁重，粮长以下便采用里长、甲长分层负责制。由里长、甲长催征，粮长收解。另外，苏州府、松江府等地的粮长之下设知数(司计算)1 人，斗级 20 人，粮米运夫约有 1000 人。粮长制是中国封建社会一种独特的社会经济制度，也是一种独特的制度文化。这种制度文化在“鱼米之乡”、税粮重地的江苏一带显得更有特色。当然，不同时代、不同时期的制度文化有着不同形态。例如中国古代的铨选制度，春秋时为世袭制，战国时又以客卿制作为补充，两汉时盛行察举制，魏晋南北朝时实行“九品中正制”，隋唐至明清则推行科举制度。从社会制度方面来说，世界上许多国家都先后经历了奴隶制、封建制和资本主义制度。在当今世界上主要是社会主义和资本主义两种社会制度并存。

第三个层面为行为文化。所谓“行为文化”，是人类社会实践中，尤其是在人际交往中约定俗成的行为习惯，往往是以礼俗、民俗、风俗等形态出现的行为规范。例如我国传统节日习俗中，除夕夜吃“团圆饭”，元宵节赏灯，清明节扫墓，端午节裹粽子和划龙舟，中秋节赏月并吃月饼，重阳节登高、赏菊等。而登高与赏菊，都反映了人们辟邪消灾、健康长寿的美好愿望。宋代人给菊花起了一个雅致的别号——“延寿客”。每年重阳节，平民百姓都要买两株菊花玩赏；而皇宫与达官显贵之家更是将赏菊当作一件盛事，大张旗鼓地操办。据说宋代宫廷中，每年重阳节分列菊花万株，名花珍品，五彩缤纷，灿烂眩目，并且还要点菊灯，其盛况与元宵节差不多。清代人赏菊的风气比宋代人更盛。据说清代都城北京在重阳节要立“九花山子”。每当重阳节，富贵人家用数百盆菊花架在高楼大厦上，远远望去好似一座座菊花山。因为菊花称为“九花”，所以叫“九花山子”。应该说，行为文化有较强的时代色彩。在中国封建社会里，“三纲五常”等伦理纲常严重地束缚并扭曲了人们的行为方式。但在中国传统的行为方式中还有很多良风美俗，诸如敬父母、尊师长、爱兄弟、重朋友等传统美德和行为规范，在新的历史条件下不仅

不会消亡，而且还应该发扬光大。例如，在交友方面要注意择交，孔子告诫他的弟子们说："益者三友，损者三友。友直，友谅，友多闻，益矣。友便辟，友善柔，友便佞，损矣。"[①]意思是说：和正直的人、诚实可信的人、见闻广博的人交朋友，就会得到益处；和逢迎谄媚的人、当面奉承背后毁谤的人、花言巧语华而不实的人交朋友，就会受到损害。这"三益"、"三损"的交友原则，对于我们今天的行为方式颇有借鉴意义。

第四个层面是心态文化，或称"精神文化"、"社会意识"。所谓"心态文化"，是由人类在长期的社会实践和意识活动中形成的价值观念、道德情操、审美情趣、思维方式、宗教感情、民族性格等。这些都是文化整体中的核心部分，如儒家、道家、墨家等哲学思想，再如《诗经》、楚辞、汉乐府、唐诗、宋词、元曲、明清小说等文学艺术，又如佛教、道教、伊斯兰教、基督教等宗教。作为心态文化重要特征之一的思维方式，中西方人也有较大的差异。中国人传统的思维方式往往是把世界看成一个动态平衡的整体，有所谓的"天人合一"说，认为天与地、人与世界是一个整体，二者之间相互协调，和谐一致，因而往往侧重于内向的、亲和的、协调的而又直觉的思维。与此相反，欧洲人的思维方式是较多地强调人与物、人与社会、人与人之间的对立与冲突，因而侧重于外向的、个人的、功利的而又是逻辑的理性思维。心态文化不仅具有鲜明的民族特点，而且具有较强的时代特点。例如，早期定都南京后来又以此地为南都的明朝，其士人心态与那国势鼎盛、气度恢宏的唐朝士人心态迥然不同。在此，以唐代与明代各一首《早朝》诗作比较，以"窥一斑见全豹"的方法来观照李唐王朝与朱明王朝不同的庙堂文化与士人心态：

绛帻鸡人报晓筹，尚衣方进翠云裘。
九天阊阖开宫殿，万国衣冠拜冕旒。
日色才临仙掌动，香烟欲傍衮龙浮。
朝罢须裁五色诏，佩声归到凤池头。
——王维《和贾至舍人早朝大明宫之作》

火城渐簇大明宫，随例高呼岁岁同。
残雪在帘如落月，轻烟半树信柔风。
金支缥缈春阴外，碧落参差夜气中。

① 《论语·季氏篇》。

却忆庚寅元日事，廿年天语不曾通。
——钟惺《辛亥元日早朝》

这两首诗在写“早朝”中展示了不同的庙堂气象和不同的士人心态：盛唐王维的诗在“万国衣冠拜冕旒”等大唐鼎盛的气象中，展示了士人雍容的心态和博大的胸襟；而晚明钟惺的诗则是在残雪落月、夜气阴郁之中流露出文人的忧愤：“却忆庚寅元日事，廿年天语不曾通。”据谈迁《国榷》卷七十五记载，庚寅万历十八年(1590年)正月，明神宗朱翊钧召见辅臣，声称“朕疾锢矣”，从此不召见辅臣、不批发奏章便成了惯例。钟惺《早朝》诗写于辛亥万历三十九年(1611年)，“廿年天语不曾通”为实录。显然，造成钟惺忧愤的根源在于万历皇帝荒淫怠政，导致了朝政荒废，党争激烈，吏治败坏，民不聊生。换言之，以王维、钟惺的诗为例，将两种庙堂气象、两种士人心态作对比，更加映衬出晚明乃至有明一代士人充满着忧患感、危机感的心态。

综上所述，物态文化、制度文化、行为文化和心态文化等各个层面各有侧重，同时又相互依存、相互渗透、相互制约、相互推动，构成了完整的文化结构。

以上为“文化”的界定，再说“中国”的含义。

图0-1　1963年出土于陕西宝鸡贾村的何尊

“中国”一词，最早出现于西周。1963年，在陕西宝鸡市贾村出土的“何

尊"，其铭文中写道："武王既克太邑商，则廷告于天，曰：'余其宅兹中国，自之辟民。'"古时"中国"的含义有两个方面：一是指京师为中国。《诗经·大雅·民劳》中说："惠此中国，以绥四方。"汉代毛亨传："中国，京师也。"又如司马迁《史记·五帝本纪》中说："夫而后之中国，践天子位焉，是为帝舜。"南朝宋裴骃《集解》："刘熙曰：……帝王所都为中，故曰中国。"在这里，"国"是都邑的同义词，中国就是天子所居的城，与四方诸侯对举。二是指华夏族地区为中国，因为华夏族在"四夷"[①]之中。例如《诗经·小雅·六月序》中说："《小雅》尽废，则四夷交侵，中国微矣。"又如《礼记·中庸》中说："是以声名洋溢乎中国，施及蛮貊。"此处"中国"也是指华夏族地区。

与"中国"含义相同的有"中华"。如《三国志·蜀书·诸葛亮传》中说："与亮友善。"南朝宋裴松之注："若使游步中华，骋其龙光，岂夫多士所能沈翳哉！"此处"中华"与中国、中原等同义。又如《魏书·宕昌羌传》中说："其地东接中华，西通西域。"其初，"中华"仅指黄河中下游，后来，随着各朝疆土不断扩大，凡所统辖，皆称"中华"。而且，"中华"一词不仅仅局限于地域或种族的意义，人们还发掘出"中华"的文化内涵，如《唐律释文》（王元亮重编）卷三中说："中华者，中国也。亲被王教，自属中国，衣冠威仪，习俗孝悌，居身礼义，故谓之中华。"又如章太炎说：

> 中华之名词，不仅非一地域之国名，亦且非一血统之种名，乃为一文化之族名。故《春秋》之义，无论同姓之鲁、卫，异姓之齐、宋，非种之楚、越，中国可以退为夷狄，夷狄可以进为中国，专以礼教为标准，而无有亲疏之别。其后经数千年，混杂数千百人种，而其称中华如故。以此推之，华之所以为华，以文化言，可决知也。[②]

与"中国"相同含义的还有"华夏"。华夏，古代汉族的自称，亦作"诸夏"。"华"意为"荣"[③]，"夏"意为"中国之人"[④]。华夏族的始祖是古代传说中的黄帝。上古时期约在姬水一带形成了较为先进的黄帝族，黄帝族与住在姜水一带的姜姓炎帝族世代互通婚姻。后来黄帝族后裔中的一支进入今山西南部，创造了夏文化，就称夏族。夏族进入中原建立了中国第一个王朝

---

① 东夷、西戎、南蛮、北狄统称四夷，这是古代统治者对华夏族以外各族的蔑称。

② 《中华民国解》，《章太炎全集》（四）《太炎文录初稿·别录》卷一。

③ 《说文解字·华部》。

④ 《说文解字·夊部》。

夏代，再传就是生息在陕西境内的姬姓周族。黄帝族经过夏、周两代与戎、狄、蛮、夷(所谓“四夷”)等其他各族的冲突、交往与融合，文化礼俗等方面的差别日趋减少，到战国时期形成了统一的华夏族。中国称“华夏”，带有礼仪文化的色彩。如《左传·定公十年》中说：“裔不谋夏，夷不乱华。”孔颖达疏解说：“中国有礼仪之大，故称夏；有服章之美，谓之华。华夏一也。”

众所周知，中国历史上先后建立了夏、商、周、秦、汉、魏、晋、宋、齐、梁、陈、隋、唐、宋、元、明、清等朝代，但是中国古代所有的朝代都不以中国为名，又都以中国通称。至明末清初西方传教士东来，他们均称明、清两朝为“中华帝国”，简称是“中国”。康熙二十八年(1689 年)订立《中俄尼布楚条约》，规定中俄疆界划分和两国人民归属的称谓，对其中一方使用的是“中国”与“中国人”来称呼。这是以国际条约的形式首次将“中国”作为主权国家的专称，专指我国全部领土。辛亥革命后成立的南京临时政府(1912 年 1 月 1 日成立)，标志着中国历史上第一个资产阶级共和国的建立，结束了两千多年来的封建帝制，首次定国号为“中华民国”。1949 年 10 月 1 日，建立“中华人民共和国”(简称“中国”)，开创了中国历史的新纪元。

第二节　中国历史沿革与中国文化的分期

我们要更深刻地了解中国，不仅要知道“中国”二字的含义，而且要了解中国历史的沿革。

大约在百余万年以前，中国先民就已在东亚大陆栖息繁衍。已知中国最早的原始人类化石发现于云南元谋，距今约 170 万年。中国境内旧石器时代早期最重要的人类化石，是北京猿人。北京猿人生活在距今 70 万～23 万年以前。新石器时代的遗产遍及中国，其中以分布在黄河中上游的仰韶文化和黄河中下游的龙山文化为代表。1921 年在河南渑池县仰韶村发现的仰韶文化，距今约 5000～7000 年，是母系氏族社会的发达期。1928 年在山东历城县(今章丘市)龙山镇发现的龙山文化，距今约 4000 年，处于父系氏族社会取代母系氏族社会的转型期。至于有巢氏巢居，燧人氏钻木取火，伏羲氏教民结网，神农氏遍尝百草，黄帝与蚩尤之战，以及尧舜禅让、大禹治水等历史传说，都隐约地反映了中国先民在不同历史阶段生活、生产和斗争的经历。其中黄帝是中国历史传说时期最早的宗祖神，华夏族形成后被公认为全族的始祖，华夏儿女均称黄帝后裔。又因黄帝族与姜姓炎帝族世代互通婚姻，华夏儿女又称炎黄子孙。

中国历史上第一个王朝是夏(约公元前21世纪～约公元前16世纪),由黄帝族的后裔夏部族建立。夏部族的活动范围大致西起今河南省西部与山西省南部,东至河南省与山东省交界处,北入河北省,南接湖北省。这一区域的中心是中岳嵩山及其周围的伊、洛水流域,济水流域和颍水、汝水上游地区。取代夏朝的是商朝(约公元前16世纪～约公元前1066年),商朝是契的后裔商部落建立的,建都亳(今山东曹县南),曾多次迁徙,至盘庚时定都于殷(今河南安阳小屯村),因此商又称殷,或并称殷商。商代统治区域为黄河中下游的中原地区,也就是今河南北部及河北南部。但其势力所及之处,已是东起山东半岛,西至陕西西部,南及江汉流域,北连河北北部。约在公元前11世纪,周武王灭商建国,史称西周。周武王建都于镐(今陕西西安市斗门镇),以镐京为中心分封诸侯,据说周初所封有71国,有的诸侯国已至长江中下游地区,如太伯、仲雍的后人封于吴(今江苏苏州)等。公元前770年,周平王自镐京东迁洛邑(今河南洛阳城东),是为东周。东周又分为春秋、战国两期。春秋时期,在140多个诸侯国中涌现出一批强国,据司马迁《史记·十二诸侯年表》中说,此时的12个主要诸侯国是鲁、齐、晋、秦、楚、宋、卫、陈、蔡、曹、郑、燕,其中齐、晋、楚、秦、宋,史称"五霸"(五霸之说各家有异)。春秋末崛起的强国有吴(国都吴,今江苏苏州市)、越(国都会稽,今浙江绍兴市)。战国时期,诸侯兼并,形成了势力最强盛的秦、魏、韩、赵、楚、燕、齐7个诸侯国,即有名的"战国七雄"。大约成书于战国时期的《尚书·禹贡》将传说中的上古时期我国中原地区划分为九州:冀州、兖(yǎn)州、青州、徐州、扬州、荆州、豫州、梁州、雍州。它们的大致位置如图0-2所示。但《周礼·职方》《尔雅·释地》《吕氏春秋·有始览》等中的"九州"说各有不同。

公元前221年,秦始皇完成了统一六国大业,建立了以咸阳(今陕西咸阳东北)为首都的幅员辽阔的国家。其疆域东、南至海,西至今甘肃、四川,西南至今云南、广西,北至阴山,东北迄至辽东。秦始皇彻底废除分封制,全面推行郡县制,将全国分为36郡,以后又陆续增至40余郡。汉高祖刘邦于公元前206年建立的以长安为首都的西汉王朝,大致继承了秦朝的规模。西汉除分封诸侯王之外,从武帝元封五年(公元前106年)又将全国分为豫州、兖州、青州、徐州、冀州、幽州、并州、凉州、益州、荆州、扬州、交趾、朔方13刺史部,又名十三州。东汉至南北朝,中国处于统一、分裂的交替和民族融合时期,行政区划大体为州制。公元581年,隋文帝杨坚结束了西晋末年以来近300年南北分裂的局面,统一了全国,推行州县两级行政区划制度。

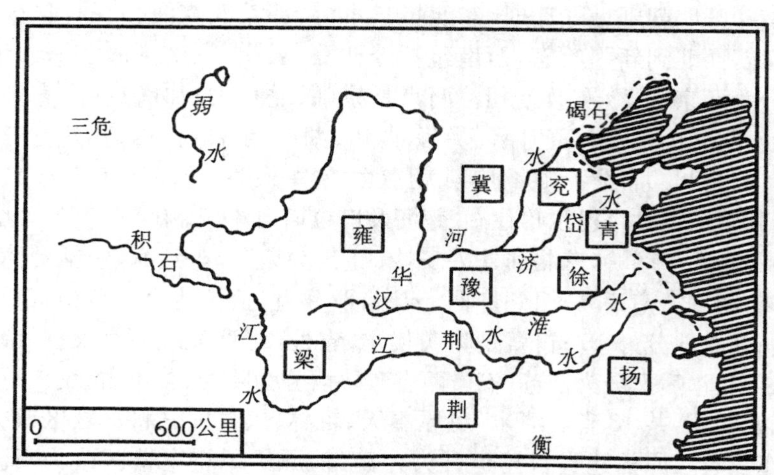

图 0－2　上古时期“九州”位置示意图

隋朝虽然至二世(隋炀帝杨广)而亡(亡于公元 618 年),但继之者唐朝却迎来了经济文化繁荣和域外交往扩大的新局面。唐朝以长安(今陕西西安)为都城,在前期国势强盛时,其疆域东、南部到海,北界包括贝加尔湖和叶尼塞河上游,西北曾到达里海,东北曾到达日本海。唐太宗贞观年间,全国分为 10 道:关内道、河南道、河东道、河北道、山南道、陇右道、淮南道、江南道、剑南道和岭南道。唐玄宗开元年间再变为 15 道,山南道分置为山南东道、山南西道,关内道长安附近增置京畿道,河南道洛阳附近增置都畿道,江南道分置为江南东道、江南西道和黔中道。北宋定都开封,疆域东、南到海,北以今天津海河、河北霸州、山西雁门关一线与辽接界,西北以陕西横山、甘肃东部、青海湟水流域与西夏、吐蕃接界,西南以岷山、大渡河与吐蕃、大理接界,以广西与越南接界。北宋初年,将唐代 15 道改为 15 路,后来又分为 18 路、21 路、23 路、24 路等。靖康(公元 1126 年—1127 年)之变后,宋政权南迁,南宋定都临安(今浙江杭州),与金南北对峙。元朝是中国多民族国家空前发展、壮大的时期。公元 1271 年,元世祖忽必烈入主中原以后,以大都(今北京市)为都城,不仅结束了长期的南北分裂的局面,而且实现了包括辽东、漠北、西域、吐蕃、云南等地区的大统一,幅员之广越过汉、唐。元代设一个中书省,为朝廷直辖区,又称都省、腹里,包括今北京、天津、山西、河北、山东以及河南、内蒙古的部分地区。在各地设 11 行中书省:岭北、辽阳、陕西、河南、江浙、江西、湖广、云南、四川、甘肃、征东。公元 1368 年,朱元璋建立的明朝,是继元朝之后又一个统一王朝,建都应天府(今南京),后迁都顺天府

（今北京）。明朝疆域最广时，东北抵日本海、鄂霍次克海、兀的河（今乌第河）流域，西北到新疆哈密，西南包括今西藏、云南，东南到海及海外诸岛。明代分为两京和 13 布政使司。两京是京师（北直隶）和南京（南直隶）；13 布政使司是：山东、山西、河南、陕西、四川、湖广、浙江、江西、福建、广东、广西、云南、贵州。自公元 1644 年明朝覆亡，清军入关，迁都北京，逐步统一全国，清朝疆域西到今巴尔喀什湖、楚河及塔拉斯河流域、帕米尔高原，北到戈尔诺阿尔泰、萨彦岭，东北到外兴安岭、鄂霍次克海，东到海，包括台湾及附属岛屿，南到海南诸岛，西到广西、云南、西藏，包括拉达克。清初将长城以南的明朝故地分为 18 省，就是除明代 13 省外，北直隶改为直隶省，南直隶改为江南省（后又分为江苏、安徽两省），陕西分为陕西、甘肃省，湖广分为湖南、湖北两省，共 18 省。清末，将原奉天、吉林、黑龙江三将军辖区改为省，俗称东三省。原福建省台湾道升为台湾省，原伊犁将军辖区改为新疆省。现在，全国划分为 23 个省、5 个自治区、4 个直辖市和 2 个特别行政区。首都北京市。

从以上中国历史沿革中，我们看到：中华文化的发祥地不仅是黄河流域，而且还有长江流域、淮河流域，乃至辽河流域、金沙江流域等。上文已经说到，中国最早的原始人类化石发现于云南元谋，即“元谋人”。“元谋人”是于 1965 年在元谋县境内的那蚌村发现的，今元谋县在云南楚雄彝族自治州中部偏北，邻近四川省，属金沙江及其支流龙川江流域。又比如，1993 年 3 月在长江下游的南京市郊江宁县汤山镇的一个山洞里，发现了一具古人类头骨化石，就是距今约 50 万年，与“北京猿人”相似的古人类遗迹。因此说，中华文化的策源地是多元的。在不同地域，均有高度发达的新石器文化。如黄河下游的大汶口—龙山文化，长江下游的河姆渡文化、崧泽—良渚文化，长江中游的屈家岭—石家河文化，燕辽地区的红山文化，中原地区的仰韶—龙山文化等，形成了中国文明起源的多元一体格局。在此基础上，产生了各具鲜明特点的地域文化，有秦文化、晋文化、齐鲁文化、燕赵文化、楚文化、巴蜀文化、吴文化、越文化等。先民又不断开疆拓土，实行民族融合，形成了华夷统一、广土众民的中国，为今日拥有 960 万平方公里疆域、56 个民族、13 亿人口的泱泱大国奠定了基础，为中国文化的滋生繁衍提供了广阔的背景，使中国文化形成了统一性与多样性相结合的特征。

与中国历史沿革息息相关的，是中国传统文化演变的历史。大体说来，中国传统文化演变的历史可以分为八个时期。

(1) 原始期

原始社会的文化为原始期。早期中国文化的起点,可以上溯到 170 万年以前,其标志之一是"元谋人"。这个时期主要有旧石器时代文化和新石器时代文化。

(2) 萌芽期

夏、商、西周时期的文化为萌芽期。先是夏代神学迷信盛行,后是商代尊天事鬼,继之以西周强调天命与德,敬天、孝祖、保民,大多具有较浓厚的宗教色彩。

(3) 雏形期

春秋战国时期的文化为雏形期。这时出现了诸子蜂起、百家争鸣的盛况,创立了儒、墨、道、法、阴阳、纵横、名、农、杂各家学派,成为中国文化的多种源头。其中以儒、墨两家为显学,儒家提倡"仁爱",墨家主张"兼爱",表现出较为鲜明的人文意识。

(4) 定型期

秦汉时期的文化为定型期。秦始皇建立了封建专制的中央集权国家,这种国家制度一直在中国延续了 2000 多年。汉代不仅沿袭秦朝各种制度,还确定了"三纲五常"①的封建伦理道德。这时的文化带有制度化、模式化和程序化的特征。

(5) 多元期

魏晋南北朝时期的文化为多元期。这个时期大多处于分裂局面,中央集权不复存在。在这动乱的时世中,礼法相对松弛,儒学、玄学、道教、佛教等相互颉颃与冲突,胡、汉文化并存与碰撞,其中有交融,也有变异,呈现出多元化的态势。

(6) 鼎盛期

隋唐时期的文化为鼎盛期。尤其是唐代前期,国家统一,政治清明,经济繁荣,出现了"贞观之治"与"开元盛世",成为当时世界上最强盛、最文明的国家之一。统治者以高度的自尊与自信,在文化上采取开放与兼容的态度,因而道教风行,佛教兴旺,儒学昌明,基督教之一的景教也在贞观年间传入中国,胡汉文化和中外文化交流与融合,使中国传统文化在这个时期达到高峰。

---

① 君为臣纲、父为子纲、夫为妻纲和仁、义、礼、智、信。

(7) 强化期

宋明时期的文化为强化期。北宋为了加强皇权,以枢密使掌军政,三司使掌财政,而宰相只管民事。明太祖朱元璋更是废丞相,设内阁,使政、军、法三权集中于皇帝一身,专制主义中央集权空前加强。而宋明理学的勃兴,使这个时期的文化带有不同于以往的哲理性与思辨性,以及为封建政治服务的自觉性等特点。

(8) 转型期

从明末清初到鸦片战争时期的文化为转型期,表现为封建文化由烂熟而衰落,启蒙思想在曲折中推进。

综上所述,中国文化包括物态文化、制度文化、行为文化、心态文化等层面,又经历了原始期、萌芽期、雏形期、定型期、多元期、鼎盛期、强化期、转型期等阶段,内容丰富,气势恢宏,蕴涵深刻,形式多样,其中有许许多多值得继承的宝贵遗产和值得借鉴的历史经验。

第三节　学习中国文化的目的、意义和方法

我们正处在一个承前启后、继往开来的重要历史关头。面对科学技术的迅猛发展和综合国力的激烈竞争,面对世界范围内各种文化的相互激荡,面对小康社会人民群众日益增长的文化需要,学习中国文化,不断提高广大群众,尤其是青年一代的文化素质,大力推进有中国特色的社会主义文化建设,更具有重要性和紧迫感。

中国文化源远流长,博大精深,在相当长的历史时期里,一直处在世界领先地位,给世界文明做出了巨大贡献。学习中国文化,更可以振奋我们的民族精神,增强民族自豪感和民族责任感,提高民族自尊心和民族自信心,从而增强凝聚力,全面推进有中国特色的社会主义伟大事业建设。

许多事实说明,人的文化素养,对社会、经济的发展有着重要的影响。青年是祖国的未来、民族的希望,因而青年学生学习中国优秀文化,提高自己的文化素质,以适应现代化建设的要求,是一项基础性和战略性的工程。而且,中国优秀文化底蕴深厚,格调高雅,哲理深邃,意境高远,具有不可低估的价值。我们青年学生理应自觉地学习中国优秀文化,使自己成为既具有深厚文化底蕴又有现代科技知识,适应社会主义现代化建设要求的接班人和建设者,为促进社会主义物质文明与精神文明协调发展做出自己的贡献。

中国文化是开放、兼容的文化，具有与世界文化相互交流的优良传统。我们学习中国文化，有助于我们开阔视野，解放思想，以吞纳百川的气概，以开放的心态，面向世界，博采各国文化之长，保持旺盛的活力，创造出更加绚丽多彩的有中国特色的社会主义文化，对人类文明做出自己应有的贡献。

学习中国文化的方法是多种多样的，其一是辨别良莠，弘扬精华，除弃糟粕。我们以什么样的标准来区分精华与糟粕呢？这要看其中是否具有科学性、民主性、进步性的因素。悠久的文化历史与多元的文化结构，决定了中国文化具有鲜明的矛盾性和两重性，其中有精华，也有糟粕。因而，对于中国文化，主张全盘继承、全盘复古或主张割断历史、彻底否定都是错误的。我们要以是否有科学性、民主性、进步性为标准，去芜存菁，取精用宏，并且结合时代的特点加以发展，推陈出新，使中国优秀文化不断发扬光大。其二是古今贯通，中西汇合，以我为主，为我所用。事实表明，中国优秀的传统文化，不仅不会妨碍现代化的发展，而且可以成为维护社会秩序、改善社会风尚、协调人际关系、增强民族凝聚力的精神力量。我们要努力把握中国传统文化与现代化的契合点，并且由这些“契合点”升华成文化发展的目标，建设有中国特色的社会主义文化。这渊源于中华民族5000年的文明史，具有鲜明的民族特色，对此既不能妄自菲薄，又不能抱残守缺，而是要努力实现中国传统文化的现代转换，大力培育中华民族的创新精神，以适应社会主义现代化建设的需要。因而我们要不断实践，不断提高，不断充实、丰富有中国特色的社会主义文化，并以有中国特色的社会主义文化自立于世界文化之林，善于会通，勇于创新，为世界文明做出更大的贡献。

思考与练习

1. “文化”一词在古代是什么意思？现代社会如何定义“文化”这一概念？

2. “中国”一词的最初含义是什么？

3. 中国传统文化演变的历史可分为哪几个时期？

4. 应该怎样学习中国文化？

延伸阅读与参考书目

梁漱溟:《中国文化要义》,上海:学林出版社,1986 年。
于省吾:《释中国》,《中华学术论文集》,北京:中华书局,1981 年。
胡适:《中国哲学史大纲》,上海:商务印书馆,1919 年。
侯外庐等:《中国思想通史》,北京:人民出版社,1958—1963 年。
钱穆:《中国文化史导论》,北京:商务印书馆,1994 年。
余英时:《士与中国文化》,上海:上海人民出版社,2003 年。

第一章　中国文化生成与演进的环境

中国文化具有悠久的历史与鲜明的民族特色。探究中国文化的特征，首先应该全面考察中国文化生成与演进的环境，借用《周易·系辞上》中的话来说，就是“仰以观于天文，俯以察于地理”。而且，不仅要考察其自然环境，还要考察其社会环境，从特定的背景上探究中国文化的特征。

第一节　中国传统文化的地理背景

中国位于亚洲东部、太平洋西岸，西北深入亚洲内陆，是一个海陆兼备的国家。北起漠河附近的黑龙江心，南到南沙群岛的曾母暗沙，南北相距约5500公里；西起帕米尔高原，东至黑龙江与乌苏里江汇合处，东西相距约5200公里。陆地面积约960万平方公里，占世界陆地面积的6.4%，还有渤海、黄海、东海、南海和台湾以东太平洋海区等五大海区，海域面积300多万平方公里。显然，中国具有得天独厚、特点鲜明的自然地理环境。

其一，地域辽阔，但四周都有天然阻隔。中国是一个幅员辽阔、自然环境复杂的国家。西部为帕米尔高原，是天山、昆仑山、喀喇昆仑山和兴都库什山等交汇而成的大山结。这一带气候寒冷，冰川发达，雪海浩瀚，风沙猛烈。唐代诗人岑参的《走马川行奉送封大夫出师西征》诗从一个侧面展示了这种景象：“君不见走马川①，雪海②边，平沙莽莽黄入天。轮台③九月风夜吼，一川碎石大如斗，随风满地石乱走。”虽然在西汉时已奠定了经过戈壁沙漠的“丝绸之路”，将中国古代丝绸等运到中亚、西亚、欧洲，传到古代罗马帝国，轰动西方，但山路崎岖，山岭阻隔，加之高寒干旱，仍然是令人不寒而栗的地理极限。西南耸立着号称“世界屋脊”的青藏高原，喜马拉雅山、昆仑山、祁连山及横断山脉环绕，往往高峰林立，壁立千仞，地高天寒，空气稀薄。

---

① 走马川：又名左末河，即今之东尔臣河，在今新疆维吾尔自治区境内。

② 雪海：泛指西域一带地区。

③ 轮台：唐时属庭州，隶属北庭都护府，在今新疆维吾尔自治区米泉市境内。

其中如横断山脉，岭谷并列、山高谷深，对东西交通往来阻碍很大，所谓“对山喊得应，走路要一天”。正因为它“横断”东西交通，故名“横断山脉”。喜马拉雅，藏语意为“冰雪之乡”。主脉大喜马拉雅平均海拔 6000 米以上，山势巍峨峭拔，雪峰绵迭，有 10 座海拔 8000 米以上的高峰分布于此。主峰珠穆朗玛峰，突出于群山之上，海拔 8848.13 米，是世界上第一高峰。正是喜马拉雅山构成青藏高原的边缘，是世界上最高大雄伟的山脉，成为中国与南亚诸国的天然分界。北方为广漠无限的草原与沙漠，长城内外是历史上中原政权与北方少数民族斗争与融合的场地，其外缘以萨彦岭、贝加尔湖、大兴安岭一线为限，再往北因为严寒冻原，便人迹罕至。东部是浩瀚的太平洋，从黑龙江东部沿海至东南沿海有延绵 18000 公里的海岸。虽然在秦始皇时有徐福乘楼船入海，在唐代有鉴真东渡日本，在明代还有郑和七下西洋的壮举，却没有导致中华民族向海洋大发展。

大约成书于战国时期的《尚书・禹贡》中说：中国的版图“东渐于海，西被于流沙，朔南暨声教，讫于四海”。显然，古人认为中国四面环海，将中国称为“海内”，外国叫“海外”。中国先哲们强调“四海之内，皆兄弟也”[①]；“四海之内若一家”[②]。中国传统观念上的“天下”是四海之内的诸夏和“四夷”共同构成的。先秦时代的《诗经・小雅・北山》中写道：“溥天之下，莫非王土。率土之滨，莫非王臣。”《清史稿・陶彝传》中也说：“普天率土，欢欣鼓舞。”由此可见，在传统的“四海”范围内具有多民族内向凝聚力，并且奠定了中国文化独立发展的格局。然而，在中国古代历史上主要为半封闭型的大河内陆文化，与西方开放型的海洋多元文化有明显的区别。

其二，地势由西向东略成三级阶梯，南北跨温、热两大气候带。中国主要的山脉有阿尔泰山、天山、阿尔金山、昆仑山、喀喇昆仑山、喜马拉雅山、阴山、秦岭、南岭、大兴安岭、长白山、太行山、武夷山、台湾山脉和横断山脉等，大体呈东西和东北—西南走向。由以上山脉的分布构成中国地形的基本骨架，地势由西向东可以分为三级阶梯。昆仑山、祁连山以南，岷山、邛崃山、横断山脉以西的青藏高原属于第一级阶梯。享有“世界屋脊”之称的青藏高原平均海拔 4000 米以上，高原上横亘着一系列巨大的山脉，山岭间镶嵌着辽阔的高原与盆地。中国主要大江大河就是从这一级阶梯倾斜面上发源，分别向东、南、北三个方向奔流而下。青藏高原外缘至大兴安岭、太行山、巫

① 《论语・颜渊》。
② 《荀子・议兵》。

山和雪峰山一线之间，属于第二级阶梯。云贵高原、黄土高原、内蒙古高原以及四川盆地、塔里木盆地、准噶尔盆地等间相分布，地势下降到海拔 2000 米～1000 米。准噶尔盆地、四川盆地的大部分则下降到 500 米以下。东部沿海低山、丘陵和大平原位于第三级阶梯。略有起伏的东北平原、辽阔坦荡的华北平原、湖泊众多的长江中下游平原，平均海拔在 500 米以下，近海平原海拔在 50 米以下。大平原集中连片，是中国最重要的农业区。

中国大地东西跨 60 个经度以上，南北跨约 50 个纬度，气候类型复杂多样，主要跨温、热两大气候带。以一些名山或大山为天然分界，呈现出热带、亚热带、暖温带、中温带、寒温带从南向北递变的趋势，形成了全国气候复杂多样的特点。例如，冬季的松花江两岸正是千里冰封，万里雪飘，银装素裹，到处呈现一派“林海雪原”的北国风光；而云南南部、台湾与海南岛等地，却是山清水秀，郁郁葱葱，椰林挺立，显示出生气勃勃的南国景象。中国年降水量分布总趋势是：从东南沿海向西北内陆递减，愈向内陆递减愈明显。400 毫米等雨量线，从大兴安岭西坡向西南方向延伸至雅鲁藏布江谷地。以这条线为界，将中国分为两部分：该线东南明显受到夏季风影响，属于湿润地区；该线西北少受或不受夏季风影响，属于干旱地区。东南部的湿润、半湿润地区和西北部的半干旱、干旱地区各占国土面积的一半。东南部地区雨量充沛，雨热同期，极有利于植物生长。全国 90％以上的耕地与森林分布在东南部地区。西北部大部分是草原与荒漠，又降水不足，成为天然的牧业地区。

总之，由于地势由西向东落差，江河由西向东流向，气温由南向北下降，雨量由东向西递减，便将中国分为东、西两大部，东部农业区，西北部主要是游牧区，也由此使中国传统文化中农耕文化与游牧文化并存又相互补充。

第二节　中国传统文化植根的经济土壤

“民以食为天”，“国以农为本”，中国古代有农耕与游牧两大“产食经济”，而东部农耕经济又占优势，这是中国传统文化赖以生存和发展的主要经济基础。

农业被誉为文明之母，农业发明是人类历史上一次巨大的变革，是由人类的“采食经济”向“产食经济”发展的重要一步。中国有悠久的农业文明。黄河流域已知的最早的农业文化是距今七八千年前的河南裴李岗文化和河北磁山文化，属于新石器时代的早期文化。其中出土的石器多为石铲、石

镰、石磨盘和石磨棒等农业生产和粮食加工的工具，已进入了锄耕农业阶段。长江流域与黄河流域一样，也是中国农业文化的摇篮。与高温多雨、河湖密布的自然条件相适应，这里较早发展了以稻为主的水田农业。距今将近 7000 年的浙江余姚河姆渡文化，其遗址发现了稻壳堆，是目前所知的亚洲最古老的稻作遗存。

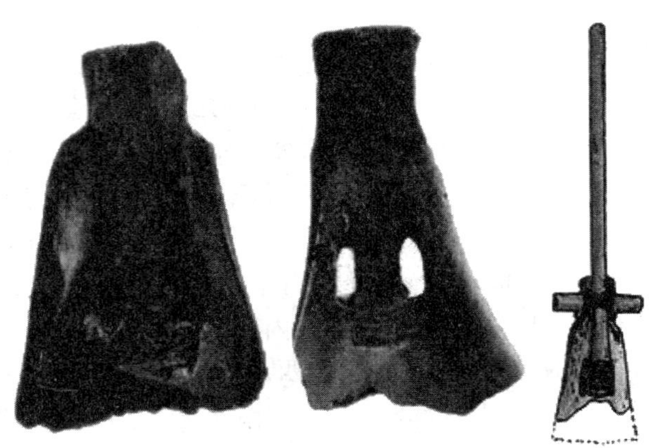

图 1－1　浙江余姚河姆渡出土的骨耜及其复原图

中国古代的有关传说，也留下了原始农业的影迹。传说中的神农氏在尝百草过程中发明了谷物的种植，“斫木为耜，揉木为耒，耒耨之利，以教天下”①，开始了“采食经济”向“产食经济”的转变。传说中周族的始祖后稷，名弃，长于种植，后人尊为农神。《诗经·大雅·生民》中歌颂了他对中国农业的伟大贡献，其中五、六章写道：

［原　文］	［译　文］
诞后稷之穑，	后稷种庄稼，
有相之道。	有他的好方法，
茀厥丰草，	先把乱草除，
种之黄茂。	后把好种下。
实方实苞，	苗儿齐整又旺盛，
实种实褎。	长高又长大。

① 《周易·系辞传下》。意思是说：砍木做木锄，弯曲木做木犁，木犁木锄的好处，用来教天下人。

实发实秀，	慢慢发育出穗子，
实坚实好，	结结实实谁不夸。
实颖实栗。	无数的谷穗沉沉挂。
即有邰家室。	后稷到邰地成了家。
诞降嘉种，	天降好种真出奇：
维秬维秠，	两种黑黍叫作秬和秠，
维穈维芑。	又有赤苗的穈和白苗的芑。
恒之秬秠，	黑黍遍地长，
是获是亩；	收割按亩来算计；
恒之穈芑，	穈和芑也是种满地，
是任是负，	抱起背起送家里；
以归肇祀。	回家开始把神祭。

（采余冠英译诗）

《礼记·祭法》中说："共工氏之霸九州也，其子曰后土，能平九州，故祀以为社。"中国古代的帝王、诸侯均祭土神与谷神（社与稷），并以"社稷"作为国家的代称，足以说明"国以农为本"。

夏代经济以农业为主，农业生产工具以木石工具为主，兼有一部分骨器与蚌器。历史传说中的大禹治水，以导为主，依据地势高低排除积水和疏浚滞淤，使原来的沼泽改变为良田，不仅减少了洪水泛滥的灾害，而且又引水灌溉农田，使夏代的农业有了很大的发展。商代经济也是以农业为主，其主要农作物有禾、黍、稻、麦等。甲骨文中有不少与农业有关的词句，如"受年"、"受黍年"、"受稻年"等。甲骨文中的"年"为"稔熟"，即"五谷成熟"的意思。周人从始祖后稷起便非常重视农业，如《诗经·周颂·噫嘻》中描绘了周成王时期集体农耕的景象：

［原　文］	［译　文］
噫嘻成王！	啊，多好呀，成王！
既昭假尔。	曾召集你们来把话讲。
率时农夫，	率领这些农夫们，
播厥百谷。	播种百谷莫遗忘。
骏发尔私，	快点儿带着你的农具，
终三十里，	面对这三十里广阔的地方，

亦服尔耕，	大伙儿都来耕地呀，
十千维耦。	万人出动，配呀配成双。

（采金启华译诗）

《诗经·豳风·七月》叙述周代农夫全年的劳动，其中写道："九月筑场圃，十月纳禾稼，黍稷重穋，禾麻菽麦。"意思是说：九月垫好打谷场，十月谷上仓。早谷晚谷黄米高粱，芝麻豆麦满满装。可见周代农作物的多样性。《周礼·大宰》中有"九谷"之说，注家认为"九谷"指黍、稷、稻、麻、大豆、小豆、麦、粱、苽，可知古代主要的农作物在周代差不多已出现。

战国、秦、汉、魏晋南北朝是精耕细作农业的成型期。这其中得益于作为农业命脉的水利。秦昭王时，蜀郡太守李冰在今四川灌县修都江堰，解除了岷江的水害，并使成都大平原获得灌溉与航运之利，成为著名的"天府之国"。都江堰不仅是我国而且也是世界上最古老的水利工程之一。战国末年，秦用韩国水工郑国，在关中开渠以沟通泾、洛二水，即有名的郑国渠，因而关中成为沃野，带来了粮食丰收。西汉时，普遍使用铁农具、牛耕，农业技术也有进步，使农业生产提高到一个新的水平。据西汉末年统计，当时全国有民户1220多万，人口5950万，多为自耕农；全国垦田数达到827万顷。尤其是被视为封建社会"盛世"的"文景之治"，农业的发展使粮价大大降低。文帝初，粟每石十余钱至数十钱。据《汉书·食货志》记载，文帝初年至武帝即位的70年间，太仓里的粮食由于陈陈相因，以致腐烂而不可食，政府的库房有余财，京师的钱财有千百万，连串钱的绳子都朽断了。东汉至三国、两晋、南北朝时期，长江以南、五岭以北广大地区与巴蜀，逐渐发展为比较重要的农耕区。特别是江南地区的农业生产水平开始赶上那一再遭到破坏的黄河中下游地区，改变了"楚越之地，地广人稀，饭稻羹鱼，或火耕而水耨"[①]的状况。

隋、唐、宋、辽、金、元是精耕细作农艺的成熟期。这其中也得益于作为农业命脉的水利。隋朝在全国统一的条件下，有可能较大规模地兴修水利，尤其是开凿大运河。这条大运河自涿郡（今北京）至余杭（今杭州），沟通海河、黄河、淮河、长江、钱塘江五大水系，成为贯通南北数千里的水运大动脉。唐代统治者也比较重视兴修水利和管理灌溉设施。例如武德年间在同州（今陕西大荔）开渠，自龙门（今山西、陕西间黄河之龙门）引黄河水灌田，受

① 《史记·货殖列传》。

益地达 6000 多顷。由于在政治、经济、文化上实行一系列开明政策，唐代出现了“贞观之治”和“开元之治”。杜甫在《忆昔》诗中写道：“忆昔开元全盛日，小邑犹藏[1]万家室。稻米流脂粟米白，公私仓廪[2]俱丰实。九州道路无豺虎，远行不劳吉日出，齐纨鲁缟[3]车班班，男耕女桑[4]不相失。”那时社会安定，经济繁荣，其关键是“男耕女桑”的小农经济高度发展。自唐代“安史之乱”后，尤其北宋与南宋之际，农耕与蚕桑的重心明显南移，南方经济发展很快，人口与垦田面积大为增加，水区多有圩田，山区多有梯田，出现了麦稻两熟和双季稻，大大提高了亩产量。

明、清时代是精耕细作农艺的持续发展时期，其主要特点是应付因人口的激增而出现人口多与耕地少的矛盾，致力增加复种指数与扩大耕地，土地利用率达到传统农业的最高水平。明初，通过大量垦荒，耕地明显增加，粮食总产量也逐年提高，某些地区已有相当数量的储备。《明史・食货志》中说：“永乐年间，宇内富庶，赋入盈羡，米粟自输京师数百万石外，府县仓廪蓄积甚丰，至红腐不可食。”但是，明清之际由于长期战乱而经济残破，土地荒废。因而，清朝统治者奖励垦荒，全国耕地面积逐步增加，由顺治年间的 5 亿多亩至乾隆年间达 7 亿多亩，农业经济得到恢复和发展。

大致以 400 毫米等降水量线为界，将中国传统经济分为农耕与游牧两大区域。“天苍苍，野茫茫。风吹草低见牛羊。”[5]展示了一幅苍茫辽阔的游牧区域的图景。中国古代北方的游牧民族，早期以畜牧为主，往往随牲畜逐水草而居，迁徙无定，食肉饮乳，所谓“一件皮袄，一杆猎枪，一顶帐篷走四方”。中国古代的游牧经济与农耕经济有对垒、冲突，也有交融、互补，曾几次建立混合游牧区与农耕区的帝国。例如鲜卑族拓跋珪所建的北魏（公元 386 年—534 年），历 12 帝、2 王，共 149 年。13 世纪，原为游牧民族的蒙古通过不断的征服战争，统治了横跨欧亚大陆的广大地区，至 1368 年入主中原，建立了元朝政权。1644 年，耕、牧、渔、猎并用的东北女真人的后裔满族，入主中原，确定了清朝对全国的统治。这些都在不同程度上推动了游牧经济与农耕经济的融合。尽管如此，中国古代仍是以农业经济为主体。西部游牧区的面积占全国总面积的 3/5 以上，人口却不足 1/10，其中还有小块

---

① 藏：拥有。

② 仓廪：粮仓。

③ 齐纨鲁缟（gǎo）：山东一带生产的丝织品。

④ 桑：作动词用，指养蚕纺织。

⑤ 《敕勒歌》。

绿洲与河谷小平原的农业区;东部农耕面积虽然不足2/5,人口却占绝大多数。虽然明清以来商品经济进一步发展,并且出现了资本主义萌芽,但直至鸦片战争以前的整个中国,农业和手工业相结合的自给自足的自然经济仍然占主导地位。这种农业与手工业相结合的自给自足的自然经济,可以借用《汉书·食货志》中的一段话来概括其特征:

> 《洪范》八政,一曰食,二曰货。食谓农殖嘉谷可食之物,货谓布帛可衣及金刀龟贝,所以分财布利通有无者也。二者,生民之本,兴自神农之世。

这种自给自足的自然经济形态,简而言之"男耕女织"。由此,我们不难理解《击壤歌》中所写的:"吾日出而作,日入而息。凿井而饮,耕田而食。帝力何有于我哉?"我们也不难理解唐代诗人杜甫在《忆昔》诗中追忆开元经济繁荣时突出"男耕女桑不相失";我们也不难理解牛郎织女"你耕田来我织布"的"天仙配"故事在中国受到人们普遍的欢迎。

世界上传统的经济大致分为三类:一是农耕经济,二是游牧经济,三是商业经济。中国传统的经济是农业经济占主导地位,因而造就了中国农业文化的若干特征:① 勤劳务实。农业生产是"一分耕耘一分收获",因而养成了勤劳务实的精神。然而,往往带有"吹糠见米"的小农意识,偏重实惠与眼前功利,忽略长远利益。② 安土重迁。农耕生活与土地相连,人们生于斯,长于斯,老于斯,"各安其居而乐其业,甘其食而美其服"[①]。所谓"安土重迁,黎民之性;骨肉相附,人情所愿也"[②],祈求"天长地久,福禄永终",而缺乏向空间扩展、向外争取的精神。"羁鸟恋旧林,池鱼思故渊";"宁恋本乡一捻土,莫爱他乡万两金"等乡土观念得到较多人的认同。③ 重农抑商。虽然在中国奴隶社会的城邑中就有商品交易,所谓"宫中三市"、"国中列廛",进入封建社会商业进一步地发展,明清时期出现了资本主义萌芽,但作为传统农业经济占主导地位的中国,在宏观上主要强调"以农为本"、"重农抑商",周而复始地扼杀了商品经济以及资本主义萌芽,阻碍了中国社会经济的发展。

---

① 《汉书·货殖传》。

② 《汉书·元帝纪》。

第三节　中国传统文化所依托的社会结构

“大道之行也，天下为公”[①]，这是以传说中的尧舜时代为典型，也可以泛指理想化的中国原始氏族社会；“大道既隐，天下为家”[②]，这是以西周时代为典型，也可以泛指有阶级与国家组织的夏、商、周以来的中国奴隶与封建社会。也就是说，“天下为家”或曰“家国同构”是中国传统文化所依托的社会结构。

中国古代社会的特征之一是宗法制度。宗法的“宗”，是个会意字。《说文解字》中说：“宗，尊祖庙也。”段玉裁注：“当云：尊也，祖庙也。”可见，“宗”本是祖庙、祖、族的意思。所谓“宗法制”，是以一种血缘关系为基础，尊崇共同祖先以维系亲情，在宗族内部区分尊卑长幼，并且规定继承秩序以及家族成员各自不同的权利和义务的法则与制度。它由父系家长制演变而成，到周代逐渐完备。在周代，宗法与分封制（或称封建制）相辅，宗法制直接导致分封制，所谓“封建亲戚，以蕃屏周”[③]。西周分封，以宗法血缘为纽带，建立起周天子、诸侯、卿、大夫、士这一等级序列制度。周王自称天子，王位由嫡长子继承，称为天下大宗，是同姓贵族的最高家长，也是政治上的共主，掌握国家的军权与政权。嫡长子的弟兄们受封为诸侯，诸侯对周天子而言是小宗，但在其封国内又为大宗，其君位由其嫡长子继承。嫡长子的弟兄再分封为卿大夫，又成为小宗。就是说，诸侯从天子那里得到封国，大夫从诸侯那里得到采邑，士从大夫那里得到禄田，形成“王臣公，公臣大夫，大夫臣士”[④]的等级制度，诚如《礼记·礼运》中所说：“天子有田以处其子孙，诸侯有国以处其子孙，大夫有采以处其子孙，是谓制度。”这就是所谓的“世卿世禄制”。这种宗法与分封相结合的制度见表1-1所示。

战国时期，世卿世禄制逐渐被削弱和替代。但是，汉高祖刘邦以为秦祚短促的原因在于无同姓王国屏藩，便建立同姓王国。并且，刘邦与群臣立下“非刘氏不王”的誓约，到他在位的最后一年已建立楚、齐、赵、代、梁、淮阳、淮南、吴、燕九个同姓王国，异姓王国则只留有长沙一个。而且，宗法制度又以新的形态出现。中国封建社会前期主要是强宗大族和门阀制度，后期

① 《礼记·礼运》。
② 《礼记·礼运》。
③ 《左传·僖公二十四年》。
④ 《左传·昭公七年》。

表 1-1 世卿世禄制关系表[①]

周天子 大宗	嫡长子 大宗	天　子	嫡长子 大宗	天　子	嫡长子 大宗	天　子	嫡长子 大宗	天子 （周王）
	庶子 小宗	诸　侯	嫡长子 大宗	诸　侯	嫡长子 大宗	诸　侯	嫡长子 大宗	诸侯 （封国）
			庶子 小宗	大　夫	嫡长子 大宗	大　夫	嫡长子 大宗	大夫 （采邑）
					庶子 小宗	士	嫡长子 大宗	士 （禄田）

则形成了以修宗谱、建祠堂、置族田、立族长、定族规等为特征的宗族制度。秦汉时期一些宗族由于政治地位、经济力量以及人丁兴旺等方面的优势而成为强宗大族。如汉武帝时，将军灌夫积累的家资数千万金，每天的食客数十百人。为了垄断水利田地，灌夫的宗族宾客都争权夺利，在颍州一带横行霸道。因而，颍州一带流行着一首童谣："颍水清，灌氏宁；颍水浊，灌氏族（灭族）。"[②]东汉后期的士大夫中，出现了一些累世专攻一经的家族，他们的弟子动辄数百人甚至数千人。他们通过经学入仕，又形成了一些累世公卿的家族，例如世传欧阳《尚书》之学的弘农杨氏，自杨震以后，四世皆为三公；世传孟氏《易》学汝南袁氏，自袁安以后，四世中居三公之位者多至五人。强宗大族势力的进一步发展，就形成了魏晋南北朝时期的门阀制度。"门阀"，是门第阀阅的意思，指世代显贵的家族。魏晋南北朝时期，以"九品中正制"选拔官吏，各州郡的大小"中正"往往掌握在世家大族的手中，造成了"上品无寒门，下品无势族"[③]的局面。此时，各地陆续出现了一些世家大族，如江东吴郡的顾氏、陆氏、朱氏、张氏，北方的琅琊王氏、陈郡谢氏、清河崔氏、范阳卢氏、荥阳郑氏、太原王氏、颍州荀氏和陈氏、东海王氏、陕西李氏、京兆杜氏等，都成为豪门望族。唐太宗时由中央政府出面重修《氏族志》，论述姓氏源流支系，共列入"氏族"即豪门大姓 293 姓，1651 家，其中又分为三则九等，太原王氏、范阳卢氏、荥阳郑氏、清河博陵二崔、陇西赵郡二李等五姓七家又是望族中的望族。这种崇尚门阀之风，起于东汉，迄于唐末，诚如明代归有光所说："然魏晋而降，区区综核百氏，以门第官人。虽卑姓杂谱，犹藏

① 此表来自王超著《中国历代官制与文化》，上海人民出版社，1989 年。

② 《史记·魏其武安侯列传》。

③ 《晋书·刘毅传》。

于有司，而谱牒特盛。迄于李唐，犹相崇重。五季衰乱，荡然无复有存者矣。"[①]

中国封建社会的后期则是家族制度与封建特权、封建礼教等纠合在一起，在近千年的历史中有着深刻的影响。宋代以后的封建家族制度有两种形式：一是以个体小家庭组成聚族而居的家族组织，二是累世同居共财的大家庭。如宋代汉阳张氏（张昌中），八世同居，家庭人口多至3000人。又如明清时吉水周氏（周勉），五世同居，家庭人口达1200余人。据《光绪湖南通志》载，清朝光绪初年，在湖南一省五世以上同居者就有1362家。中国封建社会后期家族制度所体现的封建族权，主要以宗谱、宗祠、族田、族长、族规等为表现特征。例如，对于违反族规和封建国家法律者，有的由本族私刑处死，甚至活埋、沉塘等。

"家国同构"，是中国封建社会结构最鲜明的特征。《周易·序卦》中说："有天地然后有万物，有万物然后有男女，有男女然后有夫妇，有夫妇然后有父子，有父子然后有君臣，有君臣然后有上下，有上下然后礼义有所错[②]。"视家庭关系为国家关系的先导与基石，由此发展为"家国同构"的观念：家是小国，国是大家。因而"国"与"家"彼此沟通，"齐家"与"治国"相互为用，所谓"治国必先齐其家者，其家不可教而能教人者无也，故君子不出家，而成教于国"[③]；父为"家君"，君为"国父"，君与父互为表里，由此演绎出以"孝"、"忠"为核心的礼义观："君子之事亲孝，故忠可以移于君。"[④]将孝于宗族长辈的家庭宗法伦理情感，转化为忠于国家朝廷的政治观念："其为人也孝弟（悌），而好犯上者，鲜矣；不好犯上，而好作乱者，未之有也。"[⑤]封建统治者往往通过家族（家庭）政治化和国家家庭化两条途径，把防止"犯上作乱"的责任，分解到家庭和家族，让各位家长、族长、父亲、丈夫去分别承担，也使"忠臣孝子"、"忠孝双全"成为鲜明的道德取向，形成以"君君、臣臣、父父、子子"[⑥]为轴心的伦理——政治系统。孝亲与忠君互为表里，而且忠君与爱国紧密相连，这便促成了群体调和的精神、民族团结的精神与爱国精神。在中国古代历史上，那不辱君命而持节牧羊的苏武，那闻鸡起舞而立志为国效力的祖逖，那

---

① 《龙游翁氏宗谱序》，《震川先生集》卷二。

② 错，同"措"，安置。

③ 《礼记·大学》。

④ 《孝经·广扬名》。

⑤ 《论语·学而》。

⑥ 《论语·颜渊》。

精忠报国的岳飞，那“留取丹心照汗青”的文天祥，都从“忠孝节义”中吸取了积极的思想营养。

中国封建社会结构的又一特征是君主专制。创始于秦始皇，而健全于汉代的皇帝制度，构成了中国封建社会君主专制政体的核心，皇帝则成为秦汉以后历代王朝的最高统治者。公元前221年，秦王嬴政统一全国，自以为德兼“三皇”，功过“五帝”，就更号曰“皇帝”，自称“始皇帝”，命为“制”，令为“诏”，自称为“朕”，一切政事都由他独断。秦始皇在政治、经济和思想文化方面推行了一系列旨在巩固君主专制的措施。他在全国范围内废除分封制，代之以郡县制；在皇帝的直接控制下，建立了自中央直至郡县的一整套官僚机构。中央设丞相、太尉、御史大夫，由他们与诸卿议论政务，最后由皇帝作裁决。始皇三十四年（公元前213年），嬴政采纳丞相李斯的建议，下令销毁民间所藏的《诗》《书》、百家语，禁止私学；随后因求仙药的侯生、卢生逃亡，牵连儒生、方士四百余人，而将他们全部坑杀于咸阳，史称“焚书坑儒”。汉继秦之后，进一步加强专制主义的中央集权制度，其中有削弱丞相权力而加强皇权，任酷吏、严刑法等。有的酷吏专伺皇帝旨意而制造大狱，大肆网罗，如廷尉杜周以诏令捕人至六七万之多。明代君主专制更是走向极端。明太祖朱元璋在《大诰》中公然规定：“寰中士大夫不为君用，是外其教者，诛其身而没其家，不为之过。”也就是说，不应诏入仕就是大逆不道，便要灭尽杀绝。朱元璋废除丞相职位，由皇帝亲自行使职权，大权独揽，并且建立锦衣卫、东厂和西厂等特务机构，将这些作为皇帝“自操威柄”的手段与工具。至于明代的“党案”株连和文字狱等，又在承继前代中发展到极端残酷的地步。清朝统治者入主中原后，为了加强思想文化的控制，也大兴文字狱，制造了庄廷鑨《明史稿》案、戴名世《南山集》案、吕留良诗文案以及查嗣庭案等大案，株连无辜。君权专制的另一个重要表现为借用“天”的权威。相传秦始皇以和氏璧制成传国玉玺，由李斯手书“受命于天，既寿永昌”①八字。汉代董仲舒又借“天”的权威提出“君权神授”说，鼓吹“天”是宇宙间最高主宰，是至高无上的神；君权代表天意，君主替天行道，因此君权是神圣不可侵犯的；而且“天不变，道亦不变”②。如此，从理论上论证当时专制君主的绝对权威，这就为封建专制披上了神秘的色彩。

总之，以宗法制度为基础，以“家国同构”为纽带，以君主专制为核心的

---

① 见《后汉书·徐璆传》注。

② 《汉书·董仲舒传》。

中国古代社会结构，导致了中国传统文化中“大一统”的思想、“忠臣孝子”的社会伦理和“君尊臣卑”的心态等。这其中有某些积极意义，也有消极作用，尤其是中国封建社会后期的君主专制，扼制了商品经济的发展和资本主义萌芽的生长，扼杀了早期的启蒙文化，导致了中国近代社会的落后。

思考与练习

1. 中国的地理环境主要有什么特点？
2. 中国农耕经济的发展经过了哪几个阶段？
3. 宗法制度的核心内容是什么？
4. 中国的家族制度与国家制度之间有什么联系？

延伸阅读与参考书目

夏鼐：《中国文明的起源》，北京：文物出版社，1985 年。

苏秉琦、殷玮璋：《关于考古学文化的区系类型问题》，《文物》，1981 年第 5 期。

郭沫若：《中国古代社会研究》，北京：人民出版社，1954 年。

费孝通：《乡土社会》，北京：三联书店，1985 年。

第二章　儒家文化[①]

在长达2000多年的中国封建社会里，儒家思想一直在官方意识形态里占据着统治地位，对中国文化发生着广泛而深刻的影响。儒学乃是中国传统文化的思想主流。

儒家之所以称为"儒"，据《汉书・艺文志》说："儒家者，盖出于司徒之官，助人君顺阴阳、明教化者也。"近代有的学者认为，"儒"的前身是古代专为贵族服务的巫、史、祝、卜；在春秋社会大动荡时期，"儒"失去原来的地位，由于他们熟悉贵族的礼仪，便以"相礼"为谋生职业。按这种说法，春秋末期，"儒"指以相礼为业的知识分子。这以后儒家指崇奉孔子学说的学派。

第一节　孔子及其思想

一、孔子生平与时代背景

图2-1　孔子像

儒家成为一个学派，孔子是其创始人。孔子(公元前551年—公元前479年)，名丘，字仲尼，春秋时鲁国人。他的祖先是宋国贵族，因宋国政治变乱，逃到鲁国定居。孔子的父亲做到鲁国的陬邑宰。孔子幼年丧父，早年当过管理仓库和看管牛羊的小吏，以后主要是从事办理丧事赞礼的"儒"的职业，快到晚年时在鲁国做过三个月的司寇。他周游各诸侯国，企图找到实现理想的机会，但由于他的理想与当时社会发展的方向背道而驰，所以一直没有能够

---

① 此章与第三章参考任继愈主编《中国哲学史》(人民出版社，1979年第3版)，任继愈主编《中国哲学发展史》第一、二卷(人民出版社，1983年、1985年)，冯友兰《中国哲学史新编》(人民出版社，1986年)，《中国大百科全书》哲学卷(中国大百科全书出版社，1987年)等。

实现。回到鲁国后，他把全部精力放在教育和整理、研究古典文化上，并做出了卓越的成绩，同时也培养了一大批有学识、有才干的学生，由此形成一个以孔子为核心的学派，后世称为“儒家”。

孔子生活的年代，正是社会阶层发生急剧变动的时期。在西周时，“溥天之下，莫非王土。率土之滨，莫非王臣”①，也就是说，全国的土地均属天子所有，天子再分封一些给他的宗族、亲戚、功臣和古代延续下来的旧国，这些封地或者成为国家，或者成为采邑。土地的收入，大部为被封者所享有，一部分还得向天子纳贡。对于全国的臣民来说，天子享有至高无上的权力。然而在春秋时代，随着社会生产力的发展以及政治局势的演变，社会制度正在发生着巨大的变化。公元前594年，鲁国实行“初税亩”制，即依各人所拥有的田地亩产数抽取赋税，这表明了承认土地私有的合法性，土地所有制有了根本性的改革。在政治上，随着平王东迁，王室地位急剧下降，天子仅仅享有虚名，而失去了对诸侯的控制权；在诸侯国家中，大夫专权，不听诸侯的号令，整个社会一个最根本的趋势是权力的下移。在一个丧失了传统权威的时代中，奴隶制时代的礼仪准则不再被遵守，各种违礼僭越现象比比皆是。生活在变革与动荡时代的孔子，一心想恢复周朝盛世时那种稳定的、井井有条的社会政治制度，所以，在孔子的思想中，打下了鲜明的时代印记。

二、礼的思想

孔子思想中最重要的内容之一是试图以“正名”手段恢复周朝的礼制。礼的意义在古代至为广泛，它包括国际交际的礼节仪式，贵族的冠、婚、丧、祭、燕、飨的典礼，也包括政治制度、道德规范等内容。孔子认为由周公制定的，吸取了夏朝、商朝制度优点的周礼是十分完备的，值得尊奉。而周礼的基本内容乃是以宗族血缘关系为基础建立起来的宗法制度和“君君、臣臣、父父、子子”的等级制度。由于当时等级制度的混乱，孔子试图以理想标准的“名”来纠正那些不符合周礼情况的“实”。他说：“名不正则言不顺，言不顺则事不成，事不成则礼乐不兴，礼乐不兴则刑罚不中，刑罚不中则民无所措手足。”②也就是说，重新肯定周朝宗法等级制度的秩序，最关键的一步在于“正名”。不同名分的人有不同的道义准则。在国家政治制度上，处于君这个地位的人，应该具备君这个名称的人应有的品行，得到君这个名称应有

① 《诗经·小雅·北山》。
② 《论语·子路》。

的待遇；处在臣这个地位的人，应该具备臣这个名称的人所应有的品行，得到臣这个名称的人所应有的待遇。应该说，孔子思想中的这部分内容既消极又有害，就其应用来说，其弊端更加明显。因为就君臣关系来说，对于君，孔子往往强调君应该享受的权利；对于臣，则片面强调臣应该尽的义务。这种思想，为巩固封建集权统治提供了思想依据，所以，儒家思想一直是中国封建社会的正统意识形态。

孔子对周礼并非是无条件的因袭，在现实条件下，孔子对周礼的思想内容也有较大的发展与补充。这首先表现在加强思想统治上。与西周主要运用政令刑罚及外在具体的仪式和形式来维持等级制度不同，孔子主张礼治德化与政令刑罚相辅而行。他说："为政以德，譬若北辰，居其所而众星共之。"[①]这里，孔子高度赞美了德政的作用，说德政就像众星都围着北极星转一样，受到民众的欢迎，从而使国家的治理变得容易。德政是与刑政相对而言的，实行德政即是实行教化。"道之以政，齐之以刑，民免而无耻；道之以德，齐之以礼，有耻且格。"[②]也就说，孔子试图以教化的方式使西周的道德准则成为人们心目中的自觉意识，从而能够心甘情愿地遵循社会的制度、法令和礼仪。孔子提出的这一方法影响极为深远，以后历代统治者都试图运用这种方法以取得最佳的统治效果。

德政的内容是"惠民"，使民能够维持生活和生产，而不至于受冻馁。具体办法是："敬事而信，节用而爱人，使民以时。"[③]"节用"包含着减轻剥削；"使民以时"即不违农时，使生产有所发展。节用爱民，使民以时，使庶民富裕起来，然后再施以教化，就可以收到德政的效果。这种主张是以物质和精神两方面来维持社会的安定。而富民是富国的必要条件，"百姓足，君孰与不足？百姓不足，君孰与足？"[④]这种观点在劝说统治者剥削不可太重，不能采取杀鸡取卵、竭泽而渔的剥削办法。在后来的封建社会中，儒家都援引上述说法说明省刑罚、薄赋税的重要意义，以限制激烈的搜刮和兼并。所谓德政，还包含了防止贫富分化过分悬殊的内容。"丘也闻有国有家者，不患贫而患不均，不患寡而患不安。盖均无贫，和无寡，安无倾。夫如是，故远人不服，则修文德以来之。既来之，则安之。"[⑤]

---

① 《论语·为政》。

② 《论语·为政》。

③ 《论语·学而》。

④ 《论语·颜渊》。

⑤ 《论语·季氏》。

三、仁的学说

孔子思想中的另一个重要内容即是他对于“仁”的论述。“仁”这个词在孔子以前即已广泛运用，但作为哲学范畴的提出，却是从孔子开始的。由于孔子对于“仁”的论述相当多，每一次论述又着重于某一个侧面，所以对“仁”的看法也是见仁见智。但是能够揭示“仁”最本质含义的应该是孔子的两句似乎无法调和的话，那就是“克己复礼为仁”，仁者“爱人”。

从“克己复礼为仁”这个角度而言，“仁”的基本性质和内容，是约束自己的行为使其符合周礼的规范。但是，仅仅行为符合周礼还远远不够，仁的另一个特点，就是求仁是一种完全自觉的主动的行为，是由自己决定的，不依靠外力和他人。礼乃是属于社会伦理规范的制度，而仁则属于人们的道德观念和品质。孔子说：“人而不仁，如礼何？人而不仁，如乐何？”①也就是说，人如果不具备仁的观念和品质，是不能彻底贯彻礼乐的，仁乃是礼的精神支柱。礼是道德的标准，仁是道德的属性，只有具备了仁才不会做违背礼的事情。孔子说：“苟志于仁，无恶也。”②专心培养仁的品德，便可以消除恶的行为。孔子认为，在思想修养上，非善即恶，因此“君子无终食之间违仁，造次必于是，颠沛必于是”③，要时时刻刻使自己处于一种道德自觉之中。后来的儒家把道德性命修养放在十分重要的地位，即发端于孔子的这种思想。

加强人的道德训练和修养，提高人的道德思想境界，便能更好地执行礼。仁和礼互为因果，就能更好地维护奴隶制的宗法制度。而孝悌是维护宗法血缘关系的纽带，是礼的核心，所以孔子及其弟子对孝悌观念也极为重视。孔子弟子有若说：“其为人也孝弟，而好犯上者，鲜矣；不好犯上，而好作乱者，未之有也。君子务本，本立而道生。孝弟也者，其为仁之本与！”④孝悌的原则推而广之于国家社稷即是忠君爱国。孔子说，“孝慈则忠”，说明忠乃孝之扩张。

“仁”作为一种精神品质，包含了多方面的伦理道德原则，在孔子的论述中，仁除了是一种使人们自觉地遵循礼的道德素养之外，还是一种处理人际关系的道德伦理准则。孔子说仁者“爱人”，所谓“爱人”也就是“推己及人”，

---

① 《论语·八佾》。
② 《论语·里仁》。
③ 《论语·里仁》。
④ 《论语·学而》。

"己所不欲，勿施于人"[①]，所谓"一以贯之"，忠恕之道也是这个意思。推己及人是忠；不强加于人是恕。所以，孔子"仁"的观念在一定的程度上发现了人。这一方面固然是孔子对远古氏族统治体制中的民主性及人性的继承和发扬，同时也是顺应了春秋末期的历史趋势。因为当时人的发现，是社会历史的一大进步，即解放了的奴隶变成农民，由会说话的工具取得做"人"的资格。孔子所说的"爱人"，在某种意义上包括劳动者在内，所以说它体现了时代精神。当然，孔子的爱人主要是将忠君孝亲敬长慈幼这一套伦理道德推而广之，使人人自觉遵守。它是以严格维护宗法血缘关系为内容的。但这种学说客观上包含了对劳动者要宽这一内容，即施行惠民政策，把劳动者当人看待，是顺应奴隶解放的趋势的，无疑有进步意义。

四、孔子的教育思想

孔子是一个伟大的教育家，先后教过的学生有3000人之多。从他开始，形成了较大规模的私人讲学活动，从此，各家学派得以发展，形成了春秋战国时期百家争鸣的学术繁荣局面。

孔子是我国古代第一个提出系统的教育方法的教育家。由于他具有丰富的教学经历，在学习方法和认识论方面总结了不少经验，但其中有一些属于糟粕。比如在知识的来源这一问题上，孔子肯定有些人有"生而知之"的知识，这类人的知识是头脑里固有的，他们的知识和智慧也是不可改变的。孔子将人分成四类："生而知之者上也，学而知之者中也，困而知之者又其次也。困而不学，民斯为下矣。"[②]又说："唯上智与下愚不移。"[③]但是孔子的认识论思想大部分符合唯物主义认识论的原则。首先，孔子认为学习本身是不断实践的过程，要反复地学习实践才能牢固地把握所学的知识，所以，要"学而时习之"[④]，"温故而知新"[⑤]。要靠多闻多见去把握真正的知识："多闻阙疑，慎言其余，则寡尤；多见阙殆，慎行其余，则寡悔。"[⑥]其次，要端正学习的态度，"知之为知之，不知为不知，是知也"[⑦]。有了老老实实的学习态度才

---

① 《论语·颜渊》。
② 《论语·季氏》。
③ 《论语·阳货》。
④ 《论语·学而》。
⑤ 《论语·为政》。
⑥ 《论语·为政》。
⑦ 《论语·为政》。

可以得到真正的知识。他称赞虚心地向比自己地位低的人请教（“不耻下问”），是一种好学的表现。第三，强调学习和思考并重。孔子说：“学而不思则罔，思而不学则殆。”[①]思与学之间具有辩证关系，两者之中，学是主导的，思考要以学习为基础。第四，孔子强调学以致用。他说：“诵《诗》三百，授之以政，不达；使于四方，虽多，亦奚以为？”[②]第五，在教学方法上，孔子注重启发式和因材施教，“不愤不启，不悱不发，举一隅不以三隅反，则不复也”[③]。就是说，教导学生，不到他想求明白而不得的时候，不去开导他；不到他想说又说不出来的时候，不去启发他。教给他东方，他却不能由此推知西、南、北三方，便不再教他了，因为他不肯钻研。

针对学生的不同特点，孔子往往施以不同的教育方法，颜渊、仲弓、司马牛问“仁”，孔子有三种答案。子路和冉有都问“闻斯行诸”？孔子的答复竟完全相反，因为子路是急性子，而冉有是慢性子。孔子的教育思想，一直是中国文化中最可珍视的传统之一。

孔子之后，儒分八派，各自都有自己的学术倾向。而其中最重要的是孟氏之儒和孙（荀）氏之儒，一派以孟子为代表，另一派以荀子为代表。

第二节　孟子及其思想

一、孟子的生平及仁义思想

孟子，名轲，邹（今山东邹县）人，生卒年不详，大约为公元前 372 年—公元前 289 年。孟子是孔子的孙子子思学生的学生。相传为鲁国贵族孟孙氏之后裔。幼年家贫。他以孔子继承者自命。与孔子一样，孟子为实现他的政治理想也曾周游过齐、梁、鲁、邹、滕、薛、宋诸国，但终因其学说迂阔难于实行，没能得到重用。晚年退居与弟子万章等人著述《孟子》七篇，其中保存了他的许多言论和思想。孟子对我国后来的封建社会产生了巨大的影响，被尊为“亚圣”。

孟子最具有价值的思想之一是其“仁义”学说。孟子主张行“仁政”而王天下。孔子的德政发展到孟子的仁政，为后来中国封建社会的儒家奠定了

---

① 《论语·为政》。
② 《论语·子路》。
③ 《论语·述而》。

理论基础。

“仁政”的具体内容，孟子归纳为五点：对于知识分子（士），要使“尊贤使能，俊杰在位”；对于商人要减轻他们的负担；对于负贩的商人不要征税；对于耕者恢复井田制度，而不要另外的赋税；对于城市居民则要免除住宅的税。而这其中最重要的，就是以井田制的形式来推行封建制度。孟子设想的“井田制”就是国家把土地分给农民，每平方里划分为九百亩，中间一百亩为公田，其余八百亩为私田，分给八家农民，每家种一百亩，八家共同耕种一百亩公田。这样就能在经济上保持小农生产的相对稳定，适当满足小农的土地要求。农民有了一定数量的土地，使之可以养活父母妻子，凶年不至于流离死亡。农民经济上的保障只是孟子王道理想的基础，孟子最终的目的是使全体百姓树立起道德伦理观念。只有“养生丧死无憾”，才能驱使老百姓为善。不然，百姓连最起码的生活条件都得不到满足，那么“此惟救死而恐不赡，奚暇治礼义哉？”①

孟子的“仁政”学说，在政治上还主张采用“以德服人”的方法。孟子说：“以力服人者，非心服也，力不赡也；以德服人者，中心悦而诚服也。”②孟子把仁义等道德原则用作制定政策的根据，他说：“亲亲，仁也；敬长，义也。”③“人人亲其亲，长其长，而天下平。”④每个社会成员都能亲亲敬长，自觉遵守封建伦理规范，社会就会和谐一致，实现天下太平的政治局面。孟子论述这种推广仁义道德的施政过程时说：“老吾老，以及人之老，幼吾幼，以及人之幼。天下可运于掌。《诗》云：‘刑于寡妻，至于兄弟，以御于家邦。’言举斯心加诸彼而已。故推恩足以保四海，不推恩无以保妻子。”⑤实行仁政便是将抚老慈幼一套道德原则由近及远推广到全体社会成员身上。儒家反对单纯使用刑罚等暴力手段，而强调用道德教化去争取人民的服从和拥护。这种主张对缓和阶级矛盾，稳定封建的政治、经济制度发挥了巨大的作用。

民本思想是孟子的主要政治思想，他曾告梁惠王说：“仁者无敌。”又告齐宣王说：“保民而王，莫之能御也。”⑥这就是说，真正能够爱人民的人，他的力量是不可战胜的。因此，他随时启发诸侯国君们去爱人民、争取人民。在

---

① 《孟子·梁惠王上》。
② 《孟子·公孙丑上》。
③ 《孟子·尽心下》。
④ 《孟子·离娄上》。
⑤ 《孟子·梁惠王上》。
⑥ 《孟子·梁惠王上》。

具体措施上要“与民偕乐”，“与民同乐”，要“乐民之乐”，“忧民之忧”，而且要“使天下仕者，皆欲立于王之朝，耕者皆欲耕于王之野，商贾皆欲藏于王之市，行旅皆欲出于王之途，天下之欲疾其君者，皆欲赴愬于王”①。因此，他主张“民为贵，社稷次之，君为轻”②。齐宣王问商汤流放夏桀、武王讨伐商纣王之事，怀疑臣不可以弑君。孟子宣称：“贼仁者，谓之贼；贼义者，谓之残。残贼之人，谓之一夫。闻诛一夫纣矣，未闻弑君也。”③孟子的这种言论，在中国的思想史上，闪耀着夺目的光辉。在这以后，历代进步的思想家都从孟子的言论中获取营养，并把它作为批判专制酷政的有力武器。因此，孟子的仁义学说与民本思想，乃是儒家思想中最值得珍视的传统。

义、利之辨是孟子政治思想的重要内容，他发展了孔子的“君子喻于义，小人喻于利”的思想，提倡仁义而轻功利。孟子把仁义作为他维护封建伦理规范的原则和手段，仁义也是他仁政思想的内容。他的人性善的学说也必然导致他重仁义而轻功利。仁义是儒家政治学说的精髓，是儒家判教的标准，它把儒家和其他学派严格区分开来。在封建社会中儒家取得独尊的地位，与它有重义轻利的精神是分不开的。尤其是在臣事君、子事父、弟事兄这些伦理关系上，必须要以仁义的原则来保证，而不能以利害关系来维持。尽管君臣、父子、兄弟之间也包含了利害关系，但必须用仁义来节制，在义、利二者不可兼得时，要毫不犹豫地放弃利。“鱼，我所欲也，熊掌亦我所欲也；二者不可得兼，舍鱼而取熊掌者也。生亦我所欲也，义亦我所欲也；二者不可得兼，舍生而取义者也。”④生存欲望可谓是人最大的欲望了，但和义相比，二者不可兼得时，舍生而取义。生为人所欲，但不能背义偷生；死为人所恶，但不能背义而辟患。这样便把义推到了至高无上的地位。

二、孟子的性善说

孟子“仁政”学说的理论基础，是他的抽象的天赋道德的“性善”论。孟子认为，人生来就有一种最基本的共同天赋本性，这是基本道德品质的萌芽。孟子认为人性所以不同于禽兽的地方，就在于人有自觉的道德观念，而禽兽没有，“人之所以异于禽兽者几希，庶民去之，君子存之”⑤。这就是“不

① 《孟子·梁惠王上》。
② 《孟子·尽心下》。
③ 《孟子·梁惠王下》。
④ 《孟子·告子上》。
⑤ 《孟子·离娄》。

忍人之心”，或者说对别人的同情心，孟子也把这叫作恻隐之心。孟子举例说，人突然看到小孩子掉到井里去，都会有惊惧和同情之心。这种同情心，并不是要讨好这小孩子的父母，也不是要在乡亲朋友中获得个好名声，也不是讨厌小孩子的哭叫声，而完全是从人天生的本性中发出来的，这就是“不忍人之心”。孟子说：“人皆有不忍人之心，先王有不忍人之心，斯有不忍人之政矣。以不忍人之心，行不忍人之政，天下可运之掌上。”[①]除了恻隐之心之外，孟子认为人人生来都有的天赋本性还有“羞恶之心”、“恭敬之心”（或叫“辞让之心”）、“是非之心”。孟子说：“恻隐之心，仁之端也；羞恶之心，义之端也；辞让之心，礼之端也；是非之心，智之端也。”[②]这就是说，人最基本的四种道德品质：仁、义、礼、智，是从这四种天赋的“心”发端的。所以孟子得出结论说：“仁义礼智，非由外铄我也，我固有之也，弗思耳矣。”[③]意思是，这些“心”，这些道德品质，并不是由外面强加给我的，而是人本来就固有的，只不过没有好好想想罢了。所以他说：“恻隐之心，人皆有之；羞恶之心，人皆有之；恭敬之心，人皆有之；是非之心，人皆有之。”[④]因为道德观念是天赋的，为心中所固有的，因此又叫“良知”、“良能”。他说：

> 人之所不学而能者，其良能也；所不虑而知者，其良知也。孩提之童无不知爱其亲者，及其长也，无不知敬其兄也；亲亲，仁也；敬长，义也。无它，达之天下也。[⑤]

天赋的“良知”、“良能”，不学不虑即可知道，说明仁、义乃天赋的道德观念。将仁义观念由人心中扩充开来，推广到全社会便形成“仁义”、“仁政”等伦理规范和政治原则。这显然是由心生事，即由精神到物质的过程，是一种主观唯心主义。

孟子要求人尽量减少物质欲望要求，“养心莫善于寡欲”[⑥]。他认为如果一个人能寡欲，他的本性就不会丧失；如果欲望太多，即使他的本性能保存一些，也有限。孟子认为达到“知天”，可以从“养气”、“寡欲”的方法入手；另

---

① 《孟子·公孙丑上》。
② 《孟子·告子上》。
③ 《孟子·告子上》。
④ 《孟子·告子上》。
⑤ 《孟子·尽心上》。
⑥ 《孟子·尽心下》。

一种达到神秘主义境界的修养方法是“养气”，即培养一种“浩然之气”。浩然之气，“其为气也，至大至刚，以直养而无害，则塞于天地之间”[①]，这种由人的主观意志培养出来的气，具有大、刚、直的特点。如不断对这种气进行培养，不加妨害，即可充满了天地。它不是物质性的，是道和义配合而产生的。“其为气也，配义与道；无是，馁也。是集义所生者，非义袭而取之也”[②]。孟子认为这种“气”，靠人们的正义感，使养气的人具有这种正义感，就可以勇往直前，如果缺少了义与道，人就丧失了勇气。所以说它是“集义所生者”。“集”是积累，“义”是孟子所谓正义的行为，“集义”是义的行为不断积累的过程。这个过程要长期培养，不能速成，如果想一下子做件符合义的事就能得到浩然正气，那是不行的。照孟子的办法，要不断培养符合道德的行为，日积月累，就会经常使自己有“理直气壮”之感，处理生活中的一切问题，就有了勇气。不停止，不求速成，不断地培养下去，最后，可以让自己的精神状态很刚强，无所畏惧。

第三节　荀子及其思想

荀子，名况，尊号为“卿”，战国后期赵国人。荀况的生卒年不详，其主要政治、学术活动时间约在公元前298年—公元前238年之间，曾到齐国的稷下讲学，后又做过楚国的兰陵令，晚年在兰陵著书，并死在兰陵。他的著作保存在《荀子》一书中。

一、荀子的天命观

荀子在吸收了古代的唯物主义无神论思想和当时的自然科学成果的基础上，建立起他的唯物主义自然观。他首先批判了传统的“天命”决定人事、“君权神授”的唯心主义观点，指出要区别自然界的规律与社会人事的变化，即所谓“明于天人之分”[③]。他认为：“天行有常，不为尧存，不为桀亡。”[④]这是说，天地自然有自己的运行规律（“常”），天既不因为有尧这样好的统治者而正常地运行，也不因为有桀这样的暴君而改变其运行规律。同样，自然界的天绝不会因为人怕寒冷而废除冬天，地也不会因为人怕辽远而缩小它的

---

① 《孟子·公孙丑上》。

② 《孟子·公孙丑上》。

③ 《荀子·天论》。

④ 《荀子·天论》。

面积。人事的吉凶与社会的治乱，完全取决于统治者的治理措施是否恰当，它与自然界的变化没有必然关系。

二、荀子的性恶论

荀子反对孟子宣扬的天赋道德观念的“性善论”，并且提出了与孟子根本对立的“性恶论”。荀子首先明确“善”、“恶”的含义。他认为，一般所谓“善”，就是一切行为都符合封建的道德规范，服从礼义制度；所谓“恶”，就是用心阴恶，行为不正，犯上作乱，破坏封建秩序。因此，他认为，就这种“善”的含义来讲，在人的本性中是没有的。他说：“人之性恶，其善者，伪也。”[①]意思是说，人的本性是“恶”的，所以有“善”，那是人为的结果。人不可能一生下来就自然地符合封建的道德规范和政治制度。相反，人生来就好利、嫉妒、喜声色，如果不加克制，发展下去就会产生争夺、犯上、淫乱，而辞让、忠信、礼义这些道德也就没有了。所以，事实上人生来的本性是“恶”的。正因为如此，才需要圣人、君主对臣民的教化，需要礼义等制度和道德规范去引导人们。这就像弯曲的木头必须经过修整才能直，钝刀必须经过磨砺才能锋利一样。如果像孟子讲的人性本善，那还要君主、圣人和礼义等制度和道德规范作什么用呢？孟子由于没有把本性与人为两者区别开来，因此也就不能了解两者的关系，不能了解圣人、君子的重要作用。人的本性，只是一种原始的质朴材料，而人为（“伪”）则是用礼义道德加工后的成品。没有原始的材料，礼义道德也就没有加工的对象；没有礼义道德的加工，人的本性也不能自己变得完满善好。“圣人”的作用就在于把“性”和“伪”很好地结合起来。这样封建统治秩序就可以成功地建立起来。

三、隆礼重法的主张

荀子在政治思想上为建立统一的封建专制政权做了理论准备。他十分注重建立新的封建等级制度。荀子提出“隆礼”、“重法”的主张，充分论述“礼”和“法”的重要性。但他讲的“礼”已经不是孔子的礼了，而是经过改造，有了新的内容的封建等级制度。荀子认为，人生来就有物质欲望要求，如果这种欲望要求没有度量，就要发生争夺、混乱，所以要制定“礼义”、“法度”等社会政治制度。荀子把“礼”等政治制度看成是检验尺寸的法度，检验重量的权衡，检验曲直的绳墨，检验方圆的规矩。因此，荀子认为“礼”的中心内

---

① 《荀子·性恶》。

容是"分"和"别",即区别贵贱、长幼、贫富等等级。他说:"礼者,贵贱有等,长幼有差,贫富轻重,皆有称(恰当)者也。"①"礼"就是要使社会上每个人在贵贱、长幼、贫富等等级中都有恰当的地位。不过这种等级制度,不是奴隶制下完全按照血缘宗法关系的世袭等级制,而是根据新的封建生产关系,按照地主阶级的政治标准建立起来的等级制。

第四节　董仲舒对先秦儒学的改造

到了汉武帝时期,以孔子为代表的儒家学说经历了第一次大的改造,它是由汉武帝主持,由董仲舒倡导的,这就是中国历史上所谓"罢黜百家,独尊儒术"的措施。汉代大一统的中央集权封建宗法专制国家需要一套在意识形态上和它紧密配合的宗教、哲学体系,董仲舒适应当时封建统治者的时代要求和需要,建立了一套完整的封建神学唯心主义的思想体系。从董仲舒开始,把孔子神圣化,把孔子的学说宗教化,把封建专制制度的理论系统化。

一、天人感应的目的论

董仲舒,生于公元前179年,卒于公元前104年,广川(今属河北景县)人,是西汉最主要的唯心主义哲学家。现存著作有《春秋繁露》。董仲舒的唯心主义世界观,是君权神授的天人感应的目的论。为了把汉王朝的中央集权的封建专制制度说成是天授的永恒不变的神圣制度,他宣称天是有人格、有意志、至高无上的神。自然界日月星辰的运行,寒暑四时的更替,国家的兴衰治乱,都是神的意志的体现。董仲舒认为,天是有意志的,提出了"天志"和"天意"的概念。他以春夏秋冬四时,论证天志的存在,把自然界的现象,一一按照目的论的要求给它加上封建社会的道德属性。连寒暑变化、四时运行都说成了有目的、有道德意义的。他说:"春,爱志也;夏,乐志也;秋,严志也;冬,哀志也。故爱而有严,乐而有哀,四时之则也。"②

董仲舒认为天不但是自然和人类社会的创造者,而且天给人类社会设立了一个最高权力的"君主",皇帝有代天实行赏罚的至上权威。他说,"王者承天意以从事","天以天下予尧舜,尧舜受命于天而王天下"③。这就是董

---

① 《荀子·富国》。
② 《春秋繁露·天辨在人》。
③ 《春秋繁露·尧舜汤武》。

仲舒的君权神授说，它完全是为封建统治制度的合法性提供依据的。

二、唯心主义的道德观

董仲舒的天人感应的目的论也表现在他的道德观方面。他认为履行封建社会的道德规范是人性符合于天的意志的表现。他的人性论是他的唯心主义道德观的基础。首先，董仲舒认为人性乃是“天志”所先天赋予人的，是不可更改的。天有阴阳的属性，人也有贪和仁两种品质。人的仁，即善的品质，体现了天的阳的方面；人的贪即恶的品质，体现了天的阴的方面；人的性体现了天的阳，人的情体现了天的阴。性可以产生善，情可以产生恶，他主张以性控制情，以达到“损其欲以辍其情以应天”①的目的。

董仲舒把人性分为三类：一类是情欲很少，不教而能善的，这叫“圣人之性”；一类是情欲多，虽教也难能为善，只能为恶，这叫“斗筲之性”；一类是虽有情欲，但可以为善可以为恶的，这叫“中民之性”。只有具有“圣人之性”的统治者，才能充当“治人者”和教化的立法者。

董仲舒根据他的神学的人性论，建立起“三纲”、“五常”的道德观念。先秦孔孟讲君臣、父子、兄弟、夫妇和朋友五伦。董仲舒把它发展为“三纲”，利用神权论证它的绝对统治和服从的关系，而把“仁、义、礼、智、信”五常作为调整这种关系的基本原则。所谓三纲，即君为臣纲，父为子纲，夫为妻纲。“妻”、“子”、“臣”完全是为了配合“夫”、“父”、“君”的存在而存在的。在他看来，这种封建社会的绝对统治和服从的秩序，就像天地的阴阳一样不可改变，完全出于天意。所以他说，“王道之三纲，可求于天”②。这样，董仲舒就把封建社会的统治秩序神圣化为宇宙的法则，整个宇宙都被说成具有封建统治的秩序。封建社会的四条束缚人民的绳索（即神权、皇权、父权和夫权），被抬高到神的法则的绝对地位。

汉代儒家以读经、说经、注经、争论经书中的问题为主要任务，所以经学大盛。两汉经学流弊很多，形式烦琐，内容驳杂，及至魏晋，便趋衰落，代之而起的是玄学。对于玄学，一般看作道家思想的复兴，但并不排除儒家思想在玄学中的重要地位。这以后，佛教在隋唐时期达到鼎盛，儒家在思想界的地位受到冲击。唐中叶韩愈以儒家思想的承传者自诩，提出一个“尧以是传

---

① 《春秋繁露·深察名号》。

② 《春秋繁露·基义》。

之舜，舜以是传之禹，禹以是传之汤，汤以是传之文武周公，文武周公传之孔子，孔子传之孟轲”的所谓“道统”，同佛教的法统抗衡。柳宗元虽自幼好佛，但他也“以兴尧舜孔子之道”为务。北宋前期的范仲淹、欧阳修、胡瑗、孙复、石介等人继续提倡儒家思想，终于使儒学得到了复兴。复兴儒家的代表人物旨在恢复儒家在思想界的权威地位，理论建树不多，他们对儒家思想的主要贡献是确立了“道统说”；突出了《论语》《孟子》《大学》《中庸》在儒家典籍中的地位；柳宗元、李翱等吸收佛教和道教的一些思想，开援佛道入儒的先河，启迪了后来的理学。理学是儒学发生的第二次重大的变化。

第五节　宋明理学

宋代统治者从唐末五代分散割据的局面中建立起专制的政权，鉴于前朝覆亡的教训，要求强化中央集权的封建宗法专制制度，思想文化领域里也需要与它相适应的意识形态相配合，于是产生了宋代理学。宋代理学是儒、释、道三教合一的产物。它以儒家的封建伦理为中心，吸取了佛教、道教的一些宗教修行方法，加上烦琐的逻辑思辨的论证，形成了一个体系严密、规模庞大的理论结构。它既是宗教，又是哲学；既是政治准则，又是道德规范。将四者融为一体。理学源于北宋的周敦颐、张载，经程颐、程颢的发展，完成于南宋的朱熹。理学依其对世界本原的不同回答可分为三派：一派以气为宇宙本体；一派以理为宇宙本体；一派以心为宇宙本体。这三派实质上分别是唯物主义派、客观唯心主义派和主观唯心主义派。

一、理学的开创——周敦颐的思想学说

周敦颐是宋明理学唯心主义的奠基人。周敦颐提出的一系列的哲学范畴，如太极、理、气、性、命等，都成为宋、明理学共同探讨的基本范畴。周敦颐依据《易传》《中庸》和韩愈《原道》的唯心主义世界观，接受道教、佛教的某些思想，把陈抟的《无极图》改变为论证世界本体及其形成发展的图式——《太极图》，建立自己以孔、孟正统思想为主的客观唯心主义的本体论。周敦颐认为世界的本体是“太极”，人和万物生于五行二气，万物统一于五行，五行统一于阴阳，阴阳统一于太极，而万物以无形的太极为本。这个精神性的本体，也就是“无形而有理”的“理”，化生了万物。这是有生于无的唯心主义观点。在周敦颐看来，太极的动静，是和物的动静不同的。太极的动静，不是物质的机械的动静，物质动只是动，静只是静，静中无动。太极是超动静

的，可是它是万物的推动者，万物之所以能运动，不是万物的力量而是由于太极的推动。

在道德修养的培养上，周敦颐主张“立诚”与“主静”。所谓诚，并不是一种诚实不欺的品质，而是一种神秘的精神境界。所谓静，周敦颐的解释是“无欲故静”[①]。他认为一切学习，即认识的关键，就是“无欲”。在他看来，无欲诚心，是人们认识修养的最高要求。

二、理学的发展——二程的思想学说

自从周敦颐之后，我国的理学建立起了一套比较完整的宇宙观，并且将自然观、认识论、人性论、道德修养各个方面组成有机的哲学体系，吸收佛道宣扬容忍、驯服的奴化性格的生活态度，宣传一种禁欲主静的僧侣主义。到了程颢、程颐，提出了“理”作为世界万物的本体。程颢、程颐的哲学的最高范畴是“理”，又称“天理”。二程所谓“理”有如下特点：第一，理是天下万物要遵循而不可违反的。它不以人们的意志为转移，是永恒存在的。第二，理是自然界的最高法则，也是社会的最高原则。它包括物的理，又包括封建社会的孝、悌、忠、信，君道、子道都是理所规定的。第三，理早已“客观”地先于事物存在着，人和物“都自这里出去”。只是物不能主动体现它，而人能主动体现它。不论是否通过具体的人和物的体现，万物之理早已先于万物而存在了。第四，一物有一物的理，一物之理又是万物之理，所以才说“万物皆备于我”。

在人性论上，二程肯定孟子的性善说，并将其进一步深化，提出“性即是理”的观点。这一命题的提出，使中国哲学史上的人性论就不仅是一个伦理学上的善恶问题，而把它提到了唯心主义本体论的高度。理，是至高无上的原则，是生天生地的总根源。同样一个理，体现在“天”上，叫作命，表示它有使万物不能违抗的权威。这个理体现在社会关系上，合理的叫作“义”，义即合理性。这个理体现在人的品质方面，叫作性。这个理体现在人的身体方面，叫作心，它使人有灵明知觉。

人性既是天理的体现，应当是至善，何以有恶？人性既然包括仁、义、礼、智等道德内容，为什么有人不符合这道德的规定？二程认为这是由于气。气和性一起存在于每一个人身上，是统一的，又是矛盾的。人性就它本源来说，只能是善，其所以有恶，是由于为外物所累，是由于思虑的发动。恶

① 《太极图说》自注。

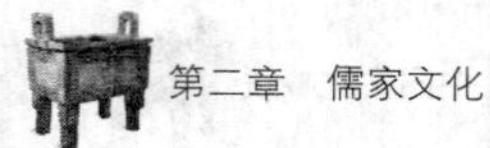

是由于"情"的活动发生偏向的结果,也是气禀影响的结果。为了使人去恶从善,二程提出了要变气质:"惟理可进,除是积学既久能变得气质,则愚必明,柔必强。"①他还教人随时警惕情的变化,务使感情活动完全符合封建道德规范,就可以防止流于恶。因此,他提出了"存天理去人欲"的说法。他们把天理与人欲对立,以为人身为人欲罪恶自私的根源。这一观点到了朱熹,便有了进一步的发展。

三、理学的完成——朱熹的思想学说

朱熹,字元晦,晚年自称晦庵,生于公元1130年(高宗建炎四年),死于公元1200年。江西婺源人。他是孔子以后,我国封建社会博学的学者之一,也是孔子以后,在我国封建时代影响最深远的哲学家。

图2-2　朱熹像

朱熹继承了二程的客观唯心主义体系,把理作为本体,同时也吸收了张载关于气的学说,认为宇宙之内有理有气:"天地之间,有理有气。理也者,形而上之道也,生物之本也。气也者,形而下之器也,生物之具也。是以人物之生,必禀此理,然后有性;必禀此气,然后有形。"②这就是说,任何事物的形成,要有理,也要有气。理是一物生成的根据或本原,是"生物之本";气是一物生成的材料,是"生物之具"。这个"生物之本"是看不见的本体,朱熹叫它做"形而上"之"道"。气是构成事物的具体材料、物质,它不是万化本源,是有形象可循的,所以朱熹叫它是"形而下"之"器"。理和气的关系,是理主宰着气,气由理所制约。朱熹认为具体的事物,它的理与气不能相离,没有先后的分别;如果溯本穷源,却应该说,有此理然后有此气。未有天地万物,就先已有天地万物之理,天地万物的所以生成,所以变化,都是理的作用。

朱熹说:"万物皆有此理,理皆同出一源,但所居之位不同,由其理之用

① 《二程遗书》卷十八。
② 《晦庵先生朱文公文集·答黄道夫上》。

不一，如为君须仁，为臣须敬，为父须慈。物物各具此理，而物物各异其用，然莫非一理之流行也。”[①]这里所说的一理与万理的关系，就是所谓“理一分殊”的关系。正如天空之中有一个月亮但散在江湖之水泊中，凡是有江湖水泊之处，水面上都可看见一个月亮。这种理一分殊的关系，既不是全体和部分的关系，也不是一般和个别的关系。因此他喜欢借佛教常用的“月印万川”的比喻来说明他的理一分殊的道理。理的全体，朱熹也把它叫作太极，他说：“自其本而之末，则一理之实而万物分之以为体，故万物之中各有一太极。”[②]万物分享的太极，并不是万物从太极中分取了一部分，而是说万物分享的太极同样是“众理之全”，即太极的整体。所以朱熹常说：“人人有一太极，物物有一太极。”

朱熹继承二程的理论，认为理表现在人方面就叫作性，他在二程与张载哲学的基础上进一步论证了人性中“天命之性”（或“天地之性”）和“气质之性”的关系。他说：“论天地之性，则专指理而言；论气质之性，则与理与气杂而言之。”[③]他所谓天命之性专指理本身而言，但理表现在每一个具体的人方面，则与气不能相离，与气相杂的理，就成为气质之性了。

照朱熹的说法，理是至善的，所以天命之性也是至善的。孟子说人性皆善，是说人性中具有道德意义的善，朱熹的性善说，具有本体论的意义。这个性是指天命之性而言的。气有清浊昏明的差别，所以气质之性有善有恶，孔子说性相近，这个性是就气质之性说的。人的贤愚就是因为所秉承的气有清浊的不同：“但禀气之清者，为圣为贤，如宝珠在清冷水中。禀气之浊者，为愚为不肖，如珠在浊水中。所谓明明德者，是就浊水中揩拭此珠也”[④]，这是说，变化气质，就如在浊水中的宝珠经过揩拭一样，这个工作的过程就是所谓“明明德”。气质变化成功了，宝珠恢复了本来面目，不肖的人成为贤人，这个工作的结果即所谓“善反之，则天地之性存焉”。朱熹区分天命之性和气质之性，在理论上解决了中国思想史上性善、性恶的争论。朱熹认为，孟子主张性善，是指天命之性而言，但是孟子不知道人还有气质之性，因而不能很好地解释人性既善，恶从何来的问题，所以说他对人性的解释不够完备；荀子主张性恶，扬雄主张性是善恶混，韩愈主张性三品，实际上都是指气质之性而言，他们不知穷本极源的天命之性是善的，所以他们对人性的解释

① 《朱子语类》卷十八。

② 《通书·理性命章注》。

③ 《晦庵先生朱文公文集·答郑子上》。

④ 《晦庵先生朱文公文集·答郑子上》。

也不透彻。朱熹认为只有严格区分天命之性和气质之性,人性问题的各种争论才能得到圆满的解释。

朱熹将正确的行为和动机称为"道心";不正确的行为和动机称为"人心"。"人心"、"道心"的区别,是朱熹对《尚书·大禹谟》"人心惟危,道心惟微,惟精惟一,允执厥中"的阐发。朱熹等认定这十六个字是尧、舜、禹三圣相传的道统的真传。以后宋儒称为"十六字心传"。照朱熹的说法,道心是从纯粹的天命之性发出来的,所以是至善的,即使是下愚的小人也具有天命之性,不能无道心。至善的道心常受形气的私情所蒙蔽,微妙而难显现。人心来自人的形体,它是从具体的气质之性发出来的,可善可不善;即使上智的圣人也是理气结合生出来的,不能不具有气质之性,所以也不能无人心。人心对外界的反应常产生"过与不及"的偏向,不容易适得其中,故危殆而不安。超凡入圣的修养方法并不是消灭人心,而只是使人心服从道心,使危殆的人心由危而安,微妙的道心由稳而显,一切思想言行自然符合封建道德的标准。

第六节　儒学地位的下降

明代后期,中国出现了资本主义生产关系的萌芽。作为封建秩序维护者的儒家思想变成了束缚人们思想的桎梏,因此受到明清之际一些思想家的批判。对儒家思想批判,最初是在儒家内部展开的。明末清初的思想家陈确、黄宗羲、顾炎武、王夫之等人都从不同的角度对脱离实际、空谈性命的腐儒进行严厉批判。戴震不只对儒家传统思想进行一系列严厉抨击,甚至直斥理学的伦理纲常,说它是以理杀人。

1840年鸦片战争以后,太平天国农民革命领袖们以原始基督教的平等思想为武器,反对儒家思想。中国在列强的逼迫下割地赔款,中国沦为半封建、半殖民地,越发证明儒家思想无用。于是士大夫中的一些先进人物,如严复、康有为等,引进了西方的进化论和资产阶级民主思想,即所谓新学。在同新学的斗争中,儒学思想更显得无力。接着在民主革命的高潮中,章太炎等资产阶级民主革命派把对儒家思想的批判又推进了一步。最后,1919年的五四运动,对儒家学说进行了比较彻底的批判,儒学作为独尊的统治地位终于结束。

儒家思想统治中国长达2000余年之久。儒家的创始人孔子被封建统

治者尊为圣人,儒家学派在漫长的历史中对中华民族的文化发展,对陶冶中华民族自强不息的奋斗精神,都做过光辉的贡献;但也因为长期被封建统治者利用,随着生产力不断发展,儒家思想逐步变成了封建统治阶级禁锢人们思想的枷锁,严重阻碍了中国社会的发展。今天,我们应该吸取儒学中有积极价值的思想内容,使其在现代化过程中焕发出新的生命力。

思考与练习

1. 孔子思想产生的社会背景是什么?
2. 怎样理解孔子学说中的“仁”?
3. 孟子有关“义利之辨”的思想有什么现实意义?
4. 荀子与孟子的思想在哪些方面有分歧?
5. 董仲舒“天人感应”说的具体内容是什么?
6. 宋朝理学的发展可以划分为哪几个阶段?

延伸阅读与参考书目

杨伯峻译注:《论语译注》,北京:中华书局,1980 年。

杨伯峻译注:《孟子译注》,北京:中华书局,1960 年。

胡适:《说儒》,《胡适论学近著》第一集,上海:商务印书馆,1935 年。

郭沫若:《十批判书》,北京:人民出版社,1976 年。

冯友兰:《中国哲学史新编》,北京:人民出版社,1982 年。

侯外庐、邱汉生、张岂之主编:《宋明理学史》,北京:人民出版社,1984 年。

第三章　道 家 文 化

道家是中国思想史上的主要流派之一，因为以“道”为世界的最后本原，故称为道家。道家学派的创始人为老子，其他主要人物有关尹、庄周、彭蒙、田骈等。这一学派在哲学上以虚无的“道”为世界的根本，以柔弱因循为“道”的作用；在政治上主张实行无为而治，认为只有无为才能无不为。由于对“道”与无为思想的理解不同，道家内部又形成了老庄学与黄老学两大不同派别。前者的思想以《老子》《庄子》《列子》为代表，后者的思想则以《管子》中的《心术》《内业》等4篇和《经法》《十六经》等篇及《淮南子》为代表。

与崇尚礼乐、注重人伦日用的儒家不同，道家重自然，并致力于宇宙根源问题的探讨。虽然这一学派所建立的宇宙论就其动机来说依然是从人生哲学出发的，但是，他们却把人类的观察范围由人生和社会扩展到整个宇宙，并且形成了“人法地，地法天，天法道，道法自然”①这样一个由宇宙论到人生论，再到政治论的严密哲学系统。主张“道法自然”不是让自然迎合人的或宗法社会的意志，而是强调“人之道”要服从自然无为的“天之道”，认为社会发展的特殊规律不能背离宇宙发展的一般规律。如果说，儒家重视的是“道德”，是德者文化，相对来说，道家则表现出了“智能”，为智者文化。道家学派无论在思想概念和范畴的提出上（如道气、自然、有无、动静、虚实等），还是在抽象思维能力方面，都对我国文化产生了相当深刻的影响。这种理论与崇尚礼乐的儒家思想相互补充，体现出中国文化多元性与整合性相统一的特征。

第一节　老子及其思想

道家学派的创始人是老子。关于老子其人与他生活的年代，历来说法不一。一般认为老子即是老聃，大约生活在春秋末年。《老子》一书有可能是战国时期的作品。但探讨老子的思想，只能以《老子》一书为依据。

---

① 《老子》二十五章。

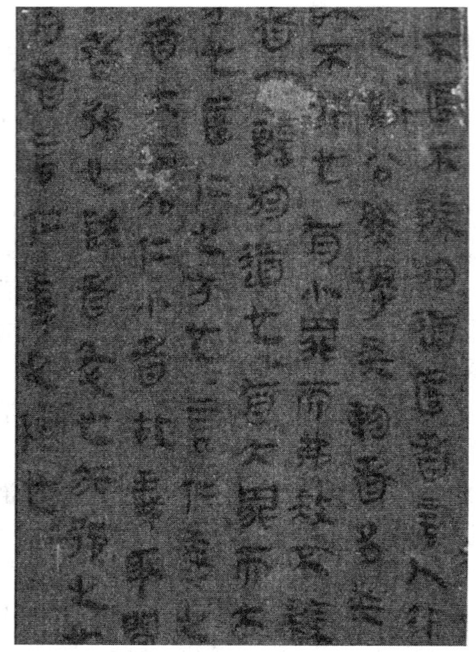

图 3-1　长沙马王堆一号汉墓出土的帛书《老子》

一、作为世界本原的"道"

"道"是老子思想体系的核心。老子第一个提出了"道"作为哲学的最高范畴。"道"字本来是人走的道路，有四通八达的意思。这一意义引申为"方法"、"途径"，已初步地具有规律性、普遍性的意思。"天道"一词，在春秋时期已是指天象运行的规律，有时也包括人生吉凶祸福的规律的意思。老子吸取了道与天道的一般含义，把它概括为事物存在和变化的最普遍的原则。

关于"道"，《老子》二十五章中有简明的概括："有物混成，先天地生。寂兮寥兮，独立而不改，周行而不殆，可以为天下母。吾不知其名，字之曰道，强名之曰大。"这是说，有这样一个浑然一体的东西，它比天地更在先，听不见，看不见，它不靠外力而存在，永远循环往复地运行着。可以作为天下万物的根源。我不知道应当叫它什么好，就叫作"道"，勉强给它起个名叫作"大"。

"道"具有"有"和"无"两种性质。从一个方面看"道"是"无"。老子所说的"无"是指"无名"、"无形"，而不是一无所有的"零"、空无。在老子看来，凡

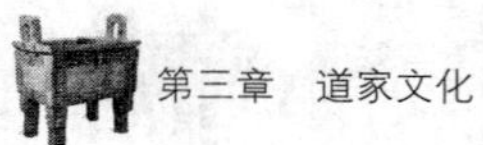

是有固定形象的东西就是有限的。具体的、有名的东西，只能生出具体的、有名的东西，如马只能生马，豆只能生豆，它们不能产生万物。所以老子说："无名天地之始，有名万物之母。"[①]这是说混沌的、还说不上名字的"朴"，是天地的开始。有了名的具体的东西产生了万物。个别的东西都可以找到它们的产生者(母)，天地的产生，只能追溯到"无名"这个总根源。"道"虽不具有具体事物的形象，但它是构成一切有形有象的东西的基础，因此它原来就包含着形成各种各样的有形有象的东西的可能性，所以在它中间本来就是"有象"、"有物"、"有精"的。就这方面说，老子的"道"又是"有"。

关于"有"和"无"的相互依存的关系，老子作过详细的说明。他认为，有了车毂中间的空间，才有车的作用；有了器皿中间的空虚之处，才有器皿的作用；有了门窗四壁中间的空隙，才有房屋的作用。从这里他得出结论："有之以为利，无之以为用。"[②]老子这里的"无"，指的是房子、车子、器皿中间的空虚部分，这一部分看来是空虚的，但它却是使车子、房子、器皿发挥具体作用的关键。在老子看来，"无"比"有"更为根本。老子从"道"具有"无"与"有"两种性质，得出"天下万物生于有，有生于无"[③]的结论。从无形无象到有形有象的过程是"道生一，一生二，二生三，三生万物。万物负阴而抱阳，冲气以为和"[④]。道是最根本的存在，它分化为两种对抗的势力，即阴阳二气。由阴阳二气的对立，产生新的第三者，即阴阳二气相交而成的一种适匀的状态。由新生的第三者产生了千差万别的东西。一切东西内含着阴阳两种对立的势力；阴阳两种对立的势力在看不见的气中得到统一。在这里，老子说明了事物由混沌状态的气，逐渐分化为万物，由简到繁的过程。

二、老子的朴素辩证法思想

老子具有朴素的辩证法思想。他比较系统地揭示出事物的存在是相互依存的，而不是孤立的。美丑、难易、长短、高下、前后、有无、损益、刚柔、强弱、祸福、荣辱、智愚、巧拙、大小、生死、胜败、攻守、进退、静躁、轻重等等，都是对立的统一。一方不存在，对方也就不存在。他说："有无相生，难易相成，长短相形，高下相倾，音声相和，前后相随。"[⑤]对矛盾统一观念的进一步

---

① 《老子》一章。

② 《老子》十一章。

③ 《老子》四十章。

④ 《老子》四十二章。

⑤ 《老子》二章。

明确，是当时人类认识世界深化的表现。

老子概括了当时自然现象和社会现象的变化，指出事物都向着它的相反的方向变去。他说，“正复为奇，善复为妖”，“祸兮福之所倚，福兮祸之所伏”①。老子看到事物无不向着它的对立面转化这一基本规律，他说：“反者道之动。”②老子从这一原则出发，决定了他认识生活世界，对待生活的态度：主张贵柔、守雌，反对刚强和进取。老子通过农业生产实践，看到植物的幼苗虽然柔弱，但它能从柔弱中壮大；相反，等到壮大了，反而接近死亡。他认为对待生活也应当这样，他说：“物壮则老，是谓不道，不道早已。”③这是说，事物强大了，就会引起衰老，有意造成事物的强大，是违反道的原则的，因为这会促进它早日结束它的生命。他说，“兵强则灭，木强则折”④，又说，“柔弱胜刚强”⑤。因而他主张“曲则全，枉则直，洼则盈，敝则新，少则多，多则惑”⑥。这是说，委曲反能保全，屈枉反能伸直，卑下反能充盈，敝旧反能新奇，少取反能多得，多取反而迷惑。他又说：“天下莫柔弱于水，而攻坚强者莫之能胜。”⑦水看来是柔弱的，但它可以冲决一切比它坚强的东西，所以老子说，“上善若水，水善利万物而不争”⑧，由于水不争，“故天下莫能与之争”⑨。这是老子的“柔弱胜刚强”的原则在生活方面的运用。老子虽深知什么是雄强，却安于柔雌；虽深知什么是光荣，却安于卑辱；虽深知什么是光彩，却安于暗昧。

三、老子的其他思想

老子否认人的认识来源于感觉经验，说：“不出户，知天下；不窥牖，知天道。其出弥远，其知弥少。是以圣人不行而知，不见而名，不为而成。”⑩这是一种唯心主义的先验论。他还宣扬“涤除玄览”的直观方法，教人们洗心内照。

---

① 《老子》五十八章。
② 《老子》四十。
③ 《老子》三十章。
④ 《老子》七十六章。
⑤ 《老子》三十六章。
⑥ 《老子》二十二章。
⑦ 《老子》七十八章。
⑧ 《老子》八章。
⑨ 《老子》六十六章。
⑩ 《老子》四十七章。

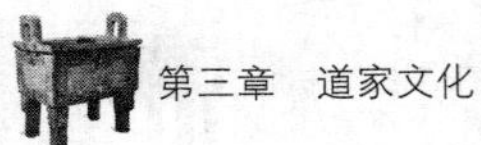

老子对当时现实政治的批判十分尖锐、深刻。他认为，人民生活中的灾难是由于统治者的过分剥削造成的。他说："民之饥，以其上食税之多，是以饥。民之难治，以其上之有为，是以难治。民之轻死，以其上求生之厚，是以轻死。"[①]他特别指出，生产上的灾荒是由于统治者赋税过多的结果；人民是不怕死的，因此残暴的杀戮并不能使人民屈服。

从农民小私有者的利益出发，老子提出了反对剥削的平均主义思想。他认为"天之道"本来是"损有余而补不足"的；但是当时"人之道"相反，是"损不足以奉有余"[②]，这是极不合理的。除此之外，老子还反对战争，反对商业所带来的经济剥削，以及由此引起的争夺。

老子政治思想的中心内容是要求实现"无为而治"，所谓无为而治就是统治者应该少一点欲望，少一点作为，对人民听其自然，这样，统治才能稳固。在《老子》中，提出了一整套的统治术，例如他说："将欲夺之，必固与之。"[③]又说："古之善为道者，非以明民，将以愚之。"[④]

老子看不到当时社会发展的必然趋势，他认为，社会之所以混乱，互相争夺，原因在于生产的发展、人们欲望的过分、法令的繁多、知识的追求和讲究虚伪的仁义道德，等等。老子对儒家宣扬的仁义道德进行了揭露和批评，他指出，所以要讲仁义忠孝那一套，都是因为大道废弃、六亲不和、国家昏乱。因此，他认为，要使天下太平、没有争夺，就要取消知识，取消道德，取消新颖的器具和财货。"绝圣弃智，民利百倍；绝仁弃义，民复孝慈；绝巧弃利，盗贼无有"[⑤]。在老子看来，最理想的社会和政治是："小国寡民，使民有什伯之器而不用，使民重死而不远徙。虽有舟舆，无所乘之；虽有甲兵，无所陈之。使民复结绳而用之。甘其食，美其服，安其居，乐其俗。邻国相望，鸡犬之声相闻，民至老死不相往来。"[⑥]这显然是一种违背社会发展，企图把历史拉向倒退的想法。

---

① 《老子》七十五章。

② 《老子》七十七章。

③ 《老子》三十六章。

④ 《老子》六十五章。

⑤ 《老子》十九章。

⑥ 《老子》八十章。

第二节　庄子及其思想

庄子名周，宋国蒙（今河南商丘）人。大约与孟子同时。

一、自然无为的天道观

庄子继承并发展了老子有关宇宙起源与世界本体的观点，同样把“道”当作事物最后的根源和事物的总的规律，但他强调“道”是脱离一切事物的神秘的精神。《庄子·大宗师》说：“夫道有情有信，无为无形。可传而不可受，可得而不可见。自本自根，未有天地，自古以固存。神鬼神帝，生天生地。在太极之先而不为高，在六极之下而不为深，先天地生而不为久，长于上古而不为老。”这都是对老子之“道”所做的唯心主义的解释。在《齐物论》中又说：“有始也者，有未始有始也者，有未始有夫未始有始也者；有有也者，有无也者，有未始有无也者，有未始有夫未始有无也者。俄而有无矣，而未知有无之果孰有孰无也。”意思是说，世界有它的没有开始，推上去，还有它未开始的未开始。世界有“有”，有“无”，再推上去有“没有有和无”，再推上去还有连“没有有和无”也没有。究竟世界是真有还是真无也无从知道。

庄子特别强调道的自然无为、无知的特点。这种天道自然无为的主张，摆脱了目的论，却陷入了宿命论。他说：“知其不可奈何而安之若命，德之至也。”[①]又说：“死生、存亡、穷达、富贵、贤不肖、毁誉、饥渴、寒暑，是事之变，命之行也。”[②]庄子认为，“命”（冥冥中决定一切的主宰者）是定数难逃的。他认为寒暑、死生、饥渴这些自然现象和穷达、富贵、毁誉这些社会现象都是人力无法改变的。

二、相对主义的认识论

庄子关于认识论的相对主义观点，表现在以下三个方面：

第一，庄子认为认识的对象的性质是相对的，是没有分别的，因而它的性质是无法认识的。他说：“故为是举莛与楹，厉与西施，恢恑憰怪，道通为一。其分也成也，其成也毁也，凡物无成与毁，复通为一。”[③]不论是细小的莛

---

① 《庄子·人间世》。
② 《庄子·德充符》。
③ 《庄子·齐物论》。

和粗大的楹，丑的、美的，宽大与狡诈，奇怪与妖异，它们最后总是一样。一个东西的分散也就是合成，合成也就是毁灭；无论成与毁，结果总是一样。庄子首先抓住事物有相对性这一个方面，把它夸大、绝对化之后，再进一步取消了认识对象的质的规定性。他指出事物的成和毁，有相对的一面，是对的，但“成”毕竟不是毁，因为事物也有相对的稳定性。美与丑有主观的因素，对个别事物有时也难以划出美丑的绝对界限。但是美和丑毕竟不能完全混淆、等同。《德充符》篇也说：“自其异者视之，肝胆楚越也；自其同者视之，万物皆一也。”照庄子的意思，肝胆之间是否像楚越一样相去千里，是很难判断的，只看认识者用什么观点去看它；万物是不是真有差别，也难以肯定，只看认识者用什么观点衡量它。事物的差别不在事物本身，而在于认识者的态度看法。由此他得出结论：事物没有客观的性质，一切性质全是主观方面的认识者加上去的。

第二，对于主观认识能力，庄子认为也是相对的，没有客观标准，因而得出认识是不可能的结论。《齐物论》说：“啮缺问乎王倪曰：‘子知物之所同是乎？’曰：‘吾恶乎知之？’‘子知子之所不知邪？’曰：‘吾恶乎知之？’‘然则物无知邪？’曰：‘吾恶乎知之？’”这段问答很能代表庄子对待知识的态度。王倪对于啮缺的问题一问三不知。不过最后他还是申明了他对人类认识能力的看法，他说：“虽然，尝试言之。庸讵知吾所谓知之非不知邪？庸讵知吾所谓不知之非知邪？”庄子认为如果一定要讲认识的问题，实在无法判定所知的是不是真正的知。《齐物论》说，人睡在潮湿的地方会得腰痛病，泥鳅也这样吗？人爬到高树上会胆怯，猿猴也这样吗？这三者（人、泥鳅、猿猴）究竟算谁知道正当的住处呢？毛嫱、丽姬，人们以为是美人，鱼见了她们吓得深入水底，鸟见了她们吓得高飞，麋鹿见了她们赶快跑开，美不美，究竟以谁（人、鱼、鸟、麋鹿）的尺度作为衡量的标准呢？由此，《齐物论》的作者得出结论说：“自我观之，仁义之端，是非之途，樊然淆乱，吾恶能知其辨？”这就是说认识者没有认识的能力，无法取得正确的认识。

《齐物论》不但怀疑一般正常认识的不可能，并由此进而对于认识者究竟是不是在认识也进行怀疑；再进而对于“怀疑认识者的怀疑”也提出了怀疑。它说：“梦饮酒者，旦而哭泣，梦哭泣者，旦而田猎。方其梦也，不知其梦也，梦之中又占其梦焉，觉而后知其梦也。且有大觉而后知此其大梦也；而愚者自以为觉，窃窃然知之！”只有他所谓“大觉者”才能以怀疑一切的态度对待认识问题，把醒与梦看得无所谓差别：从梦的立场看醒，醒也是梦；从醒的立场看梦，梦也是醒。《齐物论》还用一个寓言式的故事说明这种不可知

论的观点：有一次庄周梦为蝴蝶，他难于搞清楚，是庄周做梦，在梦中变为蝴蝶呢，还是现在的庄周是蝴蝶所做的梦？庄子最后的结论是，不但一般人没有认识事物的能力，就是最高智慧的"至人"也不能解答这个问题。只是"至人"比一般人高明的地方不在于他正确地认识什么，而在于他根本放弃认识，以"不进行认识"作为"认识"。庄子《养生主》说，"吾生也有涯而知也无涯，以有涯随无涯，殆矣"，为了避免"殆矣"，最好是不进行认识活动。这是一种彻底的以"不能知"来论证的不可知论。

第三，对于真理的标准问题，有没有是非、真假，庄子也做了不可知论的论证。

《齐物论》提出判别是非有没有标准的问题，用什么作为标准的问题；最后提出，探求关于事物的是非、真假有没有意义，应该不应该的问题。《齐物论》认为当时儒墨各派互相争论，乃"以是其所非而非其所是；欲是其所非而非其所是，则莫若以明"。这是说儒墨各自都用自己所认为是错的去批评对方所认为是对的；他们这样做，那就不能搞清楚是非。《齐物论》认为谁也没有能力判断别人的是非。他说，假如我和你进行辩论，你胜了我，我辩不赢你，难道你果真就对，我果真就错了吗？我胜了你，你辩不赢我，难道我果真就对，你果真就错了吗？还是有一个对另一个错了呢，还是两人全对全错了呢？我们两人无法决定谁对谁错，那么请谁来决定呢？让跟我意见相同的人决定，他既然和我的意见一样，又怎能决定呢？让跟你意见一样的人来决定，他既然和你的意见一样，又怎能决定呢？让和我俩意见都不同的人决定，他既然和我俩的意见都不一样，又怎能决定呢？让和我俩意见相同的人来决定，他既然和我俩的意见相同，又怎能决定呢？那么，我、你和第三者都不能知道谁对谁不对，还等谁来决定是非呢？照庄子的逻辑，决定是非是不可能的，因为没有一个客观的、共同的标准。

《齐物论》这种否认是非有客观标准的不可知论的观点和庄子的唯心主义、神秘主义世界观是密切联系着的。因为庄子认为道是不可知的，世界本身是不可以用感觉、用理性，以及任何认识的方法可以认识的。他认为"道隐于小成，言隐于荣华"。就是说，持有局部的见解（小成）的人才看不见道。持有辩才的人才不了解真正的言。因为"大言炎炎，小言詹詹"，是非总归是讲不清楚的，你有你的是非，他有他的是非。不但对不同的意见难于判定谁是谁非；甚至连你、我、彼、此，也难于分别得清楚，"是亦彼也，彼亦是也。彼亦一是非，此亦一是非，果且有彼是乎哉？果且无彼是乎哉？彼是莫得其偶，谓之道枢"。这是说是与非、彼与此，根本说不上有什么对立面的关系

（“莫得其偶”），没有对立，自然也不需对它们进行分别。所以说，“枢始得其环中以应无穷”。圆环是无端（开始）的，圆环的任何一部分都可以说是起点，也都可以说是终点。取消了对立面，就可“以应无穷”。应无穷的方法是以不辩为辩，以不说为说，以不认识作为认识。他认为仅仅停留在分别是非的阶段，是非总是说不清楚的，“是亦一无穷，非亦一无穷，故曰莫若以明”，同样是一个搞不清楚（“莫若以明”）。

既然“莫若以明”，照庄子的体系，是以不分别代替分别，从根本上取消了认识。他说：“以指喻指之非指，不若以非指喻指之非指也。以马喻马之非马，不若以非马喻马之非马也。天地一指也，万物一马也。”这是说，天地万物并不真正是客观存在着的实物，不过是个符号。任何概念都不能反映事物，既然不能反映，就不如干脆连这些符号也一并取消。不表示，倒是最完全的表示。

三、追求绝对自由的人生观

庄子提出了追求精神自由的理论。他面对现实世界与个人主观希望的矛盾，设想出许多所谓的解决办法。《逍遥游》说，大鹏飞翔，要靠大风和长翼的帮助；行千里的人，要带着三月之粮。这是一般的生活规律，这样的生活，说不上自由。列子能轻妙地乘风飞行，并能达半月之久，比起一般人，总算自由了（可以不走路），但是他还要有风才行；没有风，列子也将失去“免于行”的自由，而且，他能去的地方仍然是有限的。庄子认为，这些所谓自由，都是有条件（有待）的，不算真正的自由；真正的自由是“乘天地之正而御六气之辩（变），以游无穷者，彼且恶乎待哉？”庄子认为一切有待的自由都不能离开客观条件；可是任何条件都是对自由的限制；要求绝对的自由，又要绝对地离开条件限制。庄子把问题提得十分突出，并给了这个问题的答案。

庄子认为，一般人之所以不自由，是由于他“有己”；受条件限制的是每个要求自由的“自己”。他说：“至人无己，神人无功，圣人无名。”至人、神人、圣人是庄子对理想人格者的不同称谓，三者都是一种人。像这样的圣人，他不感到自己的存在（无己），自然也不会有所积极建树（无功），他可以不顾别人对自己的毁誉（无名），因而精神上是自由的。《大宗师》所描绘的“真人”是“其寝不梦，其觉无忧，其食不甘，其息深深。真人之息以踵，众人之息以喉”。“真人”，“不知说（悦）生，不知恶死。其出不䜣，其入不距，翛然以往，翛然而来而已矣”。“真人”和一般人不一样，他不仅生活与众不同，更主要的是对待生活的态度与一般人不同，他对待生，也说不上特别高兴，对待死，

图 3-2 [宋]李唐《濠梁秋水图》

也说不上特别不喜欢。自然地生下来，又自然地死去。庄子所描绘的这种圣人(或真人、至人)，现实世界里是不存在的，只存在于虚构的精神世界里。

庄子又分析了人们通常所感到的不自由，不外生死寿夭、富贵贫贱、得失毁誉这些客观原因。庄子认为现实社会本来就适合于人们的生活，一切苦恼，都是自寻出来的。关于死生的问题，《大宗师》说："死生命也，其有夜旦之常，天也。"《人间世》说："知其不可奈何而安之若命，德之至也。"把死生的问题归结为命运的安排，就不会苦恼。关于得失的问题，《大宗师》说："有所藏即有所失，无所藏即无所失。""藏舟于壑，藏山于泽，谓之固矣，然而夜半有力者负之而走，昧者不知也。"最安全的避免损失的办法是"藏之于天下"，无所得，也就不会失了。关于毁誉的问题，《大宗师》认为，"与其誉尧而非桀也，不如两相忘而化其道"。用"忘"的办法对待毁誉，毁誉对自己就不发生干扰了。关于富贵贫贱的问题，《大宗师》也教人不要追究造成贫困的原因，如果处于贫困的地位，不但不是坏事，还应感激造物者，认为这是出于它的善意的关怀。《大宗师》记载子桑在贫困中，穷得吃不上饭，他却自己安慰自己说："吾思夫使我至此极者而弗得也。父母(把造化比作父母)岂欲吾贫哉？天无私覆，地无私载，天地岂私贫我哉？"使他陷于贫贱的是"命"。找到了仁慈的"命"，他心安理得了。

《大宗师》提出的精神解脱法，是"堕肢体，黜聪明，离形去知，同于大通，此谓坐忘"。"坐忘"是彻底的、无目的的"忘"，它把"坐忘"看作获得精神自由的总原则。坐忘，就可以达到与天地万物浑然一体的神秘精神境界。陶醉在这样的神秘精神境界，便从思想上泯除了人与人之间、人与物之间的差别、界限。

庄子追求绝对的个人自由，不是有所不为，而是无所谓"为"与"不为"。《大宗师》认为人们之所以应当忘了自己，因为本来就没有一个自己，它说："夫大块载我以形，劳我以生，佚我以老，息我以死，故善吾生者乃所以善吾死也。"世界对每个人都是最合适的，如果有人认为不合适(不自由)，那是他自己认识不正确；认识方面之所以不正确是由于他没有忘了"自己"，而"自己"本来就是不存在的。

第三节　黄老之学

黄老学(即黄帝、老子之学)是大约在公元前4世纪中叶，从老子学说中分化出来的一个道家学派。齐宣王时(公元前320年—公元前302年)，黄老学就盛行于世。现存《管子》书中的《内业》《白心》《心术(上)》《心术(下)》四篇很可能是稷下黄老学者的作品。黄老学的最盛时期是在西汉初年。当时社会初定，国家需要安宁，经济需要恢复和发展，人民需要休养生息。黄老学适应社会的需要，主张无为而治，得到汉初统治者的重视。汉文帝、景帝、窦太后等都以黄老学作为治国的指导思想。著名的学者司马谈亦推崇"黄老之术"。淮南王刘安主持编纂的《淮南子》一书，是汉初黄老学的理论总结。黄老学思想的特点是：政治上，继承了道家的无为政治，同时又吸取了儒家的礼义仁爱思想、名家的形名思想、法家的法治思想，从而融合了道家与儒、墨、名、法诸家的学说。黄老学的无为政治，已经大不相同于老庄所主张的无所作为的思想。黄老学强调的无为大多是指去掉机诈巧伪，因循自然，抛弃了老庄的消极思想，在政治上具有了积极进取的精神，反映了当时一部分新兴阶级的需要。在哲学上，黄老学派内部思想比较复杂，一般说来，它们都吸取和改造了老子关于"道"的学说。属于稷下黄老学思想的《内业》《白心》《心术(上、下)》和《淮南子》中的《原道训》与《精神训》等著作，都具有唯心主义的思想倾向。例如，《管子·内业》发挥了老子哲学中道有物有精的思想，提出了精气的学说。把"精"视为一种精微的气即精气，认为天下万物是这种气产生的，气是世界的本原。《淮南子·原道训》则提出"道"含阴阳的思想，视"道"为阴阳二气的统一物，对老子的"道"也做了唯物主义的解释。但是由于黄老学是从老子哲学中分化出来的，所以它受老子唯心主义思想的影响很深。有的黄老学者仍然把"道"看作"虚无"的实体。如古

佚书《道原》说，“恒无之初，迥同大虚”；《淮南子·天文训》说，“道始于虚霩，虚霩生宇宙，宇宙生气”。二者把宇宙的本原“道”看作虚无的。

东汉以来，黄老学的演变大体可分为三类，第一类为老子之学。此种黄老学已不是汉初那种治国经世的政术，而变成学者研究《老子》的一种学术。在西汉后期有《老子指归》，在东汉则有《老子河上公注》。第二类，养生之学。养生论本来是汉代道家学说的重要组成部分；到了东汉，黄老之学的政治论衰减了，但它的养生论却突出了，它越来越成为个人养身健性之术。第三类，道教神学。黄老之学与神仙方术相结合而蜕化为早期道教。

第四节　魏晋玄学

道家思想到魏晋时期有一个飞跃的发展，这就是中国哲学史上的所谓玄学。玄学中有三个主要的派别，一派是王弼、何晏的“贵无论”，一派是裴頠的“崇有论”，还有一派是郭象的“独化论”。实际上是两个主要派别，就是“贵无论”派和“崇有论”派。它们辩论的主题是关于“有”和“无”的问题。玄学的方法是“辨名析理”，简称“名理”。名就是名词，理就是一个名词的内涵。一个名称代表一个概念，一个概念的对象就是一类事物的规定性，那个规定性就是理。把一个理用言语说出来，这就是一个“义”。玄学的辨名析理完全是抽象思维，在中国思想史中，魏晋玄学是中华民族抽象思维的空前发展。从这一点来说，魏晋玄学是对两汉哲学的一种革命。

一、王弼、何晏的“贵无论”哲学

王弼、何晏是魏晋时期新经学和新哲学的主要创始人。何晏的著作有《论语集解》，王弼的著作有《周易注》《周易略例》《老子注》《老子指略》等。王弼提出了一系列的哲学范畴，如本末、动静、有无，他把问题集中到有没有比客观具体事物更根本的“体”的存在上。王弼认为这个更根本的“体”就是“无”。王弼说：“道者，无之称也，无不通也，无不由也，况之曰道。寂然无体，不可为象。”[①]这是说，道是无，一切事物都要通过它（无不由），它自己是不具有任何质的规定性的。叫它做“道”只是一种比喻，它自己是“无体”、“不可象”的。王弼又说：“道无形，不系，常不可名，以无名为常，故曰道常无

---

① 《论语释疑》。

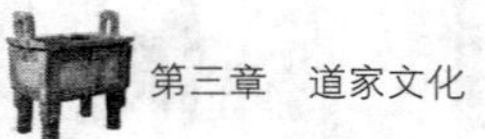

名也。”[1]这是说，道是无形的，又是不固定的，不可言说的。王弼又发展了老子的道在物先的这一命题。他说，“穷极虚无，得道之常”[2]，“惟以空为德，然后乃能动作从道”[3]。认为道以空为德，它不具有物质性，道不同于万有的实际存在，它是无。王弼主张在万物之上、之后，还有一个更根本的本体，有形体的事物对于无形的本体说来只能是第二性的。王弼对于他的以无为体的本体论，还从以下四个方面进行了论证。

第一，通过本末关系以论证以无为本。王弼提出事物有它的本质（本），有它的表面现象（末），现象是妨碍认识本体的。他把老子哲学归纳为“崇本息末”，把“本”放在主要地位，而排除“末”（现象）对“本”（本体）的干扰、影响。他认为只有这样，才能“言不远宗，事不失主”，不致迷失原则（宗），脱离主宰。王弼认为指导行为和认识的原则要避免从具体事物现象出发，而是要从超乎现象之上的本体出发。他说：“闲邪在乎存诚，不在察善；息淫在乎去华，不在滋章。”[4]防止不道德的行为，主要是坚定道德修养，而不在于懂得一件一件的善事；防止过分（淫）主要是摒除华丽，而不在于制止一件一件的华丽铺张的行为。掌握本体的原则是“不攻其无为也，使其无心以为也；不害其欲也，使其无心于欲也”[5]。他教人看问题要从本体上着眼，而不要从枝节（末）上着手，“见素抱朴以绝圣智”，“皆崇本息末之谓也”[6]。他认为老子“绝圣弃智”，使人民过着朴素的生活，是杜绝混乱、虚伪的根本原则。

第二，以自然无为论证以无为本。王弼说，“自然者，无称之言，穷极之辞也”[7]，“自然”就是事物的本体（穷极），它是对于道的描写。王弼所以崇尚无为自然，因为他相信凡是有为的，都不是第一性的，有为的结果总不及无为。他说，“用智不及无知，而形魄不及精象，精象不及无形，有仪不及无仪”[8]，“无知”、“无形”、“无仪”都是指无形无相的本体，它超出万有之上，所以比万有更高、更根本。它是神秘的、不可见、不可言说的本体。

自然无为，王弼也叫它“无”。王弼说：“橐籥之中空洞，无情无为，故虚而不得而穷屈，动而不可竭尽也。天地之中，荡然任自然，故不可得而穷，犹

---

① 《老子》三十二章注。
② 《老子》十六章注。
③ 《老子》二十一章注。
④ 《老子略例》。
⑤ 《老子略例》。
⑥ 《老子略例》。
⑦ 《老子》二十五章注。
⑧ 《老子》二十五章注。

若橐籥也。”[①]本体之于万物，也是应而无穷，不可尽竭的。他认为决定万物存在的不是万物自身的运动发展，而是高踞于万物之上的“自然”。

王弼的认识论，集中表现在他的言不尽意、得意忘象的学说中。他在《周易略例·明象章》说：“夫象者，出意者也；言者，名象者也。尽意莫若象，尽象莫若言。”王弼这里是说，象是达意的工具，言是明象的工具。达意要通过象，明象要通过言。王弼又说，“言生于象，故可寻言以观象；象生于意，故可寻象以观意”。他的意思是说，言辞是由易的象产生的，可以根据言的内容追溯象的意义；象是圣人制定的，可以根据象所表现的内容探寻圣人制象的本意。他又说，“意以象尽，象以言著。故言者所以明象；得象忘言，象者所以存意，得意忘象”。这是王弼关于言、意、象的关系的第二层意思。“意”通过“象”（卦象）而得到表达，“象”通过言语而明确了它的意义。言语是为了明象的，如果已经明确了象的意义，可以把言语忘掉。象是用来保存意的，如果已经得到意，可以把象忘掉。好比过河，桥梁是过河的工具，过了河，桥可以拆除。

王弼根据以上的观点，又深入到第三层意思：“是故，存言者，非得象者也；象象者，非得意者也。象生于意，而存象焉，则所存者乃非其象也；言生于象，而存言焉，则所存者乃非其言也。”这是说，固守着言，就掌握不到象的意义，固守着象，就掌握不到意的含义。理由是，象是从意产生的，只固守着象，那么所固守的就不是原来的象了；言是从象产生的，固守着言，那么所固守的就不是原来的言了。

由以上的认识，王弼又作了第四层的推论，他说：“然则忘象者，乃得意也；忘言者，乃得象也。得意在忘象，得象在忘言。故立象以尽意，而象可忘也。”这样，王弼沿着唯心主义认识论的路越走越远。他开始只是说，认识要通过一定的工具作为媒介，如果认识了所要认识的本体，可以不要工具，得了鱼可以忘筌。这里，却说只有忘掉了象，才能得意；只有忘掉了言，才能得象。他把“象”的必须忘掉看作得意的条件；把“言”必须忘掉看作得象的条件。也就是说，把“象”和得意的关系对立起来，把“言”和得象的关系对立起来。

“言不尽意”学说，在当时及以后的中国哲学史上的影响是广泛的，对艺术欣赏、创作方法都有影响。我国艺术理论自魏晋以后，都注意要求有不尽之意，反对一览无遗，或多或少都是受了“言不尽意”的影响。

---

① 《老子》五章注。

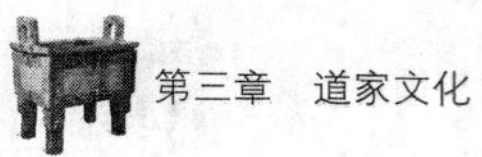

二、郭象的"独化论"哲学

玄学的另一个代表人物是郭象。郭象字子玄，生于公元252年，死于公元312年。他的重要著作为《庄子注》。今本郭象《庄子注》是郭象在向秀的《庄子注》的基础上增改完成的。郭象的《庄子注》对《庄子》一书的唯心主义思想作了重大的发展。他们抛弃了庄子虚无主义的"道"，虚构了绝对的"自足其性"的存在（"有"），把"万有"看成是各自存在的独立的绝对，从而否定了世界的物质性和统一性。认为大小、美丑、贵贱都是相对的，而且认为"小"能"自足其性"就是至大，贫贱能甘守贫贱，就是富贵。这些性质，无分高下，它们都是绝对圆满的。庄子主张废除封建社会的礼法、文化、政治制度，认为这些都是违反人的本性的。郭象为了门阀士族的利益，对庄子的这种思想作了完全相反的解释。他说名教（封建制度、伦理关系）就是自然（本性），而且"名教"是"自然"的最好的表现。庄子从没落的奴隶主立场出发，认为现存的新生事物是不合理的，郭象从门阀士族的立场出发为当权派进行辩护，他说现存的都是合理的，他说："天地万物凡所有者，不可一日而相无也。一物不具，则生者无由得生；一理不至，则天年无缘得终。"①庄子认为"穿牛鼻"、"落马首"是违反牛马本性的，郭象则说只有"穿牛鼻"、"落马首"才符合牛马的本性。庄子的哲学表现了没落的奴隶主贵族阶级消极厌世的世界观，郭象则把这一学说发展成为积极的、为当权的门阀士族服务的处世哲学。

郭象哲学的核心是他的"玄冥"、"独化"学说。"玄"是黑色、辽远、看不清楚的意思，"冥"是昧的意思，就是泯除分别，不分彼此。这一学说包含着两个主要内容：一个是宇宙万物是个怎么样的存在，这是宇宙万物的构成问题；另一个是宇宙万物存在于什么样的关系之中，这就是关于事物的联系问题。

郭象既反对万物是有意志的"上帝"（真宰）所造，也反对现存着的形形色色的万有万象之后有一个"本体"（物自体）。王弼认为"无"是"有"的本体，"有"根据"无"而有的，在他那里，"道"和"无"实际上是抽象的概念。郭象在这一点上与王弼不同。郭象的无，是"零"，空无所有。"零"（无）不能产生"有"。所以他认为，"夫庄老之所以屡称无者何哉？明生者无物，而物自

① 《庄子·大宗师注》。

生耳"[①]。老子讲有生于无，但是老子所说的"无"是指无形无象的混沌状态的物质，或气，并不是空。郭象在这里改变了老子的原意，认为无生有是"生物者无物而物自生"。从"没有造物者"这一观点出发，推论到不要任何规律的错误结论。任何事物的产生，它外面不依靠任何规律(道)，它自己也不由自己决定，万物毫无原因地独自生存着、变化着(独化)。因此，他主张"物各有性，性各有极"，事物各自有各自的自性，各个独立存在的事物的自性是各自有各自的原则。郭象认为世界的存在，它本身就是不知其所以然而然，莫名其妙在存在着、变化着。世界万物的生成原因是不可知的，也是不必知的，它本来就是混冥一团。万物看来有差别，至于追究它的变化的根源，则都是说不清楚的。事物本身不具有彼和此的差别性，差别性是人们强加给事物的。他认为正确地对待事物的态度应当是"玄同"(不分彼此)，才符合事物的情况。根据以上的认识，郭象认为没有事物的总规律(道)，"不知所以因而自因"[②]，这就是"道"。郭象认为，每个事物都各自成为一个独立的绝对，因此其存在就是"自有"、"自生"、"自尔"，在它们之间没有任何统一性。同时，他又认为各个独立的事物，归根到底又不具有任何差别。

郭象把现实世界的存在都看作各自独立的，因此，它们只须"自足其性"就是了，在它们之间，大小、美丑、好坏、是非的分别本来是没有的，只有主观上满足了本性的要求，泰山和秋毫也没有大小的差别。甚至可以说天下没有比秋毫更大的东西了，因为秋毫的本性是圆满无缺的。万物的存在，都是各足其性，得到自己的满足，人在社会上的地位，也应像万物在自然界中的地位一样，也要安于自己所处的地位，在他自己的地位上尽他的本分，这样就是自足其性。这就是说，贫贱的应该自甘贫贱，富贵的则安享富贵，小的不必羡慕大的，贫贱的不必羡慕富贵的。"苟足于其性，虽大鹏无以自贵于小鸟，小鸟无羡于天池，而荣愿有余矣。"[③]在《逍遥游注》中，郭象教人用泯除分别的方法寻求精神解脱。他说，"齐死生者，无死生者也"，"游于无小无大者，无穷者也，冥乎不死不生者，无极者也"。万物各自独化，但人们对万物的态度需要采取不加分别的"玄冥"立场。他认为，只有"与物冥而循大变"的人，才能"无待而常通"，获得无条件的、绝对的精神自由。得到这种精神自由的人，是"无心玄应，唯感之从"，与万物相冥，不分彼此的圣人。

---

① 《庄子·在宥注》。

② 《庄子·齐物论注》。

③ 《庄子·逍遥游注》。

道家不仅是先秦哲学的一个重要流派，而且也影响到整个中国古代哲学的发展。在中国历史上，道家哲学有时被一些非官方儒学的重要人物改造与继承，如汉代的扬雄、桓谭、王充等；有时为官方儒学所吸取，如宋明理学，曾经一度成为官方哲学或一个时代的统治思想。此外，道家哲学还深深地影响到中国的道教与佛教两大宗教思想的发展。道家的哲学思想，对中国历史上唯心主义和唯物主义哲学的发展都产生过重要影响。而道家的伦理思想中对仁义等封建道德规范所做的批判，对"至德"之世的幻想，特别是庄周所阐发的那种追求个人自由的愿望等等，为后来各代不满现实的知识分子和政治失意者所吸取，成为中国人人生观中的重要内容。

思考与练习

1.《老子》一书中"道"的含义是什么？

2.《庄子》在认识论上的相对主义观点主要表现在哪几个方面？

3.《庄子》的人生观是什么？

4. 东汉以后黄老之学的演变可分为哪几种类型？

5. 魏晋玄学有哪几个主要的派别？各自的主张是什么？

延伸阅读与参考书目

朱谦之校释：《老子校释》，北京：中华书局，1984 年。

郭庆藩集释：《庄子集释》，北京：中华书局，1961 年。

陈鼓应注译：《老子注译及评价》，北京：中华书局，1984 年。

陈鼓应注译：《庄子今注今译》，北京：中华书局，1983 年。

汤用彤：《魏晋玄学论稿》，北京：中华书局，1962 年。

第四章　道教文化[①]

道教是以“道”为最高信仰的中国本民族固有的传统宗教，它是在中国原始宗教的基础上，吸取了古代流传下来的鬼神祭祀、民间信仰、神话传说、方技巫术，以道家黄老之学为旗帜与理论支柱，以修真悟道、羽化登仙为最终目的的一种宗教。它将老子及其《道德经》加以宗教化，尊老子为教主，奉为神明；以《道德经》为主要经典，并对之作宗教性的解释。

第一节　东汉时期道教的创立

早期道教的来源大致有以下几个方面：道教长生不死、得道成仙的信仰主要来自战国秦汉年间非常盛行的神仙传说；道教的宗教仪式和方技巫术主要来自古代宗教、民间巫术和方术；道教的宗教理论则主要来源于先秦老庄哲学、秦汉道家学说以及儒学和阴阳五行思想。据文献记载，最早的有组织的道教教团是五斗米道和太平道。

五斗米道首创于东汉顺帝（公元126年—公元144年）时的张陵。据记载，信教的人要交纳五斗米作为入教费用。张陵死后，他的儿子张衡、孙子张鲁继续传授这种宗教。它流行于汉中、巴郡一带，是一种宣传互助、互济的民间宗教。

太平道的创立和传播者是张角。张角创立的太平道规模十分庞大，信徒数十万，遍布青、徐、幽、冀、荆、扬、兖、豫八州。其政治目的性很明确，黄巾起义时，口号是“苍天已死，黄天当立；岁在甲子，天下大吉”[②]。意思是说，代表刘姓王朝的上帝（苍天）已经死了，将出现一个代表农民利益的“黄天”主持世界。

《太平经》是流传至今的最早的道教经典。其思想要点有如下几个方

---

① 此章参考任继愈主编的《中国道教史》（上海人民出版社，1990年），卿希泰主编《中国道教史》（四川人民出版社，1992年），王友三主编《吴文化史丛》（江苏人民出版社，1993年），卿希泰主编《道教与中国传统文化》（福建人民出版社，1990年）等。

② 《后汉书・皇甫嵩传》。

面：① 神秘的气化学说。它的宇宙论主元气发生说，云："天地开辟贵本根，乃气之元也。"[①]但元气及派生的天地阴阳之气，都带有感情、意志、道德色彩，阳气好生，和气好成，阴气好杀，这种神秘的气化论后来一直是道教理论的重要组成部分。② 三名同心的调和论。作者肯定阳尊阴卑、君尊臣民卑，但强调中和之道，主张君、臣、民三者协调共处。③ 阴阳五行的灾异说。阴阳之道体现天意，因此人要通晓顺应阴阳之理，社会才能太平。人间政治清明则天地喜，天地喜则阴阳顺畅；人间政治昏乱则天地怒，天地怒则阴阳失调。自然界的和顺与灾异乃是社会政治好坏的一面镜子，统治者要经常以此反察自己的行为，改善政治措施。④ 天人相通的神仙系统。《太平经》的神仙系统是道书中最早出现的，其等级由上而下，共分六等：一为神人，二为真人，三为仙人，四为道人，五为圣人，六为贤人。⑤"承负"说与学道之方。所谓承负，是指先人们点点滴滴累积起来的过失与罪恶由后代所负担，承负代代积累的结果，便出现善恶与祸福不相一致的情况。总的来说，天道是公正的。不过，《太平经》在承认命运的基础上，认为个人是否努力也是人能否成仙的关键因素之一。修道的原则是养性与积德并重，"内以致寿，外以致理"，具体地说，有以下几条。第一，忠君、敬师、事亲。第二，守一之法。守一有两种：一是保守身体主要器官，如头之顶，面之目，腹之脐，脉之气，五脏之心，使之充实；二是守神，使形神不离。第三，食气服药。欲要长生，饮食上"第一者食风气，第二者食药味"。所食乃"自然之气"，食之"且与元气合"，故寿比天地。

《周易参同契》是流传至今的道教丹鼎派最早的理论著作。此书名中，"周易"表示此书以《周易》为立论根据；参，三也，即《周易》、黄老、炉火三事；同，通也；契，书契也——意思是此书乃据《周易》的原理贯通《易》、老、丹三学之典籍。其中心思想是运用《周易》所揭示的阴阳之道，参合黄老自然之理，讲述炉火炼丹之事，基本上是一部外丹经。

第二节　两晋南北朝时的神仙道教

大致从西晋起，中国道教开始了一个非常重要的时期，即神仙道教时期。这一时期是以中国南方道教的本土化、士族化、正规化为特征的，这使得道教从一种反抗者的宗教渐渐演变为统治者的宗教，从而能够在官方支

---

① 王明《太平经合校》第 12 页。

持的环境氛围中得到充分的发展。

一、两晋时期南方道教的发展

这一时期，吴地形成了几个重要的道教宗派，如上清派、灵宝派。灵宝派是因传授《洞玄灵宝经》而得名的。《洞玄灵宝经》最早是由一位名叫徐来勒的道教信徒撰写的，成书年代约在三国年间。徐来勒将经降授给葛洪的从祖葛玄，葛玄在承继灵宝经的同时，又拜左慈为师修习太清丹经；葛玄之后，郑隐（字思远）得授此经，并与葛玄之兄葛孝爰一块修习；葛孝爰将经传给儿子葛悌；葛悌之子葛洪承继父业，拜郑隐为师研修灵宝部经。不仅如此，葛洪还从妻父鲍靓（玄）那里得到了《三皇内文》《五岳真形图》的传授，从而使他成为道教思想史上的集大成者。

上清派将他们的经籍传授渊源上溯到西城真人、王褒、魏夫人。其中魏夫人可以较肯定是历史上实有的人物。她在西晋年间开始信教，后中原扰乱，携子渡江。她所传授的一些经籍如《黄庭经》为上清派所尊奉。然而，真正标志上清派诞生的是在晋哀帝兴宁元年（公元 364 年）杨羲借托魏夫人之名，用隶体文字撰写了后被上清派奉为最高经典的《上清大洞真经》这一事件。杨羲为吴郡人，自幼奉道，后举家迁至句容，奉魏夫人的长子刘璞为师，又与许谧相识，并结为神明之交。后来，杨羲与许谧、许翙父子俩在句容茅山中的雷平山上设立乩坛，许谧为坛主，杨羲为乩手，并作记录，造作了大量的经书，形成了以《上清大洞真经》为主的上清经系，经过许谧、许翙的传授，开始渐渐风行。到了东晋后期，茅山道士王灵期，又一次增广《上清经》50余篇，使得这一派系的道书越来越多。

除了上清派和灵宝派这些新兴的道教教派之外，传统的五斗米道在东晋依然有相当大的市场。杜子恭道团是东晋最有影响的五斗米道组织，由五斗米道世家钱塘杜氏家族首创，影响遍及整个吴文化区。其信奉者不再限于大批普通民众，“东土豪家及京邑贵望并事之为弟子，执再三之敬”[①]。杜子恭死后孙泰掌教，孙泰卷入东晋统治集团的内讧被杀，其侄孙恩利用道教起兵为其复仇，三吴皆响应。旬日之中，人数达数十万。隆安四年（公元400 年）至元兴元年（402 年），孙恩又先后三次登陆，转战各地，历经数十战，终因进攻临海（今属浙江）失败，投海自沉。孙恩死后，剩余党徒又推其妹夫为首领，坚持起义，又于义熙六年（410 年）分两路攻打建康。最终仍以失败

① 《宋书・自叙》引《隆安故事》。

告终。从这次起义可以看出，在当时的江浙地区，有着众多的五斗米道信徒，而且遍布社会各个阶层。

从东晋开始，道教在吴地已经渐渐本土化，这表现在一些重要教派的代表人物从以前的移民变为土著。如灵宝派，由左慈[①]、鲍玄[②]、郑隐等移民传给葛玄和葛洪等土著人。葛氏家族乃丹阳句容人。上清派则由魏夫人、刘璞传给杨羲、许迈等人。许氏家族同是丹阳著名士族。另外，吴地士族如丹阳陶氏、吴兴沈氏、晋陵华氏、会稽孔氏、钱唐杜氏、吴郡顾氏、陆氏、张氏、孙氏也都信奉道教。从此以后，吴地，尤其是丹阳地区成为神仙道教的重镇，在中国道教史上具有举足轻重的地位。道教的士族化表现在大批士族，包括皇族都成为道教的虔诚信奉者，如简文帝、孝武帝以及孝武帝的弟弟司马道子等等。除了上述吴地士族之外，一些南渡著名大姓士族如琅邪王氏、高平郗氏、殷川庾氏、陈郡殷氏、阳夏谢氏、泰山羊氏、谯国桓氏、汝南周氏，次等氏族如琅邪孙氏、长乐冯氏等等，这些家族中都有人信奉道教。而道教的正规化表现在这一时期道教经典的不断出现，道教理论的不断发展，科仪戒律的不断完善，各种仙道方技的不断出笼，使道教从政治色彩浓厚、教义仪式简单原始的民间宗教发展为追求个人成仙的成熟宗教。

二、葛洪及其道教理论

在道教的发展与变革史上，吴地方士葛洪、陆修静和陶弘景占据着极为重要的地位。葛洪（约 281 年—341 年），字稚川，自号抱朴子，丹阳句容（在今江苏省）人，出身官宦世家，其三代从祖葛玄，为吴地著名道士。可能受家庭影响，他年轻时即相信仙道学说，师从郑隐学道。也曾师事南海太守、著名方士上党鲍玄（靓），并娶鲍玄之女为妻。晋惠帝泰安年间，张昌起义，葛洪因镇压有功迁伏波将军。事平之后北上洛阳，广寻异书，研修仙道。随后“八王之乱”爆发，葛洪流徙于徐、豫、荆、江、襄、广数州之间，并在广州任参军之职，留居广州，潜心于著述。后返归故里，因十余年前伐石冰有功被封为关内侯，在这一年他完成了《抱朴子》。后听说交趾出产丹砂，求为勾漏县令。到达广州时，刺史邓岳挽留，于是入罗浮山炼丹，终其一生。

在葛洪的仙道思想中，首先值得我们重视的是他对本体的有关论述，他

① 庐江人。庐江属今安徽省。

② 上党人，一说东海人。

继承老庄和扬雄的理论，认为“玄”是宇宙的本体，世界的一切皆由“玄”产生。由于玄道在葛洪的道教本体论中有着如此重要的地位，所以葛洪又称自己的仙道为玄道，认为只有掌握了玄道才能掌握永恒。其次是葛洪有关儒道关系的论述。他认为道本儒末，道先儒后，但又相互补充，不能专信一家。第三，葛洪仙道理论中很重要的是其仙可学致的观念，即凡人可以通过学仙修道成为神仙。他竭力主张神仙实有，人的感官能力和经验有限，不能以此去判断神仙的有无。神仙不仅存在，并有等级之分，而且可以靠立志、虔诚、明师、勤学达到成仙的目的。这些宣传为道教神仙信仰的确立奠定了理论基础。第四，葛洪论述了道教的各种仙道方术，其中服食“金丹大药”乃是成仙之本。其金丹服食思想的基本观念是“假外物以自坚固”，通过由金属铅、汞或矿物丹砂制作的金丹大药的服食，达到炼人身体，令人不老不死的效果。自此以后，用矿物丹砂制作金丹成为道教丹鼎派道术的主要内容。此一道派的金丹术包括炼制黄金白银和烧炼还丹两个部分，前者通常称为炼金术，后者称为炼丹术。葛洪和其他道士们在炼烧还丹制作黄白的过程中掌握了很多化学反应的知识和技术，炼丹术成为实验化学的先驱。另外，葛洪在《抱朴子》中抛弃了魏伯阳用《周易》术语说炼丹的方法，而采用了通俗的语言，对如何炼丹作了详细的说明，促进了神秘的丹鼎派在南方地区的流传。

葛洪的时代，正是道教发生根本性转变的时代。原本产生于社会下层的民间性宗教这时在社会上层也有不少信徒。统治阶级在对下层道教进行全力镇压之外，一些上层人物也致力于对道教进行改造，葛洪就是代表。他看到民间道教日渐滋长，妨害统治秩序，因此竭力排斥民间道团，斥为“妖道”、“左道”，致力于推动道教上层化和官方化。他以还丹金液为核心，注重个人修炼的仙道学说，既从理论上确立了不死成仙的教义，又集各种仙道方术之大成。丹鼎派仙道理论的集中提出，特别是葛洪对神仙可成的论证，充实了道教理论；他对学仙修道可以不废世俗事务，特别是对儒道可以调和、互相补充的论述，使道教更易为统治阶级所容纳，从而为道教的官方化打下了基础。葛洪将“玄”、“玄道”引入其仙道学说，可作士人由道家而入道教的攀援之枝。对各种仙道方术的详细论列，有助于道教的进一步成熟化。通过葛洪，道教的基本教义完成了从“致太平”到“求成仙”，亦即从救世到度世的过渡。道教追求肉体飞升、不死成仙的基本特征得以完全形成。

三、陆修静及其宗教活动

出身于江南著名士族吴郡陆氏的陆修静(406 年—477 年),字元德。出生地为吴兴(今浙江湖州)。作为南朝道教的一代宗师,陆修静对当时及后世道教的发展影响甚大。首先,陆修静对当时纷纷出现的真伪混淆、互无统属、源流不明的诸多道经进行了分类整理,考镜源流,辨别真伪。他不仅著录和刊正了当时存在的某些道书,而且还创立了在道教史上具有深远影响的道教典籍分类法,即将道书分为三洞(洞真、洞玄、洞神)四辅(太玄、太平、太清、正一)七大部类,其中三洞各部又划分为十二小类。他的《三洞经书目录》乃是道教最早的经书目录。其次,陆修静将佛教的教义大量引入道教,使道教浅陋粗俗的教义渐渐变得精致起来。由陆修静整理并最后完成的《灵宝经》一再宣传劝善度人、轮回业报,无论从教义还是从术语上,都可以看出佛教的明显影响。陆修静强调佛道二教“殊途同致”,这对后世进一步吸收佛教教义有重要作用。另外,陆修静又吸取了儒家的修齐、治平的思想,把辅助治国安民作为修道的目的,把遵循忠孝慈善作为修道的内容。这样,就使得南朝的道教教义体现了儒佛道三教融合的色彩。第三,陆修静完善了道教的戒规仪式。早期道教五斗米道虽然有某些简单的道戒,但与佛教戒律相比,还很不完善。晋宋间问世的三洞四辅诸经中,已载有各种戒律。为了保证道士严格遵守教戒,也为了扩大道教在民众中的影响,道教在东晋南朝加强了斋醮仪式的制定与完善。陆修静在总结前代斋仪的基础上,制定了“九等斋十二法”的斋醮体系,而且亲自实践,为帝王做法事。泰始七年(471 年),陆修静率领道士为病重的宋明帝行“涂炭斋”。陆修静不仅完善并实践斋醮仪式,而且对斋仪的意义作理论上的解释,这使得道教斋法不仅有了系统的仪式戒科,而且在理论上更加成熟。第四,陆修静对道教组织形式变化也有一定程度的贡献。道教早期的组织制度可分为两大类型。一类是以天师道为代表的政教合一的祭酒制,以天师为道领,下有治官,祭酒分统道民,治官、祭酒兼具道师和官吏两重身份。另一类是各地小型宗教集团普遍采用的师徒制。东晋南朝时,江南地区道教组织的形式产生了很大的变化,开始模仿佛教的寺院组织形成宫观制度。道师与弟子的关系从半官民半宗教的关系转变为纯宗教的关系,而且其经济来源由单一向道民征收“天租”转变为以帝王、官府、贵族豪富之家的赏赐和施舍供养为主要来源,并享受免除赋税劳役的特权。这使得宫观制度成为一种更有利于道教发展的成熟的组织形式。针对这一转变,陆修静著《陆先生道门科

略》，整顿道观制度，建立并健全了“三会日”[①]、“宅录”[②]制度，废除道官世袭制，健全道官依功受禄和按级晋升的制度，保证道官的质量。

总之，陆修静融合天师道与神仙道教，为使早期民间道教发展为以奉持三洞经典科戒为特征的官方新道教做出了贡献。与陆修静同时或稍后，又有顾欢、孙游岳、孟景翼、宋文明、陶弘景等人在道教经典的整理、教义的发展、斋仪的完善以及道观制度的确立等方面做出了贡献，其中影响最大的人物，当数陶弘景。

四、陶弘景的宗教活动

陶弘景(456 年—536 年)，字通明，丹阳秣陵(今江苏南京)人。他出身于江东名门丹阳陶氏家族。陶弘景受家庭传统的影响，早年便有慕道之志。齐永明二年(484 年)，陆修静的弟子孙游岳(399 年—489 年)奉诏入京为兴世馆主，代师掌教。当时陶弘景正在京师为诸王侍读，也前往学道，特受赏识，成为得到真传的入室高徒。随后陶弘景又遍访江东各郡名山，会见隐逸道士，搜求散失的杨羲、许谧、许翙的手书“上清经诀”真迹。在永明十年(492 年)正式归隐茅山。梁武帝礼聘不出，但遇到朝廷大事便向他咨询，时人称其为“山中宰相”。陶弘景在道教史上的一项重要贡献就是创立了茅山宗。

茅山古称句曲山。相传西汉时有咸阳人茅盈、茅固、茅衷兄弟三人，渡江来此修道得仙，乘白鹄飞去，当地百姓立庙祭祀，改山名为茅山。汉末建安中，左慈闻江东有此神山，渡江来寻，从此茅山成为六朝时江东神仙道教圣地。晋鲍靓、许迈都曾居住过茅山，许谧、许翙父子也曾在茅山之雷平山立宅，与杨羲合造《上清经》。但当时茅山尚未成为上清派的基地，当地村民对三茅君的祭祀，带有很强烈的民间宗教原始、粗陋的特点。陶弘景归隐茅山后，带领弟子在茅山上广修道观，并在道馆周围修塘垦田，为道馆建立固定的经济来源。然后，招聚徒众，倡导道士出家居道馆静心修炼。经过陶弘景和其弟子数十年的苦心经营，茅山开始成为上清派的活动中心，上清派又被称为茅山宗。茅山宗奉魏华存为第一代宗师，修习并传承杨羲、许谧、许翙造作的《上清大洞真经》等道经，道术以思神、诵经为主，兼炼制、服食金丹；供奉多神，但以元始天尊为最高神，在奉习上清法的同时，还奉习灵宝、

---

① 在一年中规定的三个日子，道民必须到道馆去进行宗教活动。

② 经常统计道民的人口变化情况，然后对不断向道馆交纳钱物的道民给予保护。

三皇及天师道经戒法；并有一定的组织机构，信徒出家住道馆修炼，称上清弟子或三洞弟子，另有大批在世帝王公卿、士族官僚也奉受上清经法，这样，就形成了以茅山为中心，广泛传播于江南各地的新道教派别——上清派。为了记载早期上清派的教义和历史，陶弘景撰写了《真诰》一书，其中详细记载了东晋时《上清经》在吴地问世及传播的过程，杨羲和二许的家史，其中穿插了大量的神仙鬼怪传说、道教历史人物的事迹以及具体的修行道术。这些成为我们研究早期道教的珍贵资料。茅山宗派的形成，标志着自葛洪以来江南士族道教徒以神仙道教改造旧天师道教团，创立官方化的正统道教的正式完成。从此之后，茅山派历代宗师人才辈出，在隋唐之时成为影响最大的道教教派。

图 4－1　茅山宗的发源地——茅山道院

除创立茅山教团之外，陶弘景特别注意搜求上清经系中的方术秘诀和养生登仙之术。他撰写的《登真隐诀》《养性延命录》等道书，详细记载了上清派思神内视、导引按摩等道术，也吸收了天师道的诸神上章、符咒驱鬼等道术。陶弘景在各种道术中尤其注重炼丹。他在梁武帝的支持下，自梁天监四年(505 年)到普通六年(525 年)的 20 年间进行了七次炼丹实验，前六次失败，最后一次据说成功了。在丰富的实践经验的基础上，他撰写了《太清诸丹集要》《合丹药诸法式节度》《服饵方》等多种炼丹服饵论著。同样出

于长生成仙的目的，陶弘景对医学也有精深的研究，撰有《本草经集注》《效验方》《补阙肘后百一方》等多种著作。尽管其出发点是无稽荒谬的，但由于在操作实践中能深入探索，态度严谨，陶弘景在道教养生术、炼丹术、医药学诸方面做出了继葛洪之后最有价值的贡献。

陶弘景在南朝道士中是兼修佛道的代表人物，他在茅山中立佛老二像，隔日朝礼，并对儒家经学也极有研究，可见他对儒道佛三家采取了兼容并包的态度，这种态度使得道教能够更广泛地吸收儒佛理论，使自身更趋于完善。

陶弘景在道教史上的另一重大贡献在于网罗群神，排定座次，建构起道教的神仙信仰体系。在此之前，道教的神仙体系杂乱无章，各个派别信奉不同的神灵。这其中有民间宗教尊奉的各种鬼神，也有信徒凭空想象的神灵，还有各位神化的先人。陶弘景撰写的《真灵位业图》，将先前道书中的近七百名神祇的名讳称号，以图谱的形式一一列出，向人们描绘了一个独立于人间世界之外的神仙世界。这个世界共分七层，每一阶层有一位主神排在中位，其余诸神则分列于左位、右位和散仙位及女仙位，并从众多的道教神灵中抽出七位主神，其中前四个阶层的主神已初步具备了后世道教所奉的“三清尊神”的神格，而高居玉清境之上的“元始天尊”则正式被定为道教的最高神。这样形成了一个等级有序、统属分明的庞大完整的道教神仙谱系，使道教从多神教向一神教发展前进了一大步。

五、北方的道教改革运动

从北魏开始，在中国的北方，也同样开始了一场道教的改革运动，其发起者为寇谦之。

寇谦之，字辅真，冯翊万年[①]人，生于前秦建元元年(365年)，卒于北魏太平真君九年(448年)。他早年就爱好仙道，学张鲁之术，入嵩山修道。后来自称得到太上老君给他以神的启示：“自天师张陵去世以来，地上旷诚，修善之人，无所师授。”“吾故来观汝，授汝天师之位，赐汝《云中音诵新科之戒》二十卷，号曰‘并进’。言：……今运数应出，汝宣吾新科，清整道教，除去三张伪法、租米钱税及男女合气之术。大道清虚，岂有斯事，专以礼度为首，而加之以服食闭炼。”[②]为了适应当时北方鲜卑拓跋氏统治者和汉族门阀地主

① 今陕西临潼北。

② 《魏书·释老志》。

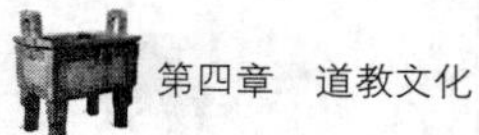

阶级的需要，他对北方天师道的教义进行改造，把原始道教所包含的某些农民革命思想和规定排除出去，使道教与礼教紧密结合。并清整组织，创立了新天师道。寇谦之所提倡的新道教，得到了魏司徒崔浩的赏识，推荐给魏太武帝，得到太武帝的支持，最终实现了道教与封建皇权的结合。他的道教活动在道教发展史上具有重要的地位。

从东晋南北朝开始的道教变革，经过葛洪、陆修静、陶弘景等人的不断努力，在齐梁时期基本上趋于完成。道教经过这一时期门阀士族的改造，已有了较为完备的教义和经典文献，建立并完善了自身的科戒仪式和相对统一的组织形式，丰富发展了修炼方术，形成了独特的神仙信仰体系，扩大了在统治阶级和普通民众中的影响，从而完成了从民间宗教向完备成熟的官方正统宗教的演变。

第三节　隋唐五代的道教活动

在南北朝时期，南北地区的道教一直存在着有限的交流，而这种交流的主要趋向乃是南朝道教，尤其是茅山宗流入北朝。北周武帝(560 年—578 年在位)，茅山道士焦旷入居华山，楼观道士王延前往师之，于是南方地区的诸多道经纷纷流入北朝，汇合南北道教特点于一身的楼观道越来越得到统治者的赏识。随着隋朝统一全国，南北道教互相交流、融汇的步伐加快了，道教的地域性特征日益被打破。茅山宗在隋代获得了长足的发展，不仅巩固了在南方的传统势力范围，而且逐渐占据了北方地区。而茅山宗地位的日益提高和影响的日益扩大，与当时茅山宗著名道士王远知的传道活动有很大的关系。王远知是丹阳人，陶弘景的弟子，曾被陈宣帝召见。开皇十二年(592 年)，未即位的杨广即派王子相、柳顾言具礼召迎。大业七年(611 年)，即位后的隋炀帝再次派人迎请，并亲执弟子之礼。这样，茅山宗在隋朝就得到了统治者强有力的支持。到了隋末，唐高祖李渊未举兵时，王远知曾向他密告符命，宣称他将得天下。李世民平王世充之后，曾和房玄龄微服谒见王远知，远知预言他将为太平天子。这样，王远知不仅赢得了陈、隋二朝统治者的尊崇，又成了唐朝的功臣，这使茅山宗在朝代迭换的风云变幻中，始终不失去政治靠山，为茅山宗的扩展势力争取了有力的支持。由此，隋代南北道教的融汇乃是以茅山宗为主，这直接为唐代道教形成以茅山宗为主流的格局奠定了基础。

以佞佛著称的武则天临朝后，追赠王远知，并优礼其弟子潘师正。唐玄

宗的登基得到了道教人士的支持，因此称帝后便提高道教的政治与社会地位，特别优宠茅山宗和张天师一系道士。这一时期，茅山宗兼收并蓄，吸收三教之长，并融汇三洞经法，且有一个独立而严密的传承体系，使茅山宗的发展有了组织上的保障。而茅山宗的宗师大多继承了其师王远知政治活动能力强的特点，使得茅山宗一直受到统治者的扶持，这使得吸收了灵宝斋法和正一法的茅山宗得到了进一步的发展，成为唐代道教的主流派。从王远知开始，经过了王轨、潘师正、吴筠、司马承祯等弟子的传授，茅山宗的影响流播到北方的京畿、嵩山、王屋山，南方的天台山、蜀中这些原有宗教十分发达的地区。

唐朝后期，唐僖宗对茅山道士吴法通十分优宠。《茅山志》卷十一说："僖宗乾符元年(875 年)遣使受大洞箓，遥尊称为度师。"五代十国期间，吴王杨行密崇信道士聂师道，建紫极宫以居之。南唐君主李昪、李璟父子，也崇信道教，对茅山道士聂师道的弟子王栖霞很敬重。茅山宗从中晚唐至五代十国期间，凡传七代，继续发展。茅山宗衍生出来的南岳天台派也开始自成一派。总体来看，道教经过初、盛唐发展的高峰之后，到中、晚唐至五代十国期间，因遭安史之乱和黄巢起义的震撼，加之以藩镇割据和战火连绵的破坏，而趋于低潮，尽管仍有一些帝王极力扶持而时有起色，也未能改变这一总的趋势。

第四节　宋元及以后的道教活动

上清派从北宋中期起，仍然受统治者重视，历代宗师多得宋元皇室所赐"先生"称号，也产生了一些著名道士，如刘大彬、杜道坚、张雨等人。宋元以后的茅山，由于自然环境的清幽安宁，渐渐成为士大夫逃避喧嚣烦杂的俗世生活的隐遁之地。宋代时有著名的士大夫刘混康、褚伯秀、蒋玉海、杜道坚，元代时又有赵孟頫、张伯雨、梁大柱、许道杞、刘大彬来此隐居，并成为茅山道士。这些人都以博学高行、才艺绝伦名世。如杜道坚本为儒生，深于玄理，对三教之学皆有所深入，尤以理学释老为特色。赵孟頫工于诗词书画，是名震一时的书画大家。张伯雨为赵孟頫弟子，跟赵学习书法，精通儒家经典，并以诗文名世。元初另一茅山名道士张雨以诗文名世。尽管这时的上清派也开始有所改革，采摭新说以丰富传统教义，如提倡以前非其所长的内丹之学等等，但这些人的到来并控制茅山宗，就使得茅山宗在符箓咒术方面日益衰落，宗教色彩日益淡薄而文士气息日益浓重，使得茅山宗在宗教上的

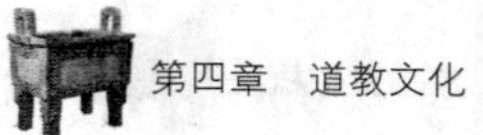

地位每况愈下，开始渐呈衰势。

与茅山宗的衰落相反，符箓派的另一支派正一道却在此时兴盛起来。正一道首创于汉末张陵，据传张陵四世孙张盛从川陕一带迁居江西贵溪龙虎山，该山遂成为正一派中心。它以《正一经》为主要经典，以降神驱鬼、祈福消灾为主要道术，后又吸取了上清、灵宝派的内丹术，以及南宋后产生的新符箓"雷法"[①]。隋唐五代，正一道与当时最称兴盛的上清派相比，略显沉寂。至北宋真宗朝，朝廷对正一派重视了起来。从二十四代天师张正随开始，正一天师几乎代代都得到宋室所赐的道士最高阶位"先生"称号。南宋理宗嘉熙三年(1239 年)，朝廷赐封三十五代天师张可大提举三山符箓(龙虎山、阁皂山和茅山)，这标志着正一道正式取得了南方地区道教的领导权。元成宗大德八年(1304 年)，授三十八代天师张与材"正一教主，主领三山符箓"，正一道以张天师为道首，其道士可以不居宫观而有家室。宋元间，正一道由于早就与元室拉上了关系，入元后颇受尊崇，较两宋更为壮盛。元室拉拢正一天师，旨在通过正一天师统制江南道教。在此背景下，南方地区的道教由原本茅山宗的一统天下，渐渐演变为正一道占统治地位。然而，从明代开始，正一天师在经过长时期的贵盛之后，渐渐趋于腐化，无复以符箓名世者，正一派也告衰落。

金元时期，涌现出来一个最大、最重要的教派——全真道或全真派。该教派于金初创立，因创始人王嚞(号重阳子)在山东宁海(今山东牟平)自题所居庵为全真堂，凡入道者皆称全真道士而得名。该派主张三教合一，以《道德经》《般若波罗蜜多心经》《孝经》为主要经典，以清修炼养为主，不尚符箓，不事黄白之术。要求入道者不要娶妻，出家住丛林。金元全真道的发展，大略可分四个阶段。第一阶段，约从 1159 年—1187 年，为全真道创始期。这一阶段全真道活动的特点是少数教首在山野修炼。大定七年(1167 年)，王重阳树起"全真"旗号，收了马钰、谭处瑞、刘处玄、丘处机、王处一、郝大通、孙不二七大弟子，他们后来均成为全真道兴旺发达的得力骨干，身后各自形成门派。由于他们的清苦节行很快便吸引了一批信徒。从 1187 年—1219 年，是金元全真道发展的第二个阶段，这是全真教团进一步发展而渐臻壮盛的时期，刘处玄、丘处机先后掌教。这一时期的全真道，特别注意争取金廷的承认和重视，并开始营造宫观，建立巩固的宗教活动基地。从 1219 年起，全真道进入了它发展的第三阶段，臻于极盛。丘处机以 70 余岁

① 通过作法祈雨求晴。

之高龄，率 18 高徒跋涉数万里，远赴西域行营见成吉思汗。由于丘处机的活动，全真道与蒙古贵族结下了不解之缘，蒙古人给了全真道自由建造宫观、广收徒众的权利，全真教团于是迅速扩展。元一统之后，全真道渡江南传，不久，江浙闽鄂等地皆有全真道活动的踪迹。至此，全真道遍传南北，盛大至极。全国的道教流派渐渐归结为正一道和全真道两大流派。元代中期至元末，全真道外盛内衰，开始进入它的第四个时期。

总的说来，道教发展至金元，宗派繁衍，学说成熟，可谓登峰造极。此时的道教宗派，除正一道、全真道外，还有刘德仁创立的大道教，萧抱珍创立的太一教等。由明至清，道教从发展停滞而渐趋衰落。教派分化基本停止，教义学说陈陈相因，道教政治地位开始贬降；教团腐化，社会人士对道教的失信，都表现出这一古老宗教日临垂暮之年。

第五节　道教对中国文化的影响

道教在发展过程中，对我国古代的思想文化和社会生活的各个领域产生过巨大而复杂的作用，留下了深刻的影响，概括起来，主要有以下几个方面：

从政治和社会历史方面看，在我国漫长的封建社会中，封建王朝大多都提倡道教，利用道教为封建统治者服务，所以道教和封建统治者的关系是十分密切的。历代帝王崇奉道教者甚多，不少帝王还奉道士为师。在封建王朝的大力提倡下，历史上王公大臣以及文人学士信奉道教者，亦代不乏人。在两晋南北朝时期，出现了许多天师道世家，几乎左右了当时的政局。历代许多道教的领袖人物，不仅管理道教事务，而且还直接参与统治阶级内部的政治斗争，为他们彼此之间的争权夺位出谋划策，在政治上和军事上起着极为重要的作用。与此同时，许多农民起义的领导者，也曾利用道教经典中的某些思想作为他们发动起义的思想武器。东汉末的黄巾起义就是其中的著名例证。此后利用道教起义的络绎不绝。直至清初出现的八卦教和义和拳，都和道教有一定的关系。所以，道教在下层群众中的社会影响，是非常广泛和深刻的，许多民间信仰和民间习俗，亦是从道教活动转化而来。道教与中国古代的政治和社会生活，有着极密切的联系。

从学术思想史方面看，许多道教学者在思想文化方面都各有一定的贡献。道教在长期发展的过程中，与儒释之间，一方面互相排斥，互相斗争，另一方面互相吸收，互相融合，从而促进了中国学术思想的发展。宋明理学的

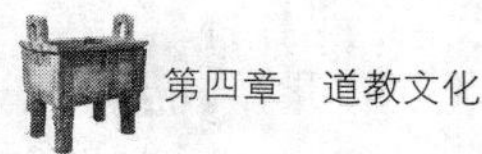

形成，正是儒学家吸取了道、佛思想影响的结果。道家和道教，都特别重视对自然观的探讨，这方面的许多观点，都为后来的儒学家所借鉴。道教的大量戒律和劝善书，包含了许多伦理道德的思想，不仅对道教的发展有重大的意义，而且曾经产生过广泛的社会影响。

从中国古代文学艺术的历史来看，道教对中国古代文学艺术的影响也是非常突出的。从题材上看，历代以道教神仙思想为题材的作品，充满于诗、词、歌、赋、戏剧、小说等文学形式之中。魏晋南北朝的“游仙诗”，就是抒写神仙漫游之情的一种诗歌。唐代道教兴盛，反映在诗歌里，以神仙思想为题材的作品相当多，成为唐代诗歌门类之一。伟大诗人李白，正是反映道教思想的杰出作家，其部分作品堪称神仙诗的代表。在宋词中，反映道教活动的作品也是大量的，而且不少词牌其得名即来源于道教的神仙故事。在元代戏曲中，反映道教神仙人物的戏曲特别突出，文学史家称之为“神仙道化剧”。明代的神魔小说中，属于道教神仙人物的故事也不少。除散见于“三言”“二拍”的若干短篇之外，长篇以道士陆西星所作《封神演义》[①]最著名。道教对文学的影响不仅反映在题材方面，而且也反映在文体上，如步虚词、青词等，都是渊源于道教的仪式活动。道教注重写经，而写经比较讲究书法。故道教对书法也有很大贡献。两晋南北朝许多奉道世家，同时是书法世家，王羲之父子、高平郗氏、杨羲、许翙、许谧等道教徒，都以书法名世。其他如唐之颜真卿、元之赵孟頫，均既是道教的信奉者，又是著名的书法家。道教对绘画亦有影响。晋代的顾恺之，就是一个受道教思想影响较大的画家。唐代有“画圣”之称的著名画家吴道子，改名道玄，仅从名字上就可看出受道教影响。还有不少画家，如唐之张素卿，元之马臻、方从义、张雨等，本身即是道士。道教重视醮仪，故亦重视音乐。道教音乐在吸取各个历史时期民间音乐之因素的基础上，逐步形成了自己独特的风格和体系，对中国古代音乐的发展有着重要影响。盛唐时的乐舞《霓裳羽衣舞》等，很明显的是道教音乐影响的结果。此外，有关道教的雕塑、石刻、建筑等等，都各具特色，对这些艺术形式的发展都曾产生过影响。

道教对我国古代科学技术发展的影响，也是不容忽视的。道教为了追求长生，从开创起便十分重视修炼方术。它所追求的目标是一种幻想，但通过各种修炼方术，客观上却为中国古代科学技术的有关领域积累了许多有价值的资料。丹鼎派道士的炼丹术，为近代实验化学的产生提供了条件，可

---

① 一说为许仲琳所作。

以说它是近代实验化学的前驱。道教因为企求长生，所以对医学特别重视，葛洪曾撰有《金匮药方》《肘后备急方》等医学专著，其中有关肺结核病、烈性传染性天花、狂犬病等的记载，在世界上属于最早，在医学史上有极其重要的价值。陶弘景所撰《本草集注》七卷，为一部系统整理《神农本草经》和全面总结梁以前药物学方面成果的巨著，对隋唐以后的本草学研究产生过深刻影响。他还撰有《药总诀》《补阙肘后百一方》《效验方》等实用医学的专著，这在当时也起过很大的作用。唐代道教学者孙思邈，更是这方面的杰出代表。他所撰的《千金要方》三十卷，其内容之丰富，规模之宏大，为此前各种医著所不及，被誉为我国最早的一部临床实用的百科全书，具有很高的学术价值和实用价值，对祖国传统医学的影响极其深远。道教的养生术，与预防医学紧密结合，是祛病延年的重要手段。道教的内丹修炼方术，为气功学的发展奠定了基础。

综上所述，道教在产生和发展的过程中，既吸收了中国的传统文化，又渗透到意识形态的许多领域中，对我国的政治、经济、哲学、文学、艺术和古代科学技术以及民族心理、社会习俗等都曾产生过深刻的影响。道教在中国传统文化中有着重要的地位。

思考与练习

1. 早期道教有哪些主要来源？
2. 东汉中期以后有哪些重要的道教教团，它们的具体主张是什么？
3. 葛洪仙道思想的主要内容是什么？
4. 宋元以后有哪些重要的道教教派？
5. 举例说明道教对中国文化的影响。

延伸阅读与参考书目

傅勤家：《中国道教史》，《民国丛书》第一编，上海：上海书店，1989 年。

陈国符：《道藏源流考》，北京：中华书局，1963 年。

陈寅恪：《天师道与滨海地域之关系》，《金明馆丛稿初编》，北京：三联书店，2001 年。

陈垣：《南宋初河北新道教考》，北京：中华书局，1962 年。

第五章　佛教文化[①]

佛教的创始人悉达多(Siddhārtha),族姓为乔达摩(Gautama),中国古译为瞿昙,相传为古印度迦毗罗卫国净饭王的太子。出生地迦毗罗卫(Kapilavastu)现在尼泊尔王国境内。他一生传教活动在印度北部、中部恒河流域一带。释迦牟尼(Sākyamuni)是佛教徒对他的尊称,意为释迦族的圣人。佛为梵语"Buddha"(佛陀)的简称,是觉悟的意思。他约生于公元前565年,死于公元前490年—公元前480年间,略早于中国孔子。

佛教开始传播于尼泊尔、印度、巴基斯坦一带,以后传播区域南到斯里兰卡、印度支那半岛,北到中亚西亚。随着中国与中亚各国经济、文化的交流,佛教于两汉之际传入中国,在中国的历史条件下,开始生根、发展,成为中国封建社会上层建筑的一部分。汉代的佛教与当时流传的神仙方士宗教、迷信思想相结合,魏晋南北朝时期佛教又与玄学相结合,及至隋唐时期佛教形成若干宗派,自成体系。佛教与中国的道教、儒家孔子的封建伦理旧称"三教",深入到广大人民思想生活领域,它对宋明理学有深远的影响。

第一节　东汉至西晋时期佛教的初传与发展

佛教最早传入我国内地的准确年代,历史上说法不一,且多属想象臆断,今已很难稽考。其中最主要的有两种说法:一是东汉明帝永平十年(67年)传入说;二是西汉哀帝时传入说。以上两说,年代相差约70年,间隔尚近。综合两种说法,佛教的初传当在两汉之际,公元1世纪左右。

佛教初传入中国时,当时的信奉者认为和中国的黄老之术差不多。光武帝的儿子楚王刘英"好黄老之微言,尚浮屠之仁祠"[②]。浮屠,也作浮图,"佛陀"的音译。祠,即修建祠坛进行祭祀。汉桓帝时在宫中设华盖以祭祀

---

① 此章参考任继愈主编《中国佛教史》(中国社会科学出版社,1981年),中国佛教协会编《中国佛教》(知识出版社,1980年),王友三主编《吴文化史丛》(江苏人民出版社,1993年),方立天《中国佛教与传统文化》(上海人民出版社,1988年)等。

② 《后汉书·楚王英传》。

浮图、老子。当时大臣襄楷上书反对，他说："又闻宫中立黄老浮屠之祠，此道清虚，贵尚无为……"他认为佛的教义与黄老差不多，都"贵尚无为"，佛教也讲"清静无为"、"息心去欲"。

汉代也有少量的佛寺，主要是为了满足西域来华外国商人的宗教信仰，法律不允许中国人出家，但个别出家的佛教徒还是有的。当时的人认为佛教教义和神仙方术之士所宣传的道术差不多，佛能飞腾变化，水火兵刃所不能伤害，它又像中国所谓神仙。汉代最初译出的《四十二章经》也具有明显的黄老思想。

在中国，佛教的传播与佛教的经典译介是同步进行的。佛典只有译成汉文才能被汉人阅读和接受。此时来华的僧人都十分重视译经工作，为佛教的传播创造条件，打下基础。据史载，东汉末年的佛典翻译事业开始于安世高。安世高是从安息（今伊朗高原东北部）来的精通阿毗昙学和禅学的学者。他译出《安般守意经》《阴持入经》《大十二门经》和《小十二门经》等大量经典，其中最主要的是禅经。另外，从大月氏来的支娄迦谶（简称支谶），译出了《道行般若经》《般舟三昧经》等。安世高和支娄迦谶并称汉代两大译师。此外来华的还有竺佛朔、安玄、支曜和康孟祥等，也各有译传。

在封建统治者的支持下，三国两晋时代佛教开始流传开来。史载，魏明帝曹叡曾兴建佛寺，陈思王曹植也喜读佛经。吴国孙权曾建寺塔，号建初寺。在宫廷奉佛的影响下，佛教信仰也渐渐流布到民间。据《释氏稽古略》卷一载，西晋时以洛阳和长安两京为中心，修建佛寺 180 所，有僧尼 3700 余人。这说明佛教在政治中心城市已经立足，并具有一定的势力了。

三国时佛典翻译事业也有了进一步的发展。此时译师颇多，其中最著名的是支谦。支谦是支谶的再传弟子，毕生从事译经事业，他还为自己译的《了本生死经》作注，是为经注的最早之作。其次，康僧会也译出不少佛典，并注经作序。三国时译经有一个特点，就是惯于用道家术语来表述佛教思想，表现了佛教与中国固有文化相结合的趋势。

西晋时，译经仍然是佛教的主要活动。此时从事译经的国内外沙门和居士十多人，其中最重要的人物是竺法护。三国魏嘉平二年（250 年），中印度律学沙门昙柯迦罗游化洛阳，译出了戒律《僧祇戒心》，并举行受戒。这是中国有戒律受戒的开始。自此之后改变了以往僧人只剪掉头发，没有受戒、不守佛制的状态。正因为这样，昙柯迦罗也被尔后的律宗奉为初祖。与此同时的安息沙门昙谛（法实）也译出了《昙无德（法藏）羯磨》一卷。时人朱士行依此经登坛受戒，是为中国正式出家和尚的开始。朱士行还赴于阗（今新疆南部)寻求经典,他是汉地和尚西游的先导。

第二节　东晋十六国时期佛教的兴盛

东晋十六国时代,南北分立,北方更是四分五裂。有匈奴、羯、鲜卑、氐、羌"五胡"建立的二赵、三秦、四燕、五凉、夏、成(成汉)十六国。南方则为东晋王朝所统辖。南北两地的多数统治者,尤其是北方少数民族的统治者,为了维护自身的统治都大力提倡佛教;而长年的战乱,民不聊生,生命难保的境遇也使劳动者希图通过求神拜佛解除苦难。上层统治者的支持、提倡,下层群众的需要向往,为佛教的发展提供了肥沃的土壤,使佛教获得了蓬勃的生机,形成了中国佛教发展的第一个高潮。

北方十六国中提倡佛教最积极的是后赵、前后秦和北凉,其中又以二秦为最。二秦的佛教是中国佛教发展史上极为重要的一页。重要的代表人物是道安和鸠摩罗什。他们两人的活动对后来佛教的发展有极为深远的影响。

北方各民族区域的佛教,发轫于西域沙门佛图澄(232 年—348 年)在后赵的弘传,由于佛图澄的宣传与影响,一时人民多营寺庙,争先出家。继后赵之后,北地佛教最盛的时期是前秦。前秦建都长安,其地处于与西域往返的要冲。前秦的第二代统治者苻坚笃好佛教,当他在位时,佛教称盛,而道安乃是中心人物。道安(314 年—385 年)原来在邺都(今河北临漳)师事佛图澄,后受请到武邑开讲,弟子极多。东晋兴宁三年(365 年),为了避免兵乱,他和弟子慧远等 500 余人到襄阳,住在樊沔 15 年,以每年讲《放光般若》二次为常。太元四年(379 年),苻丕攻下了襄阳,就送道安和习凿齿往关中。道安住在长安城内五重寺,领众数千人,宣讲佛法,并组织佛典的传译。道安一生的主要佛教活动有两个方面:一是组织翻译、整理和阐述经典,创立以"本无"为宗旨的学派;二是弘化南北,建立僧团,宣法传教和培养弟子。道安有高足弟子十多人,其中慧远是继他之后的东晋佛教领袖。此外,道安还决定:出家和尚无姓、沙门同姓释子;勒定僧律,制定僧尼赴请、礼忏等仪式规范,为佛教僧侣所共同遵循,为后来的丛林制度奠定了初步的基础。

后秦佛教比前秦更为兴盛。后秦第二代统治者姚兴,笃好佛教,而且鸠摩罗什译经讲习都超越前代。鸠摩罗什(344 年—413 年)天竺人,生于龟兹,广究大乘,尤精于般若性空的教义。苻秦建元中(365 年—384 年),苻坚遣将军吕光等攻龟兹,迎鸠摩罗什,而到凉州时,苻秦已经灭亡。到后秦弘

始三年(401年),姚兴出兵凉州,鸠摩罗什才被请到长安,入西明阁和逍遥园从事翻译。在鸠摩罗什之前,佛经只有零星的翻译,到鸠摩罗什开始才大量的翻译,大乘各部经典也都初步具有。所译经书不仅数量多,而且质量也高。在文体上也一改过去朴拙的古风,而务求达意,译文臻于成熟。鸠摩罗什所译的经论,第一次有系统地介绍了般若空宗学说,对于大乘佛教理论在中国的移植和弘传具有极为重要的作用。其时四方的义学沙门群集长安,次第增加到3000人。其中如僧肇、道生、道融、慧观、僧睿、道恒、慧严、昙影等都十分著名。僧肇、道生都是中国佛教思想史、哲学史上的重要人物,僧肇以擅长中观性空缘起学说而著称,其著作后人编为《肇论》,道生则在般若学的基础上深究涅槃佛性学说,开创了一代新风。

南方东晋的佛教有两个中心:一是慧远主持的庐山东林寺,一是建康道场寺。慧远(334年—416年)曾跟随道安约25年,是道安最得意的高足和得力的助手。慧远住庐山东林寺30多年,开展了大量的多方面的活动。聚众讲学,撰写文章,阐发因果报应说和神不灭说,调和儒家名教和佛教教义的矛盾,宣扬"儒佛合明"论等。这一切对后来佛教的发展都产生了深远的影响。慧远深感江东一带佛经不全,禅法缺乏,律藏残缺,于是派遣弟子法净、法领赴西域取经。当他得知鸠摩罗什来长安时,便立即致书通好,交流学术,就经义往复问答。又请佛驮跋陀罗和僧迦提婆译经。从而推动了佛教禅法、般若学、毗昙学等在南方的广泛流传。此外,慧远还培养了一大批弟子,为江南佛教的流传奠定了雄厚的基础。

东晋首都建康佛教也很兴盛。当时著名僧人佛驮跋陀罗(觉贤)、法显等都以道场寺为据点,翻译佛经,传播佛教。佛驮跋陀罗精于小乘禅法、律藏,自印度来华后,先住长安,因与鸠摩罗什的见解相违,遭到鸠摩罗什门人的排挤,最后和弟子慧观等40余人南下。佛驮跋陀罗传授禅法,尤其是译出的《华严经》对佛教的贡献是巨大的。

东晋十六国在政治上虽然南北分立,然而两地的佛教活动往来却很频繁,表现出同一时代佛教流传的基本趋势和共同特点。这主要是:

(1) 佛典翻译取得重大成就。综观东晋、十六国100多年的译事活动,译出了大乘经论、小乘经论、大小乘禅经、密经经典、律典等各种佛典,成为华严宗、成实论学系、禅学与佛教律学的基础。

(2) 西行求法运动的兴起。当时出现了一些僧人长途跋涉、远游异国,广求佛典的热潮。此时西游僧人中以法显的成就最大。法显(约337年—422年)出家后深感当时佛典虽已次第译出,但藏律残缺、戒律未备。于是在后秦姚兴弘始元年(399 年)约慧景等 5 人从长安出发,渡流沙河,翻越葱岭,赴印度寻求戒律。前后经过 15 年,经过近 30 余国,后经狮子国(今斯里兰卡)和印度尼西亚的爪哇岛,泛海归国。法显等历经千难万险,给我国带回了当时所缺的大小乘三藏中的基本要籍。他所撰的《佛国记》,又称《法显传》,介绍印度和斯里兰卡等国的情况,不仅对日后西行求法起了很大的指导作用,也为研究南亚次大陆各国古代的历史、地理,提供了极其宝贵的资料。这是法显对亚洲文化的永久性贡献。和法显同时赴印度求法的还有另一批僧人,即宝元、智严等 5 人,他们也都学有所成。在法显西行 4 年后,又有智猛等 15 人去印度求法,对中印佛教的学术交流也起了一定的作用。

(3) 祈求往生弥勒净土思潮的出现。东晋时名僧们在信仰和行持方面都热衷于死后往生“净土”。道安曾带领弟子在弥勒像前立过誓,发愿往生弥勒净土。弥勒净土即“兜率天”。佛经谓此天有内外两院,外院是欲界天(有食欲和淫欲的众生所住的世界)的一部分,内院是弥勒寄居于欲界的净土。佛经宣扬,如果皈依弥勒并称念其名号,死后就可往生此天。随后竺法旷又开创弥陀净土(西方极乐世界)法门。慧远更是热衷于弥陀净土法门,曾率弟子立誓,共期往生西方极乐世界。慧远的弥陀信仰对后世影响极大,以致被唐代净土宗人推崇为初祖。道安祈求的是往生与世俗世界相联系的净土,而慧远等人则是祈求往生至善至美的极乐世界。他们都发自内心地真诚相信天国、佛国的存在,而且可以往生。这种要求超脱现实苦难往生净土的愿望,是印度佛教传入中国后征服了知识分子思想的一种表现。

(4) 般若学“六家七宗”的形成和僧肇“不真空论”的建立。自东汉末年支谶传译《道行般若经》等以来,逐渐形成两晋佛教理论的主潮——般若性空学说。魏晋佛教学者往往用玄学的观点去理解和阐释《道行般若经》的思想,对所谓“空”的理解产生种种异义,从而形成了“六家七宗”。“六家”是:① 本无家——道安主无在万象之前,空为众形之始;竺法深、法汰说从无生有,万物生于无;② 即色家——支道林说即色是本性空;③ 心无家——支愍度主对外物不起有无之心;④ 识含家——于法开谓世界万物都是妄惑的心识所变现;⑤ 幻化家——道壹讲“世谛之法皆如幻化”;⑥ 缘会家——于道邃认为世界万物都是因缘和合而成,都无实体。本无家因分化出竺法深的本无异家,合称“七家”,也称“七宗”。就其基本观点来区分,以本无、即色和心无三家最具代表性。般若学“六家七宗”的形成,反映了中国佛学独立前进的足迹,它并不完全符合印度般若学空宗的本意。由于鸠摩罗什译出《中论》《百论》等典籍,系统地介绍了般若学,僧肇在充分理解、把握般若学经论

含义的基础上，撰写了《不真空论》等文，明确阐述了不真即空的空宗要义，批判了“六家七宗”的学说，从而把中国佛教般若学理论推向高峰。

第三节　南北朝时期的佛教

南北朝继东晋十六国的分裂状态，又持续分裂了一百六七十年，这是佛教进一步流传发展的时代。其主要特点是以研究某一部佛典为中心的各种学派纷纷涌现，各立门户，独尊一经一论，彼此争鸣，呈现出空前繁荣的景象。

南朝历代皇帝大都重视和提倡佛教，其中以梁武帝最为突出。他原来崇信道教，即位的第三年即发愿舍道归佛，把佛教几乎抬高到国教的地位。佛教依恃梁武帝专制主义皇权的支持和倡导，声势达到前所未有的煊赫程度。陈代诸帝也效法梁武帝的成规，陈武帝、文帝也都以舍身佛寺的行动来提倡和利用佛教。据史载，南朝梁代佛教最兴盛时佛寺多达 2846 所，僧尼多达 82700 人。

图 5-1　北魏石刻《皇帝礼佛图》，描绘北魏孝文帝率文武官员礼佛场景。该雕像于民国年间被盗凿，现藏于纽约大都会博物馆。

北朝统治者的大多数也都重视利用佛教，但也有少数人采取灭佛的政

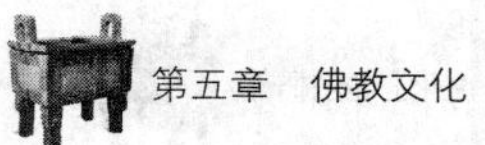

策。北魏太武帝多次限制、打击佛教，甚至下令杀尽沙门，为中国佛教史上“三武一宗”灭法之始。至文成帝嗣位后，又明令重兴佛教，并开凿云冈石窟，镌建佛像。孝文帝也广做佛事，规定僧祇户(寺院的佃户)要奉献谷物给僧侣，供作佛事之用。还令一些犯了重罪的人和官奴为佛图户，以充作寺院的杂役和从事耕作。此后北魏的宣武帝、孝明帝也都积极奉佛。由于统治者的大力提倡，朝野风从，至魏末僧尼已多达200余万人，寺庙3万有余。而且各寺院都拥有大量的土地财富，通过出租土地或役使依附的农民，经营商业、发放高利贷等聚敛财富，逐渐形成了相对独立的寺院经济。此时佛教可谓盛极一时。北魏分裂以后，东西两魏的统治者也都大兴佛法。取代西魏而兴起的北周王朝，其初始时明帝也颇崇佛，但继位的武帝则重儒术，他多次集众讨论儒、道、佛三教的优劣、深浅、异同，并令200余万僧、道还俗。北魏武帝和北周武帝灭佛，都和儒、道、佛三教的斗争有关，和大量的僧徒影响了兵源有关，也和最高统治者的个人信仰有关。这些矛盾暂时缓和，佛教也就得以恢复。北周武帝一死，继位的宣帝和后来的静帝都又将佛教重新恢复起来。

南北朝时期的佛典翻译从未间断过。在南朝，以刘宋前期和梁末陈代译事最盛，特别是大翻译家真谛带着经论梵本240夹从扶南①来华，正当梁末陈初，战乱相继之际，他以坚强的毅力，在颠沛流离的生活中译出了大量佛典，把南朝的翻译事业向前推进了一步。此外，从中印度来华的求那跋陀罗也译出了若干重要的典籍，对于传播瑜伽行一系学说做出了重要贡献。在北朝，被称为译经元匠的菩提修支，携带大量梵本从北印度经西域来到洛阳，较系统地译出了大乘瑜伽行一系的典籍，影响很大。此外，还有一些其他译师也译出了大量典籍。南北朝时期总计共译出佛典近700部，1450卷。

第四节　隋唐时期佛教宗派的创造和繁荣

隋唐时代南北政治统一，国家经济繁荣，国际文化交流活跃，佛教也顺应求同求通的趋势，综合南北的思想体系，由学派而演变为若干新的宗派。宗派和学派不同，它有各自独特的教义、不同的教规，并和财产的继承权相关而更加强调传法世系。隋唐时期佛教的显著特点，是进入了宗派形成和

① 今柬埔寨一带。

发展的集大成时期。

一、智𫖮和天台宗

天台宗是我国创立最早的一个佛教宗派，形成于隋代。因创始人智𫖮住在天台山①，故后世称之为天台宗。又因此宗教义以《法华经》为依据，所以也称法华宗。

智𫖮（538 年—597 年），俗姓陈，颍川人②，系梁元帝时散骑常侍孟阳公陈起祖的次子，世家出身，门第甚高。他因目睹南北朝时王朝频繁更替，亲属离散、颠沛流离，哀叹人生无常而遁入空门。在中年以后对佛教的教义和观行已构成了一套自己的教法，树立了新的宗义。他以《法华经》为释迦牟尼佛的最后说法，也就是最高权威的经典，敬奉为宗要。他以《大智度论》为指针，吸收南朝三论师和涅槃师的思想，并继承和发展慧文、慧思的"一心三观"③的观行方法，来组织自己的学说体系。其学说特点是确立定（止）、慧（观）双修原则，并强调教观双行，解行并重，由"一心三观"进而发展为空、假、中三谛相即相通，圆通融摄的"三谛圆融"说，以及短暂的心念活动即具有世间和出世间的一切现象的"一念三千"说。智𫖮的门人灌顶著有大量的经疏，广弘该宗思想。后来因为唯识宗、华严宗声势很大，天台宗就相形失势，黯然不彰。至九祖湛然，他以复兴本宗为己任，进一步提出"无情有性"的理论，以为草木砖石也有佛性，影响很大。

二、吉藏和三论宗

三论宗是隋代形成的宗派。因以印度中观学派的《中论》《百论》《十二门论》为主要典据而得名。又因主张"诸法性空"，也称"法性宗"。因天台宗、华严宗也自称"法性宗"，故又称此宗为"空宗"。三论宗实际上是印度中观系统的流派，直接继承龙树、提婆学说。

吉藏（549 年—623 年），俗姓安，祖先为西域安息人，故有"胡吉藏"之称。吉藏生于金陵，年少时即随法朗出家学"三论"，19 岁学有成就。后应隋炀帝之请，赴长安住日严寺，完成"三论"的注疏，并撰代表作《三论玄义》，树立自己的宗旨，创立了三论宗。此宗中心理论是真俗二谛为纲，揭示一切

---

① 在今浙江省天台县。

② 今河南许昌。

③ 一心中观缘起法空、假、中三谛。

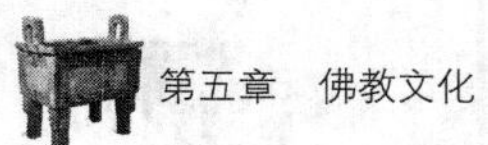

现象的虚妄不实，宣传世间、出世间等一切万有都是因缘和合而生，是无自性的，也就是毕竟空无所得；但为引导众生而用假名来说有，这就是“中道”，就是一切无所得的中道观。

三、玄奘和法相唯识宗

法相唯识宗是唐代玄奘及其弟子窥基创立的学派。因用许多佛教范畴对世界一切现象进行概念的分析、解释，宣扬“万法唯识”的唯心论，故名。又因他们二人常住慈恩寺，窥基世称慈恩大师，故也称慈恩宗。还因以《瑜伽师地论》为根本教典，又名瑜伽宗。《解深密经》《成唯识论》和《瑜伽师地论》，即一经二论是此宗的最基本的典籍。

玄奘(602 年—664 年)，俗姓陈，河南洛州缑氏[①]人，幼年出家。玄奘深感当时各地佛理异说不一，尤其对唐初流行的摄论师和地论师两家关于佛性之说不能统一，亟想求得解决。此时恰逢印度波颇蜜多罗来华，宣扬当时那烂陀寺的宏大的讲学规模，介绍当时一代宗师戒贤所授的《瑜伽师地论》是总括三乘学说的最高体系。于是玄奘便立下西游取经的壮志，正式表请朝廷赴印，未准。贞观三年(629 年)，因北方灾害严重，朝廷准许百姓自行四出谋食。玄奘乘机西行，出玉门、涉流沙、翻葱岭、越雪山，历尽艰难险阻，辗转进入北印度境内。最后抵达中印度摩揭陀国王舍城的那烂陀寺——当时的印度佛教最高学府。全寺僧众 4000 余人欢迎他的到来，由于他刻苦钻研经、律、论，后来被推为精通三藏的十德之一，极受优遇。5 年后玄奘离开那烂陀寺，遍游印度各地，4 年后回到那烂陀寺，应戒贤法师之嘱为僧众讲《唯识抉择论》，并沟通大乘中观学派和瑜伽行派两大派系的争论，用梵文撰《会宗论》三千颂，博得印度僧人的高度赞许。后来戒日王在曲女城为玄奘设立大会，命五印度沙门、婆罗门以及其他各种学派的学者都来参加。到会的有 18 个国王、各国僧人 3000 多、那烂陀寺僧 1000 余人、婆罗们教及其他学派 2000 余人。大会以《会宗论》《制恶见论》的论点标宗，任人出难辩驳，经 18 天会终，结果竟无一人能提出改动一字，从此，玄奘更受到大小乘佛教徒的一致推崇，尊他为“大乘天”和“解脱天”。声誉之隆，千古一人。此时的玄奘已成为当时印度大乘学系的最高权威，他对印度大乘佛教及其前进不坠起了重要作用。

玄奘于贞元十九年(645 年)正月返回长安。史载，玄奘西游取经往返

---

① 今河南省偃师县南境。

17年，途经110个国家、地区，行程5万里，带回大小乘佛典520箧(箱)，657部。玄奘回国会见唐太宗时，力辞太宗要他还俗从政的建议，却应太宗的要求撰写《大唐西域记》。玄奘回国后的主要兴趣和精力放在翻译佛教经典方面。在朝廷的大力支持下，玄奘有计划、系统地主持翻译，经过19年的艰苦努力，译出瑜伽学、阿毗达摩学和般若学的大量经论。由于玄奘所译的是那烂陀寺最盛时期所传承的佛学理论，并且译笔严谨，质量很高，因此被后人称为“新译”，在中国译经史上开辟了一个新纪元。

法相唯识宗奉印度大乘有宗，即从无著、世亲相承而下直到护法、戒贤、亲光的瑜伽行系的学说。其基本理论是用逻辑的方法论证外境非有，内识非无，即“唯识无境”说；十分重视“转依”，即转变思想的认识，视认识上的由迷转悟为修持目的；主张五种姓说，认为一种无性有情者永远不能成佛，改变了过去“众生皆有佛性”的看法。此宗是印度无著、世亲学说的直接继承者。但因此宗的理论过于烦琐及不合潮流等原因，仅三传就由极盛转向衰微了。

四、律宗

律宗是依据小乘法藏部(昙无德部)《四分律》并加以大乘教义的阐释而形成的宗派。因专事宣扬佛教戒律中的“四分律”，又称“四分律宗”。还因创宗者道宣居陕西终南山创立戒坛，制定中国佛教的仪制，而名为“南山宗”、“南山律宗”。

道宣(596年—667年)，世称“南山律师”。本姓钱，吴兴(今浙江湖州)人，一说丹徒(今属江苏)人。10岁出家，20岁从智首受具足戒。道宣泛参广学，重点钻研律学。其学说主要是心识戒体论。所谓戒体是指弟子从师从戒时所发生而领受在自心的法体，也即由授受的作法在心理上构成的一种防非止恶的功能。道宣说《四分律》通于大乘，以“阿赖耶识”所藏种子为戒体。他把戒分为止持、作持两门：“止持”是“诸恶莫作”的意思，规定比丘250戒，比丘尼384戒；“作持”是“诸善奉行”的意思，包括受戒、说戒和衣食坐卧的种种规定。道宣门下有受法弟子千人，其再传弟子道岸又请得唐中宗墨敕，使最后奉持《十诵律》的江淮地区改奉南山律师的《四分律》。这样全国佛教的戒律就基本上趋于统一了。

五、法藏和华严宗

华严宗，因推尊《华严经》依《华严经》立宗，故名。又因武则天赐号其创始人法藏为“贤首”,后人称法藏为“贤首大师”,又称“贤首宗”。还因此宗发挥“法界缘起”的旨趣,也称为“法界宗”。

法藏(643 年—712 年),原籍西域康居,本人生于长安。他先从智俨学《华严经》,后参加八十卷《华严经》的新译,对经文的理解更加透彻。他以《华严经》为依据,又吸收玄奘新译的一些理论,完成了判教,充实了观法,建立了宗派。他宣扬“法界缘起”的理论。认为本体是现象的根据、本原,一切现象均由本体而起。由此说明一切现象和本体之间,现象和现象之间都是圆融无碍的,佛教各宗派的教义也是圆融无碍的,认为“圆融无碍”是观察宇宙、人生的法门,也是认识的最高境界。

六、密宗

密宗也称“密教”、“秘密教”、“真言教”、“金刚乘”等。因自称受法身佛大日如来奥秘教旨的传授,真实言教,真言教义,不经灌顶,不经传授,不任意传习及显示别人,故名。密宗是用咒语(陀罗语)作为修习方便为特征的宗派。密教原来是印度 7 世纪以来大乘佛教部分派别与婆罗门教——印度教相结合的结果,因当时中印交通发达,很快便传入我国。唐玄宗开元四年(716 年),善无畏带来传承印度密教胎藏界密法的《大日经》,与弟子一行译出;开元八年(720 年),金刚智及其弟子不空传入《金刚顶经》,由不空译出,开始传习印度密教金刚界密法。后来,传习这两种密法的善无畏、金刚智经过彼此互相传授,融合充实,在中国创立了密宗。

密宗认为世界万物、佛和众生都是由地、水、火、风、空(空隙)、识(意识)“六大”所造。前“五大”为“色法”,属“胎藏界”,是大日如来的显现。本来具有的觉悟,但隐藏在烦恼中而不显,故名“胎藏”。识为“心法”,属金刚界,与胎藏界不同,任何法不能破坏它,而它却能摧毁一切烦恼,故名。色心不二,金胎为一。二者摄宇宙万有,而又都具众生心中,所以佛与众生也都没有根本差异。众生修持密法如能达到身、口、意“三密相应”,就能使自己身、口、意“三业”清净,而与佛的身、口、意相应,这样就可以“即身成佛”。由于密宗修习三密相应(瑜伽),还名“瑜伽密教”。此宗的仪规极为复杂,需经导师(“阿阇梨”)秘密传授。因具有浓厚的神秘色彩,而为当时唐王朝统治者所特别爱好,一时形成了王公贵族纷纷信奉密宗的风尚。然密宗在不空后,经数传也就衰落下去了。

七、净土宗

净土宗，因专修往生阿弥陀佛净土法门，故名。唐代善导创立。净土宗的典据是三经一论，即《无量寿经》《观无量寿佛》《阿弥陀经》和世亲《往生论》。此宗的理论是以修持者念佛行业为内因，以弥陀的愿力为外缘，内外相应，往生西方极乐世界。此宗强调不一定要通达佛经、广研教乘，也不一定要静坐专修，只要信愿具足，一心念佛，即口称佛名，就可进入佛土。念佛法门原有三种：一是称名念佛；二是观想念佛，即观佛三十二种相、八十种好；三是实相念佛，即观法身非有非无中道实相之理。庐山慧远法师提倡后两种念佛法门，到了昙鸾，同时提倡三种念佛法门，后经道绰，再到善导，更转为侧重称名一门了。

净土宗创立前，隋唐各佛教宗派，由于其理论比较深奥，或仪轨极烦琐，因此较多地流行于宫廷和上层知识分子中间，而净土宗理论简单，法门简易，更适合于在民众中传播，所以在统治阶级的支持下普遍地流行了起来。

八、慧能和禅宗

禅宗，因主张以禅定概括佛教的全部修习而得名。还因自称“传佛心印”，以觉悟所谓众生心性的本原佛性为主旨，又名“佛心宗”。因唐代北方的神秀主渐悟和南方的慧能主顿悟，形成了不同的派别，而有“南北宗”、“南北禅宗”之称。后来慧能创立的南宗取代神秀的北宗，成为中国禅宗的主流。南宗所传习的不是自古以来所修习的次第禅，而是直指心性的顿修顿悟的祖师禅。后来南宗禅先分为南岳怀让、青原行思两系。后在唐末五代年间，南岳一系又分出沩仰、临济两宗，青原一系分出曹洞、云门、法眼三宗，合称禅宗五家，也号称五宗。

禅宗的传法世系，大致是菩提达摩传慧可，慧可传僧璨、再传道信，道信传弘忍。弘忍门人多达700人，其中著名的是神秀和慧能，后分别开创“北渐”、“南顿”两派。

神秀（约606年—706年），原是弘忍门下的上座，有“两京法主、三帝门师”之称，弟子普寂、义福等在长安传授禅法。北宗强调“拂尘看净”，力主渐修，要求打坐“息相”，以起坐拘束其心，曾盛极一时。

慧能（638年—713年），世称禅宗六祖大师，本姓卢，先世河北范阳（今北京南）人。父亲因谪官至岭南新州（今广东新兴县）。慧能在新州出生数年后父亲便去世了，家境贫寒，后靠卖柴赡养老母。据传，一天他在市井中

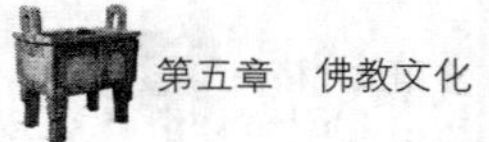

听客店中有人诵《金刚经》，有所领悟，于是往冯茂山见弘忍。弘忍命他在碓房舂米。8个月后，弘忍召集弟子700余人，要每人作一偈呈上，以便根据每人对禅的理解传衣付法。上座神秀作偈云："身是菩提树，心如明镜台，时时勤拂拭，勿使若尘埃。"慧能听到后，也请人写一偈："菩提本无树，明镜亦非台，佛性本清静，何处惹尘埃？"弘忍认为慧能见地透彻，就在夜间秘密地把法衣传给他，并叮嘱他急速南下隐居，待时机成熟再出来行化。于是慧能到广东曹溪（今曲江县东南），在怀集一带隐遁15年才南下广州法性寺，从此开始他的传教生涯。后来门人法海将他的说法录为《坛经》。此经的中心思想是注重性净，强调自悟。认为人人本来是有心性（佛性）的，彻见此心性就能成佛。也就是提倡单刀直入，求得开悟，顿见心性，自成佛道。慧能提倡顿悟法门，又结合世俗信仰而推重《金刚经》，以摆脱烦琐的思想束缚，又不专主坐禅，认为平时的行住坐卧，都可体会禅的境界。这就和神秀一系信奉《楞伽经》所主张的渐悟相反，从而形成了南北宗的对立。慧能一派的禅宗主张"教外别传，不立文字，直指人心，见性成佛"，不重禅定，强调顿悟，不仅和包括神秀在内的以往禅学不同，而且更和印度佛教以及其他各个学派不同，是世界佛教史上尤其是中国佛教史上一次空前的大变革。

慧能的门人很多，嗣法弟子中最著名的有怀让、行思、神会等。在唐末繁衍流传广远的是南岳怀让和青原行思两系。怀让（677年—744年），少年出家后随慧能学习15年，后往南岳传法，弟子中最著名的是道一。道一本姓马，后世称为马祖。马祖的弟子怀海（720年—814年）后在洪州百丈山（今江西奉新县西）创立禅院，并制定"禅门规式"，规定禅宗寺院的僧职、制度和仪式，成为后代"丛林清规"的模式。马祖弟子甚多，其中灵祐嗣法后，与其弟子慧寂师资相承，别开一派，长期在潭州沩山（今湖南宁乡县境内）、袁州的仰山（今江西省宜春县西）弘道多年，世称"沩仰宗"。怀海又一弟子希运（？—855年）住高安（今江西高安县）黄檗山，其弟子义玄（？—867年），后在镇州（今河北省正定县）滹沱河畔建临济院，别成一宗派，称"临济宗"。慧能的弟子希迁传惟俨，惟俨传昙晟，昙晟传良价。良价住筠州洞山传法，弟子本寂（840年—901年）得法后住曹山（今江西宜黄）传法，称"曹洞宗"。希迁还传道悟，再经崇信、宣鉴、义存，直到文偃，住韶州云门山（今广东乳源县北）光泰禅寺弘法，世称"云门宗"。义存的别系经师备传桂琛，桂琛传文益。因南唐中主李璟给以大法眼禅师的称号，由此世称其开创的宗派为"法眼宗"。

唐代禅宗带有革故鼎新的精神，主张不疑不悟、小疑小悟、大疑大悟。

禅宗还导化于山区地带，宣扬砍柴挑水，即境开发。山区民情质朴，因此禅宗容易征服人心，在民间得以广泛流传，逐渐成为中唐以来佛教的主流。

五代以来，佛教总的情况是大势已去，开始由高峰向下跌落。同时，由于各朝代的佛教政策不相一致，因此，佛教在各个地区的兴衰情况并不相同，各个宗派的变化也不平衡。五代以来，佛教各宗派中主要是禅宗在流行，其次是净土宗，再就是天台、华严、律诸宗的宗绪未绝。在此后的长时间里，出现了各宗派互相融合的趋势，尤其是禅宗和净土宗结合在一起，禅宗和净土宗又分别和其他宗派合为一体，如“天台禅”、“华严禅”、“念佛禅”等等。

第五节　佛教与中国文化

佛教在东晋以前并不发达，没有形成一种社会力量。东晋时佛教开始盛行，并形成一股强大的社会势力，日益受到统治阶级的重视。自此佛教与统治阶级的政治关系日益密切，成为统治阶级进行封建统治的补充工具，与此同时彼此也逐渐形成矛盾，发生冲突。中国佛教的基本政治作用是为封建统治服务，这主要表现在三个方面：一是为封建王权的合理性提供神学论据；二是一些名僧直接为最高统治者出谋献计，参与军政决策；三是麻醉人心，即通过宣扬一切皆空、超脱尘世、因果报应、天堂地狱、容忍调和、恭顺柔驯等教义，对人民进行“治心”，使之安分守己，不起来造反。此外，佛教还为一些在宫廷失宠或在仕途失意的贵族、官僚提供出路，起到一种缓和统治阶级内部矛盾的作用。封建统治者有时也把佛教作为团结民族、联系邻邦的纽带，发挥特殊的政治作用。同时，佛教以一些抽象的教理——理想、希望、道德、平等、慈爱、普救众生、自我牺牲等等，以及某些传说故事，也为古代农民起义提供了热情、幻想、号召、外衣，成为其动员群众和组织群众的工具，还为近代资产阶级改革家提供了理论、思想、勇气和力量。

佛教是一种伦理道德色彩相当浓厚的宗教。佛教以人生为苦，因而把追求人生的解脱作为自己的最高理想，为了实现理想便提出了一套去恶从善的理论学说和伦理道德准则，形成了有关宗教伦理道德的思想体系。佛教自传入中国以后，它的道德伦理思想，尤其是它的众生平等、出离家庭和超越当前社会秩序的观念与中国封建社会的等级制及儒家伦理道德观念形成了尖锐的矛盾，引发了不断的摩擦、斗争。佛教由于受中国古代封建社会政治、经济的制约，也受儒家传统观念的抵制和左右，从而沿着适应中国文

图 5-2　明代千手观音塑像

化特点的轨迹演变和发展，形成了调和儒家思想、宣传忠孝观念的中国佛教伦理的道德学说，它既区别于印度的佛教伦理道德，又对中国古代传统伦理道德思想作了补充。佛教的一套心性修养途径也为唐以来儒家学者所吸取，并熔铸为儒家的道德修养方法。佛教从出世的角度论述了孝的极端重要性，从人生解脱角度阐发了禁欲主义思想，还从认识论和人性论的角度提出了知、智慧是人心之体，是人的本性，以及一整套的修行方法，丰富了中国伦理道德学说，一定程度上补充了儒家伦理道德的内容。同时也使人们重视内心深处敬畏的力量和自觉的动力，去实践封建伦理道德。佛教以大慈大悲、利己利他作为伦理道德的出发点，这种道德训条和儒家的“恻隐之心”、性善论相通，和我国的国家本位与民本思想的文化传统相近，因而在历史上影响颇大。

佛教戒、定、慧三学中的慧学，广泛涉及对人生和宇宙的看法，包含着丰富的哲学内容。佛教的根本宗旨是企图超越现实生活秩序而求得身心的解脱。为了达到这样的目的，佛教学者始终在寻求人生乃至宇宙万象的“真实”，以形成独具特色的人生观和世界观。佛教传入中国以后，它阐发的

“空”的哲学理论首先受到魏晋玄学的影响而改变了本来面貌，随后它又以印度中观学说的更高抽象思辨对玄学作了理论上的批判总结。隋唐阶段是佛教宗派学者在吸取中国固有思想的基础上进行哲学创新的时期，佛教哲学的宇宙生成论、本体论和认识论、心性论在那个时代的哲学理论中占重要地位，丰富和发展了中国古代哲学，影响和改变了尔后中国古代哲学的发展进程和面貌。此后，中国佛教哲学的神不灭论和一切皆空学说又受到了宋明理学家的斥责，但是它的心性学说等在实际上又为理学家所吸取。到近代，佛教哲学又为一批进步思想家所改造和利用。佛教哲学和中国哲学相互影响、吸取，又相互挑战、斗争，彼此错综，交参互涵。佛教哲学在与中国哲学相互激荡中日益民族化、中国化，从而成为中国的一种宗教哲学。

佛教对中国的文学艺术有着极大的影响。魏晋以来中国文学的各个领域，无论是诗歌、散文，还是后来发展起来的小说、戏曲，都呈现出与先秦两汉文学的不同面貌，其重要的、直接的原因之一，就是受佛教经典的文体和佛教理论中的价值观念、生活观念、生命观念以及佛教宣传方法的冲击、渗透、感染、影响。佛教为中国文学带来了新的文体、新的意境、新的命意遣词的方法。佛教推动了中国音韵学的前进，并直接导致了律诗的产生，推动了诗歌的发展。而佛理对诗歌的影响更是深入。唐朝以后，以禅入诗，为唐诗注入特有的禅趣。佛教导致说唱文学——变文、宝卷、弹词、鼓词的相继产生，并对中国寓言文学的发展起着重要的作用。它还为古典小说提供故事情节和思想内容，并为中国的文学语言宝库增添新的词汇。佛教对中国古代文学理论批评的影响也是巨大的。更重要的是，佛教为中国文学带来了内容上的两种新变化。首先，中国文学原重人事，而佛教不同，主张就人生而观其无常苦空，就宇宙而知其变转幻化，从而为文人开拓了新意境。唐代以来的一些文学作品，对自然人事多作超越的批评，宣扬彰善惩恶、因果报应的佛教主旨。其次，中国文学较少幻想力，很少超时空、超现实的幻想，偏重于写实的描述；佛教不同，它富有上天下地毫无拘束的幻想力，不受时空的限制，表现了浓烈的浪漫色彩，影响所及，极大地推动了中国浪漫主义文学的发展。此外，佛教的建筑，如佛殿、佛塔，佛教雕塑，佛教绘画和佛教音乐，有很多是我国艺术宝库中的珍贵财富，对中国的艺术产生着巨大的影响。

总之，佛教对中国文化的方方面面都有着或大或小、或明或暗的影响，不了解佛教就无法了解中国文化。

思考与练习

1. “佛”是什么意思？“释迦牟尼”是什么意思？
2. 据现有材料，佛教大致上是什么时代传入中土的？
3. 东晋十六国时期有哪些著名的外来僧人？有哪些著名的本土僧人？
4. 何谓“六家七宗”？
5. 隋唐时期有哪些著名的佛教宗派？
6. 举例说明佛教对中国文化有什么影响。

延伸阅读与参考书目

吕澂：《印度佛学源流略讲》，上海：上海人民出版社，1979年。
吕澂：《中国佛学源流略讲》，北京：中华书局，1979年。
汤用彤：《汉魏两晋南北朝佛教史》，北京：中华书局，1983年。
印顺法师：《印度佛教思想史》，北京：中华书局，2010年。
印顺法师：《中国禅宗史》，北京：中华书局，2010年。
杨曾文：《唐五代禅宗史》，北京：中国社会科学出版社，1999年。

第六章　教育与科举文化①

教育是传递社会生活经验并培养人的社会活动。广义的教育，泛指影响人们知识、技能、身心健康、思想品德的形成和发展的各种活动；狭义的教育，主要指学校教育。在世界教育史上，中国的学校教育萌发最早且最为发达。原始社会末期，已有了学校教育的萌芽。经过夏、商、周，逐步形成了较为定型的学校，秦汉以后学校教育继续发展，唐代出现了培养实用型人才的专科学校，宋代的书院则是中国封建社会所特有的一种教育组织。明清时代，中国古代的学校教育进一步完善和系统化。中国古代的学校教育可分为官学和私学两大类。

科举，是分科选举的意思，是中国封建社会中后期通过逐级考试的办法挑选人才的一种制度。从隋炀帝大业三年(607 年)开始，历经唐、宋、元、明至清末，科举制度实行了 1300 多年。不同朝代的科举制度在科目、内容、程序等方面都有较大的差异。

科举制度在形式上给每一个人提供了进入仕途的机会，打破了门第、年龄、地域和民族的界限，对发掘人才起到了一定的积极作用。但全国知识分子趋向科举，学校遂变成了科举的附庸。明清以后，八股文的出现使科举制度对学校教育的负面影响更加突出。

第一节　中国古代的学校

我国的教育有着悠久的历史。虞舜时代，就已经出现了名为“庠”的学校。其中，“上庠”是高一级的太学，“下庠”是低一级的小学，夏、商代“乡里有教，夏曰校，殷曰序”②。

---

① 此章参考阴法鲁、许树安主编《中国古代文化史》(北京大学出版社，第一册，1989 年；第二、三册，1991 年)，臧云浦等《历代官制、兵制、科举制表释》(江苏古籍出版社，1987 年)等。

② 《汉书 · 儒林传》。

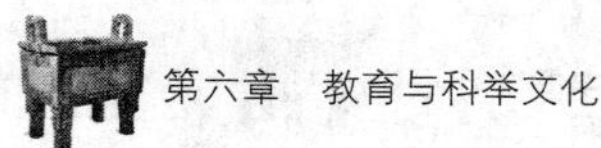

一、周代的国学与乡学

西周时，中国文化已有相当的积累，为中国古代学校教育的兴盛创造了条件，出现了国学和乡学两种学校教育体系。

（一）国学

国学，是王都和诸侯国都城中的学校。招收大贵族子弟入学就读。国学分大学和小学两种。武王伐纣后，建立了诸侯分封制的周王朝。据《周礼》《礼记》记载，西周时国学在王宫内就有五所，按东南西北中排列，分别称之为成均（南学）、上庠（北学）、辟雍（太学）、东序（东学或称东胶）和瞽宗（西学或称西雍）。其中，“辟雍”居其中，最为尊贵，是西周时期的大学。

各诸侯国内设立的大学称之为“宫”。《诗经·鲁颂·泮水》便是赞美诸侯国大学的诗篇。

（二）乡学

西周时，普通的学校是乡学，有庠、序、校、塾等名称，分别设于乡、州、党、闾。塾，又称“家塾”，系以 25 家为单位设立的学校。《礼记·学记》中说：“古之教者，家有塾，党有庠。”孔颖达疏：“周礼百里之内，二十五家为闾，共同一巷，巷首有门，门边有塾。”这是当时最低一级的学校。“校”比“家塾”高一级，每 500 家设一“校”。职能和教育作用在前期曾有某种不同的分工，如“庠”是养老，“序”则是习射，后来这种分工逐渐消失，仅名称规模有差别而已。

国学与乡学均为贵族学校，是贵族子弟接受教育的场所。校内开设的课程主要有音乐、礼仪、射箭、驾车等。这些学校为奴隶主阶级培养人才。

周代，师氏是专职的教育官，分大师和小师。另外周天子很重视乐教，设有专门的乐师。

二、汉代太学和郡国之学

秦统一全国后，学校教育设中央官学和地方官学两种。太学是中央的主要官学，郡国之学则是地方的官学。

（一）太学

汉武帝尊孔崇儒，“罢黜百家，独尊儒术”，武帝元朔五年（公元前 124 年）京师设立最高学府——太学。

太学选聘学优德劭者任教授，称为“博士”、“博士官”，仆射是博士官中的领袖，东汉称祭酒。博士官是用征拜或荐举的办法，选聘西汉学术上的名

流担当。

太学的课程以通经致用为主，学生分经受业。教学内容以《五经》[①]为主，《论语》和《孝经》是公共必修科目。

太学招收的学生，称为“博士弟子”、“博士弟子员”，经考试及格的学生可任用为政府官吏，待遇极为优厚。西汉初期，随教授学习的博士弟子仅50名，均为年满18周岁的官宦子弟。

西汉后期，太学多达万人，至东汉初期扩大到3万人。当时，洛阳城里“书声琅琅”。大书法家蔡邕等人受汉灵帝之命把儒家经典刻在46块碑石上(即著名的熹平石经)，引来抄写经文的太学生无数，车水马龙，盛况空前。

(二) 郡国之学

地方政府办的官学，在郡国曰“学”，习称郡国之学，即地方学校。汉代，设在县以下地方的学校名称各异，乡曰“庠”，聚曰“序”，沿袭殷、周时代的旧称。“校”即蒙书，相当于今天的小学，教学内容主要有《仓颉》《急就》等，重在识字、习字。郡国之学，可能相当于今天的中学，教学内容主要有《论语》《孝经》《尔雅》等。

三、唐代专科学校

唐代培养实用型人才的专门学校，计有律学、书学、算学、医药学、兽医学、天文学、音乐学等，这些学校或与行政、业务部门结合，或分离设置。

(一) 律学

培养掌握、运用唐代律令的行政官员。招收八品官员以下子弟和俊秀青年庶民，年龄不得超过25岁。主要课程为现行律令，修业6年。有博士3人，助教1人，学生50人。

(二) 书学

培养通晓文学并精于书法的官员。入学资格同律学，年龄限14岁—19岁。主要课程为《石经》《说文》《字林》，兼习其他字书，修业9年。有博士2人，助教1人，学生30人。

(三) 算学

培养天文历法、财政管理、土木工程人才。招收学生的入学身份、年龄同书学。算学设两个专业：其一，古典算术，主修《九章算术》《孙子算经》等；其二，实用性强的当代算术，主修《缀术》《缉古算经》等。均修学7年。有博

---

① 《诗》《书》《礼》《易》《春秋》。

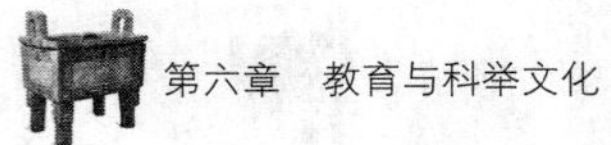

士 2 人，助教 1 人，学生 30 人。

（四）医药学

1. 医学

分类较细，计有医、针、按摩三科。

（1）医科。包括五科：① 体疗，相当于内科，7 年制；② 疮肿，相当于外科，5 年制；③ 少小，相当于儿科，5 年制；④ 耳目口齿，相当于五官科，2 年制；⑤ 角法，拔火罐等疗法，2 年制。

（2）针科。要求学生了解经脉和穴位，熟识各科症候，掌握九科针法的运用。

（3）按摩科。要求学生掌握消息导引的方法，学会治疗风寒暑湿、饥饱劳逸等八项疾病，兼习正骨术。

2. 药学

教学生识别各种药物，掌握药材的种植和收采、贮存、制造等技术。教学结合实际，药学与药园设在一处，通过实习培养学生的动手能力，根据学习、实习成绩和治疗效果决定学生的工作分配。这种优良的实科学校教育制度比西方同类实科学校要早 1000 年。

（五）兽医学

主修治疗牲畜疾病的知识和技术，学生学习与实践同步，经考试合格，可补为兽医。

（六）天文学

天文学专业性强，门类较细，分天文、历法和漏刻三个专业。学生在博士带领下开展观测天象等活动，教学与实践相结合。僧一行曾带领天文历算专业学生野外实习，测量了南北 12 个地点的日影长短，求子午线的长度。

（七）音乐学

培养音乐、舞蹈艺术的专门人才。由乐博士主持，分批培训长期常备的乐工和短期轮番的乐工，每批再按所习乐曲的难易分三档进行教学，按年考核演奏、表演功夫的熟练程度，根据熟练程度累计成绩，评定优劣，决定升退。

四、宋代国学之舍和书院

宋时，有识之士认为只注重科举考试而不注重学校教育，就如同不问耕种而只求收获。庆历四年（1044 年）后，朝廷通过“庆历兴学”、“熙宁兴学”、“崇宁兴学”先后三次著名的学校改革运动，使宋朝初年过于重视科举考试

制度，而忽视兴建学校培养人才的现象得以扭转。这时，国学之舍和书院得到迅速发展。

（一）国学之舍

宋代，在学生入学身份、品极的限制方面较唐代要宽松许多。国子监所属的中央官学主要有国子学、太学和重在培养律学、算学、书学、画学、医学、武学等专业人才的专科学校。

1. 国子学

国子学既是宋朝最高教育行政机构，又是最高学府。国子学仅招收“京朝七品以上官僚的子孙为学生”，故称国子生。

2. 太学

宋代太学的地位相对国子学而言较低，且设立的时间也较迟。招收的学生系八品以下官僚子弟或庶人之中俊秀者。太学办学成效卓著，是宋朝兴教育才的重点，也是中央官学的核心。

3. 专科学校

（1）律学。宋朝历来重视律学，旨在培养法律人才。

（2）算学。学生既有朝臣，又有百姓布衣，学额 210 人。主要教学内容：《九章》《周髀》以及历算、三式、天文等。

（3）书学与画学。在宋徽宗赵佶（1082 年—1135 年）等影响下，宋朝非常重视书学与画学，且颇有成效。

（4）医学。医学设置较早且分科较细，计有脉科、针科和疡科三科。学习内容因科而异，其中脉科的大经有《素问》《难经》《脉经》，小经有《巢氏病源》《龙树论》《千金翼方》。针科、疡科由《脉经》改授《三部针灸经》。医学设教授 1 人，学生 300 人。

（5）武学。宋朝最早设立武学专科学校，主修诸家兵法、步骑射。宋时，外患侵逼不断，急需国防人才，故十分重视武学。在长期的教育实践中，积累了办理武学、培养军事人才的经验。武学分上、内、外三舍，学生 100 人。

在宋朝专科学校中，武学、画学系独创，尤其是武学对后来的学校教育影响较大。

此外，宋朝有专为教育宗室子孙而设立的贵胄学校（如宗学等），有为八品以下至庶人子弟设立的小学。

（二）书院

书院，是我国古代特有的一种教育形式，对我国文化教育的发展曾有过重大影响。书院既是教育中心，又是学术文化中心，文化遗产丰富，学术传统优良。书院始于唐代玄宗时设置的丽正修书院，云集当时全国的著名学者在此写书、讲学。同时，书院中设有专门为皇帝讲解经史的侍讲。宋代，随着程朱理学的崛起，讲学之风日盛，有力地促进了书院的创办。这时的书院不仅限于讲解和校正典籍，而且主要是进行专门的学术讲座和学术辩论。宋朝书院前后数百年培养出许多封建士子。

创办于北宋的四大书院分别是：① 白鹿洞书院，位于江西省庐山；② 岳麓书院，位于湖南省善化县（今长沙市）岳麓山；③ 石鼓书院，位于湖南省衡阳县（今衡阳市）石鼓山；④ 应天府书院，位于河南省睢阳县（今商丘县）城。

据史料记载，唐贞元年间（785 年—805 年），洛阳人李渤与其兄李涉隐居庐山读书，养白鹿一头，人称白鹿先生。后来，李渤调任江州刺史（821 年—824 年），人们在李渤读书的旧址建筑台榭，并引流植花，定名"白鹿洞"。至宋初白鹿洞扩建为书院，史称白鹿洞书院。朱熹、陆象山、王阳明等都曾在白鹿洞建院或讲学。朱熹还制定了白鹿洞书院学规，提出"博学、审问、慎思、明辨、笃行"等经典治学名言。该书院曾屡经兴废，现存建筑为清道光年间所修。白鹿洞书院的碑廊十分有名，计有碑石百余块，朱熹手制书院学规镌刻于此，并有历次修建文记及名人书法石刻。

宋朝，特别是南宋解除了对理学的禁令，掀起了大办书院的高潮。因政治、经济和文化因素的特殊性，长江流域尤其是江西、浙江、湖南等地书院林立，学派争鸣，评论时政，蔚为风气，对宋代书院的发展起到了重要的作用。

五、明清国子监

明代的学校教育日臻完备，中央学校分为国子监和宗学（皇家学校）两种。清代学制大抵沿袭明制。

（一）明朝国子监

明朝国子监有南北之分，南监即明朝开国之初在南京设立的国子监。明成祖朱棣将都城北迁后，于 1403 年在北京增设国子监，从此便有南监、北监之分，不过北监规模始终不及南监。

1. 监生

在国子监学习的学生通称监生。因其入学资格不同，分为"举监"、"贡监"、"荫监"和"例监"。

举监：会试下第举人入监学习。

贡监：地方府、州、县学生被选贡到国子监学习。

荫监：三品官以上子弟或勋戚子弟入监学习。

例监：庶民捐资纳粟，政府特准许其子弟入监学习，亦称“民生”。

国子监学生待遇优厚但约束苛严，如膳食、衣服、冠履、被褥等均由国家供给，凡上课、起居、饮食、衣服、澡浴及告假出入等，均有详细规定，若小有过失，则予体罚。

2. 教职

设“国子祭酒”一人（相当于校长），祭酒以下设司业（副校长）、监丞（训导长）、主簿（教务长）、教授和直讲等博士及助教、教职人员。祭酒、司业、博士及助教各司其职，分授课业。每日分晨、午两课举行。晨课在晨间，由祭酒率领属官出席，祭酒主讲，学生静听。午课在午后举行，主要为会讲、复讲、背书、论课等，由博士及助教担任。

3. 教学内容

主要课程为颁行各校必读的《四书》《五经》，兼习课程有《性理大全》、刘向《说苑》及律令、书数、《御制大诰》等。此外每日要练习书法，习 200 字，每月初一、十五虽为例假，但还须练习射箭。

4. 历事制度

为弥补官吏不足，并使监生有机会较广泛地接触实际，获得从政的经验，明洪武五年（1372 年）创立国子监监生历事制度，即国子监学生学习到一定年限分拨到政府各部门实习——“先习吏事”。

历事制度又称“拨历”。分“正历”和“杂历”两种。正历是分拨至吏部、户部、礼部、大理寺、通政司、行人司、五军都督府从事政务。杂历为分派至诸从事（或担当）誊写奏本等事务。历事监生实习时间 3 个月至 1 年不等。明惠帝建文年间（1399 年—1402 年）又确定了上、中、下三等考核办法。

国子监的监生历事制度是中国古代大学的教学实习制度，是明朝在教学方面的一项创举，在中国古代学校教育史上具有重要意义。

（二）清朝国子监

清朝国子监亦称国学或太学，始设于顺治元年（1644 年）。

1. 监生

国子监的学生通称监生。因其资格不同，又分贡生和监生。贡生有六种：岁贡、恩贡、拔贡、优贡、副贡和例贡。所谓“五贡”，是视作正途的岁贡、恩贡、拔贡、优贡和副贡，以区别于例贡。例贡为生员捐纳资财入监。

监生有四种：恩监、荫监、优监和例监。恩监为八旗官学生考取者；荫监为满汉文官京四品、外三品以上，武官二品以上之子入监者；优监为优秀附生入监学习者；例监为庶民捐纳资财入监者，与例贡一样，视作杂流。

2. 教职

置祭酒、司业、监丞、博士、助教、学正、学录、典簿等官。雍正三年（1725年），另设管理监事大臣1人，作为国子监的主管官。当时，名贤分掌六堂：率性、修道、诚心、正义、崇志、广业，各专一经，分科教授。由于乾隆皇帝重视国子监，刑部尚书兼管理监事大臣孙嘉淦“严立课程、奖诱备至”，各堂教师极“一时之选”，都是当时比较优秀的人才。

3. 教学内容

国子监于乾隆二年（1737年）在孙嘉淦的建议下，依照胡瑗“经义、治事分斋遗法”实施分斋教学制度。经义以《御纂经说》的《钦定四书》为主要材料，兼及名家学说；治事教兵刑、天官、河渠、乐律、算法之类，专治一事，或“兼治数事”。

主修《四书》《五经》《性理》《通鉴》之余，有的学生兼通《十三经》，也可攻读《二十一史》。此外还要学习清朝有关的诏、诰、表、策论、判。每天临摹晋、唐名帖数百字。乾隆时又将“钦定四书文”颁布“六堂”，作为“优秀”时文，令诸生诵习，成为作文“指南”。可见清代国子监的教学仍受到科举制度的严重影响。

4. “监规”二十八条

清朝，对国子监师生的管理极为严厉，制定“监规”二十八条。国子监的主要负责人和教师须明确自己的职责，增强“表率”、“模范”意识，学生一旦违犯学规或“课业不精”，教师将受到株连、惩治。监规对学生的管理尤为严厉，康熙二十四年（1685年）清廷曾下令对国子监进行严格的大检查，以整肃学风。

第二节　科举考试

一、科举种类

科举的种类大致可分为常科、制科和武科，其中常科最为重要。

（一）常科

常科，即常举，意为定期考试，又称贡举。隋唐常科的名目计有三四十种。且时增时减，并不固定。但是，由隋唐至明清，常科总的趋向是由繁多杂乱至简约单一。唐朝常科设置情况见表6-1。

表 6-1　唐朝常科一览表

科　目	考试内容	考 试 目 的	评 判 标 准
秀才科	“方略策”，即有关治国之方，治军之略的基本知识。	考查阅读量及兴邦治国理论。	上上：文理俱高者；上中：文高理平或理高文平者；上下：文理俱平者；中上：文理粗通者。以上四等为及第，文劣理滞者为下，不可及第。
明经科	经学和时务策，其中经又分“帖经”和“经义”。	帖经考经典文句“填空”；经义考经典的“原理”；时务策考对当代大政方针、时事政治的了解和熟悉程度。	上上：答对十条；上中：答对八条；上下：答对七条；中上：答对六条。四等以外不及中上者不予录取。
进士科	“帖经”、诗赋和时务策。	帖经、时务策主要检查经典知识和政治态度；诗赋重在考核独立构思创作能力。	偏重诗赋。诗赋好，帖经不及格也可以放过。
明法科	“律七条”，“令三条”。	对古代和当代法律法令的了解和见识程度。	甲：全对 乙：对八条

此外，常见的还有明算科、童子科等。明算科考文字书法知识技能、数学知识和计算技能。此科考试的内容较为繁杂，根据应试者对所考科目掌握的程度决定是否及第。童子科是专为 10 岁以下幼童设立的，主要考核经书。

常科的名目虽较为丰富，但读书人推崇、追逐的仅进士一科，时有“缙绅虽位极人臣，不由进士者终不为美”与“三十老明经，五十少进士”之说。这是因为唐朝名臣重臣多为进士出身，“大抵众科之目，进士尤为贵，其得人亦最为盛焉”。同时，进士科中第者任官升迁也优于明经等其他科目。

（二）制科

制科，又称制举，意为只有皇帝下诏才能举行考试的科目。制科由皇帝召集一些知名人士举行临时性考试，类似汉代察举中的特举。制科的考试内容无一定之规，历朝制科的名目均“随其人主临时所欲”。中举后，士人所得官职也高于其余各科。

唐代制科的名目“多至八十有六”，著名的有贤良方正、直言极谏、军谋宏远、堪任将军等。宋代制科的地位高于唐朝，“宋初承唐制，贡举虽广，而莫重于进士制科……”[①]明朝以荐举代替制科，荐举的贤才，均厚礼聘迎，授以官职，无须考试。清代制科的科目计有博学鸿词、经济特科、孝廉方正、翻译科等。其中，翻译科为清代首创，分满文和蒙文两种，报考仅限满蒙八旗子弟。

（三）武科

武科，又称武举，由兵部负责考试，始创于武则天长安二年（702 年）。虽然唐代武科仅实行了一个阶段，但却开了后世武举一科的先河。唐以后各朝，皆设武举科。考试科目有马射、步射、负重等，有时还辅以策论等文字考试。清代武举分层选拔，计有童生、秀才、进士三个层次。武进士中第待遇同文进士，前三甲依次为状元、榜眼、探花。中武举的考生按成绩的高低入军界担任相应职务。

科举制度始于隋朝，历经唐、宋、元、明、清各代，前后 1000 余年，是封建社会知识分子跻身仕途的重要途径。

二、科举程式

不同时期的科举制度具有较大的差异性，明清科举的大致流程如下：

童试→童生 院试→生员 乡试→举人 会试→贡士 殿试→进士

（一）童试

读书人应考生员（秀才）求功名，须先参加“童试”，应试者不论年龄大小，一概称为儒童，习称童生。

（二）院试

由省学政主持。童生中考中的称秀才。秀才一词本系优秀人才的通称，始见于《管子・小匡篇》。汉代以后，成为荐举人才的科目之一。东汉时，为避光武帝刘秀的讳，别称“茂才”。南北朝重视秀才科。唐代初期，专设秀才科，后来渐渐废去，仅作为对一般儒生的泛称。明太祖曾采取荐举的方法，举秀才数十人，任以知府等官。明清时，专门用来称府、州、县学的生员，习称“相公”。秀才分三等，“禀生”成绩最好，由公家按月发给粮食；“增生”次之，不供给粮食，“禀生”和“增生”定额产生。“附生”系第三层次，即才入学的附学生员。

---

① 《宋史・选举制》。

童生的院试仅为科举的预选程序，正式科举需在取得秀才资格的人中进行。科举考试分乡试、会试、殿试三级，逐级进行。

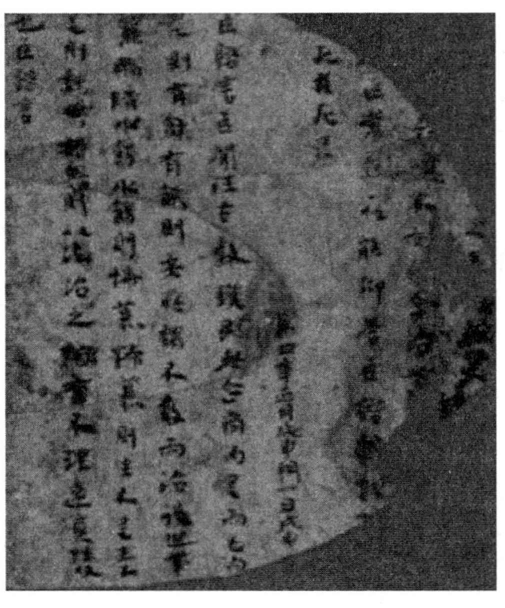

图 6－1　现存最早的策试文实物，出土于新疆吐鲁番哈拉和卓九十一号墓的西凉建初四年(408)秀才对策文

（三）乡试

每三年在省城举行一次，称“大比”，秀才参加，考中称举人。举人第一名是解元。举人，原指被推荐之人，为历代对各地乡贡入京应试者的通称，明清两代专称乡试考中者，成为出身资格。中举称“发解”、“发达”，简称“发”，习称“老爷”。

（四）会试

乡试后的第二年春天在京城礼部举行，举人参加，入榜者称“贡士”，第一名称“会元”。

（五）殿试

由皇帝（或钦命大臣）亲自主持，只有贡士才有资格参加，合格的统称进士。进士意即贡举的人员，始见于《礼记·王制》。唐代科举科目中以进士科最被重视。明、清两代，始以进士为考中者的名称。凡举人（乡试考中者）经过会试考中者为贡士，由贡士经过殿试录取者为进士。进士分“三甲”录取，一甲三名赐进士及第，第一名称“状元”、第二名称“榜眼”①、第三名称探花②，状元、榜眼、探花合称“三鼎甲”，直接授翰林院官职。二甲赐进士出身，第一名称“传胪”。三甲赐同进士出身。二、三甲可自考翰林院庶吉士，中试者入院读书以取得未来任高官的资格，不中者则另授他官。

俗语“连中三元”特指乡试第一名解元，会试第一名会元，殿试第一名状

① 北宋初期，殿试录取的一甲第二、三名都称榜眼，意思是指榜中双眼。明清两代特指第二名。

② “探花”源自唐代，进士曲江杏院初宴，以同榜俊秀少年进士二三人为探花使，遍游名园，探采名花，探花之名由探花宴始，宋代又称探花郎。南宋以后，特指殿试一甲第三名，元、明、清三代沿袭不改。

元。据有史可查的资料，自有科举制度至其消亡，千余年来连中三元的仅13人。据统计，从唐至清1000年科举，总共出了503名状元。见表6-2。

表6-2　历朝状元人数统计表

朝代	唐	五代	宋	元	明	清
人数	139	11	118	32	89	114

三、科举嬗变及八股文

（一）嬗变

隋时，文帝杨坚废去九品中正制度，实行科举制度，到炀帝大业年间提出"四科"和"十科"举人，多系临时开设，常选仅进士、明经和秀才三科。但是，隋代开科考试选拔人才，适当地对社会各阶级、各阶层中的才智之士开放了参加政权、步入仕途的门户，虽未形成一种完备的制度，却影响深远。

唐代，科举制度有较大发展。参加科举考试的考生，一为生徒，二为乡贡。常举科目中最为显要的是进士、明经两科。"士族所趋向者，惟明经进士二科而已"①。唐代科举及第者只是取得了做官的资格，并非直接为官，若要踏入仕途，还得通过吏部选官考试，称"释褐试"。此外，唐朝的科举不似明、清，需层层选拔考试上来，录取亦不全是看几篇诗文，而是要有公卿名人在社会上为之吹嘘、推荐才能应试登第。因此，求官的人必须到长安找关系，出入公卿门下，求得出路。有些读书人在长安闲住多年也难投门户，找不到机会。当时，形成一种"求知己"风气，即等公卿名人出门时，将自己著作顶在头上，跪在路旁呈阅，若被收了去看中了，就算有了门径。唐代有一种习俗，应试的举子将自己的文学创作加以编辑，写成卷轴，在考试以前投送给当时在社会上、政治上和文坛上有地位的人，请求他们向主司即主持考试的礼部侍郎推荐，称为"行卷"。

（二）八股文

明清时，出现了一种科举考试的专门文体——八股文。八股文又称制义、制艺、时艺、时文、八比文、四书文（就四书范围出题）等，是一种严格注重格式的文体。其中起股、中股、后股、束股中都有两股排比对偶的文字，合计八股，故称八股文。"股"是对偶的意思。

该文体的题目采自"四书"、"五经"，论述内容的标准是程朱学派的注

---

① 《通典·选举三》。

图 6－2　现存中国最大的科举考场——南京江南贡院

解，结构、体裁有一套硬性的规格。每篇由破题、承题、起讲、入手、起股、中股、后股、束股等部分组成。

八股文控制人们思想，造成只读儒家经典的学风，达到强化封建统治的目的，具体说来其弊端有三：① 考试偏重经籍文辞，忽略德行才能，钳制思想，束缚知识分子思想的自由发展；② 教育与仕途、利禄直接挂钩，应试者追求功名，急功近利；③ 考试合格者不乏思想僵化、毫无能力的庸才和利禄之徒。学校教育与社会教育变成科举的附庸。

同时我们也要承认八股文考试有些许作用：① 防止作弊，八股文考试必须严格按照格式答题，约定成俗，不可变式，不可漫无程式，减少考生作弊的可能；② 评卷标准化，减少评卷工作量与阅卷的随意性；③ 程式划一，能较为客观地检测考生的文字基本功。

四、科举考试评价

科举考试对中国历史的发展，对中华民族灿烂文化的传播有其积极意义。科举制度是中国封建社会中后期极为重要的选官制度，其合理内核和竞争精神是考试制度和公开竞争。科举制度至少在形式上给每一个人提供了可以进入仕途的均等机会，从一定程度上打破了门第、年龄、地域和民族的界限，历朝都有不少进士、举人出身于贫寒之家。如明清时，进士、举人可以做官，秀才也可享有减免赋税等权利。因此，科举制笼络住了封建知识分子。其次,科举制将以往分散的选任官吏权力完全收归中央,设专门机构负责考试及调配任用,这对于防止任人唯亲、个人说了算,随意用人具有制约作用,有利于加强中央集权。第三,科举考试具有学风的导向性,科举考试对文学诗赋的偏重,对"唐诗"、"宋词"的繁荣起到潜在的推波助澜作用。

科举制度虽然为国家选拔了一批人才,扩大了封建社会地主阶级统治的基础,但却把读书人引向了一条"读书→考试→做官"的仕进之路。特别是明清以后,考试内容仅限四书五经,科考方式囿于八股,促使读书人从根本上忽视实际才能的培养,一味地读死书、死读书,形成不务实际的社会风气,窒息了广大知识分子的创新精神,束缚了人的发展。同时,科举考试的程序过于烦琐,清时从县试到殿试须经过 6 次考试,历时 14 个月。且应试者难以一次性通过考试,往往需复考多次,累以十余年、数十年计。这样,无数知识分子一生沉浸在"朝为田舍郎,暮登天子堂"的美梦之中,成为科举制度的牺牲品。

思考与练习

1. 唐代科举考试中的明经科和进士科有什么不同?
2. 试叙述明清时期的科举程式。
3. 八股文有什么特点,它的盛行有什么利弊?
4. 科举制度在中国文化史上有什么意义?其利弊何在?

延伸阅读与参考书目

郭秉文:《中国教育制度沿革史》,《民国丛书》第三编,上海:上海书店,1991 年。

周予同:《中国学校制度》,《民国丛书》第三编,上海:上海书店,1991 年。

邓嗣禹:《中国考试制度史》,《民国丛书》第五编,上海:上海书店,1993 年。

傅璇琮:《唐代科举与文学》,西安:陕西人民出版社,1986 年。

刘海峰、李兵:《中国科举史》,上海:东方出版中心,2004 年。

邓嗣禹:《中国科举制在西方的影响》,《中外关系史译丛》第 4 辑,上海:上海译文出版社,1988 年。

第七章　官制文化[①]

官制，即官吏制度，指国家机构的设置和官吏的任用、考核，由中央行政制度和地方行政制度两部分组成。

我国古代中央官制的变革、发展，经历了四个阶段：① 先秦是中央官制的产生和初步发展阶段。由设官分职到实行"卿、大夫、士"三级官职。② 秦汉是中央官制的变革阶段。三公九卿制的实行，使中央官制趋向严密。③ 东汉及魏晋南北朝，三公失权，尚书台、中书、门下省相继登台掌权。④ 隋唐至明清是中央官制的成熟阶段。从确立"三省六部制"到设置内阁、筹划军机处，一脉相承。

第一节　中央官制

一、奴隶社会官制

夏代官制，因无文字可考，至今不详。在商代甲骨文、金文中已经发现"臣正"、"宰"、"士"、"吏"、"尹"、"史"等官名。

（一）"多尹"

商王朝设"多尹"，泛指百官。百官大体可分四类：政务官有"卿士"；宗教官有"仆"、"占"、"巫"；事务官有"宰"、"小耤臣"；武官有"亚"、"服"。商王朝京畿之外，设有"侯"、"伯"、"男"、"田"等地方官。

（二）六官制

西周官制，据《周礼》记述，有"三公"、"三孤"和"六卿"。"三公"，即太师、太傅、太保；"三孤"，即少师、少傅、少保。"三公"、"三孤"均为天子的顾问。"六卿"是政务官，亦称"六官"（见表 7－1）。其中，冢宰即宰相，统领百

---

① 此章参考阴法鲁、许树安主编《中国古代文化史》（北京大学出版社，第一册，1989 年；第二、三册，1991 年），李超纲等编《中国古代官吏制度浅论》（劳动人事出版社，1989 年），王国平等编著《中国政治制度史纲》（江苏教育出版社，1995 年），臧云浦等《历代官制、兵制、科举制表释》（江苏古籍出版社，1987 年）等。

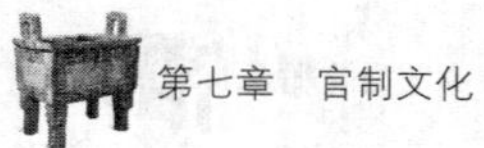

官，辅佐天子。

表 7-1　"六官"一览表

名　　称	总称	职掌	备　　注
天官冢宰	治官	总理国政	有大宰、宰夫和其他许多属官
地官司徒	教官	民政教官	有大司徒、小司徒、乡师等职
春官宗伯	礼官	祭祀礼乐	有大宗伯、小宗伯、肆师等职
夏官司马	政官	军事征伐	有大司马、小司马、军司马等职
秋官司寇	刑官	刑法狱讼	有大司寇、小司寇、士师等职
冬官司空	事官	土木兴造	《周礼》亡佚冬官，汉人以"考工记"代替

（三）世官制和军功爵制

春秋时期，礼崩乐坏，诸侯国群起争雄，独立称王。各国官制亦不尽相同，一般可分为世官制和军功爵制两类。

1. 世官制

晋、齐、鲁等中原国家，原为周王朝的封国，基本上沿袭旧制，爵秩分为卿、大夫和士三等。每一等又分上、中、下三级，形成"三等九级"，且多以可世袭的"卿"为执政官，故称世官。世官制与宗法制度相结合，卿、大夫、士均系贵族且官职父死子继。官员均以在王畿内的采邑为俸禄，亦世袭。此即"仕者世禄"的"世卿世禄"制。

2. 军功爵制

秦、楚、宋等国非周王室嫡传，其官职均不采用周制，彼此之间也大相径庭，极具个性化。如掌文武二权的官名，秦是官爵合一，楚称令尹、大司马，宋称太宰、大司马。又如楚国国君不似诸侯封国那样称公、侯、伯、子、男，而自称为王。楚国的行政系统有别于诸侯国，其行政长官称令尹，军事长官称司马，还设左徒为拾遗、补阙之官，基本不设大夫。

二、封建社会官制

（一）秦汉官制

封建地主阶级为了加强中央集权和君主专制统治，中央机构实行"三公九卿"制。"三公九卿"制在秦朝初具规模，至西汉得到进一步调整和完善。

1. 三公

秦代中央官制设丞相、御史大夫、太尉，合称"三公"。丞相掌全国政务；

太尉掌军事；御史大夫相当副丞相，掌监察兼秘书。汉承秦制，但更改较多。汉时，在秦三公之上设太师、太傅、太保，均系大官的荣誉头衔。三公名称亦屡有改易。汉武帝时，改太尉为大司马；汉末，改丞相为大司徒，御史大夫为大司空；东汉，又去掉“大”字，恢复“太尉”称号。

（1）丞相。丞相是朝廷最高行政长官。“掌丞天子，助理万机”。秦朝设左、右丞相。秦制，以右为尊。秦汉时，常授荣宠的丞相为“相国”的尊称。汉代，丞相之下还设丞相史若干，系秘书性质，长史为其长，相当于秘书长。武帝时，丞相府又设司直，专掌察举、监督百官。

（2）太尉。太尉掌军事。秦称国尉，系领兵作战的武将，其地位不是很高。汉之太尉系秦之国尉演变而来。汉武帝时，改太尉为大司马，并冠于“某将军”之前，为全国最高军事统帅。东汉初，取消大司马，恢复太尉名号。

（3）御史大夫。御史大夫“掌副丞相”，负责文书图籍，呈递公卿奏章，颁布皇帝诏令等，在充当皇帝的机要秘书长的同时，为全国最高监察长官，负责朝廷的内外监察。

2. 九卿

九卿，指中央朝廷的九个重要官员，归三公门下。汉代九卿名称较秦代有所不同，见表 7－2。

表 7－2　秦汉九卿名称对比表

名称		职掌
秦	汉	
奉常	太常	宗府礼仪
郎中令	光禄勋	宫殿警卫
卫尉	卫尉	宫门屯卫
太仆	太仆	御用车马
廷尉	大理	刑法
典客	大鸿胪	外交和民族事务
宗正	宗正	皇族、宗室谱系、名籍
治粟内史	大司农	财政
少府	少府	山海池泽之税及皇帝的生活供应

九卿之外，还有列卿，如中尉、将作少府等。其中，中尉掌京师治安，将

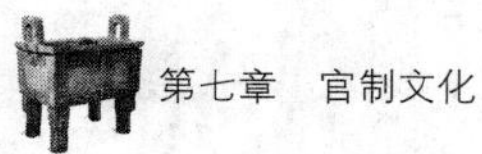

作少府掌修治宫室等。

三公、九卿、列卿，各有府寺，以处理日常事务。遇有大事或汇总丞相或禀报皇帝，由皇帝裁决。

（二）魏晋南北朝官制

1. 九品中正制

九品中正制或称九品官人法，是曹丕称帝前，为获得豪门大族的支持，接受吏部尚书陈群的建议，在220年实行的选官制度。

具体操作程序：每郡设小中正官一人，每州设大中正官一人，由大、小中正官负责考察散居各地的本州、县士人。采择乡党荐评并综合士人的门第（即家世、官位高低）和德行，突出其“品”和“状”。“品”分上上、上中、上下、中上、中中、中下、下上、下中、下下共九品。“状”系中正官对士人德才和行为作的评语。评定品、状之后，即呈报朝廷，作为国家选拔官吏的依据。这样，“上品授大官，下品作小官”。世家大族出身的中正官在荐评人才时，往往从门第出身考虑，就出现“上品无寒门，下品无势族”的局面。至此，九品中正制演变为门阀士族垄断仕途的工具。同时，也铺平了魏晋南北朝时期门阀政治的道路。

2. 中书监、尚书台、侍中

魏晋时期，中央官制的主要变化是设置中书监，尚书台脱离少府独立，提升了侍中的地位。这些变化为建立三省制奠定了基础。

（1）中书监。曹丕称帝后，为了巩固皇权，改丞相为司徒、相国。增设中书监，置中书令，掌管机要，成为皇帝的秘书长。中书省是中书监所在机构的名称。中书令常侍奉皇帝身边，易获宠任，地位日隆，以至超过尚书令，权位也相当于宰相。中书省成为发号施令的机关，尚书省则成为执行机构。

（2）尚书台。东汉时，为削弱丞相的权力设尚书台，由皇帝直接指挥，尚书令掌握日常行政事务。晋代，承袭魏制，尚书、侍中、中书三省规模初具。

（3）侍中。南北朝时，皇帝心忌中书省权势的日益增大，采用侍中参与大政的办法。侍中一职，始于秦汉，地位不断上升。晋时，侍中系门下省的主官，为皇帝侍从、顾问，常参与军国机要。南北朝时期，皇帝为钳制中书省的坐大行为，遇事常备侍中顾问。这样，门下省由原参与、审议、起草诏令扩权为掌管朝廷机要，侍中成为执掌政事的宰相。

3. 三省制的形成

三省，指尚书省、中书省、门下省。魏晋时，门阀地主向皇帝施压，图谋

分享政权。几经努力之下，逐渐形成三省合议制：中书草制，门下封驳，尚书执行。

（1）中书省。中书省即曹魏中书监，中书令为主管官，往往只设中书令1人，其下设中书、侍郎、中书舍人若干人。

（2）门下省。门下省源于曹魏，以门下侍中、门下侍郎为主，设侍中4人，给事黄门侍郎、散骑常侍若干人。

（3）尚书省。尚书省由尚书令、尚书左右仆射、尚书左右丞及六部尚书构成。长官尚书令、副长官尚书仆射。下辖分曹尚书：吏部、殿中、田曹、五兵、度支、左民，计6人。尚书令、尚书仆射和分曹尚书共8人，合称“八座”。分曹尚书之下又有尚书郎。分曹尚书6人的职责大体同后世的六部。

（三）隋唐官制

隋文帝废除北周实行的“六官制”，确立“三省六部制”，对中央官制进行了较大的改革。唐代官制，在沿用隋制的基础上有许多改进，因而比隋制更加严密、完善，加强了中央集权制度。

1. 宰相制度

隋时，宰相职务由尚书令、中书令和侍中共同执行。中书省取旨，门下省审议，尚书省执行。唐代，亦大体相当。三省长官名义上同为宰相，实际权力侧于尚书令。唐就以太宗曾任此职为托辞，不再授人。起初，左右仆射是当然的宰相，后来，须经追加“同中书门下”头衔才能为相。由于中书令、门下侍中的地位较高，一般不常设。同时，皇帝经常委派其他官员参与国政。有时候，皇帝委派的官员品级较低，则加以“参与朝政”、“参议朝政”、“参议得失”、“同中书门下三品”、“同中书门下平章事”等头衔，成为事实上的核心人物，真正的宰相。但是，“临时宰相”既没衙门，也无僚属，发布命令须假托皇帝名义。

宰相讨论军国大事一般在政事堂。政事堂会议是协助皇帝统治全国的最高决策机构。将宰相权力分散于三省，并由品级较低的官吏担任宰相的目的是进一步削弱相权，加强皇权。同时，也便于充分体现统治集团的意志。

2. 三省六部制

隋时，尚书、内史、门下三省鼎足而立，长官同为宰相。唐代，源于隋朝的三省六部制，进一步完备、健全。

隋唐三省六部制比较，见表7-3。

表 7－3　隋、唐三省六部制

朝代	三省			六部					
隋朝	内史省	门下省	尚书省	吏部	民部	礼部	兵部	刑部	工部
唐朝	中书省	门下省	尚书省	吏部	户部	礼部	兵部	刑部	工部

（1）三省。三省为中央最高统治机构，由内史省（唐称中书省）、门下省和尚书省构成。① 中书省：决策机构，负责草拟、颁布皇帝的诏令。长官中书令，计 2 人；副长官中书侍郎，计 2 人。主要属官有中书舍人，掌参议表章、草拟诏敕及玺书册命等。② 门下省：审议机构，负责审核政令，驳正违失。长官侍中，计 2 人；副长官门下侍郎，计 2 人。主要属官有左散骑常侍，计 2 人，左谏议大夫，计 4 人，掌规讽过失，谏谕得失。还有给事中，计 4 人，掌审核封驳文书，左补阙、左拾遗，均为谏讽官。③ 尚书省：执行机构，负责贯彻执行重要政令。长官尚书令，此职不授人。实际长官为尚书令副职左、右仆射。左右仆射下设左右丞，主持省内事务，各 1 人。

（2）六部。六部指尚书省下属的吏部、户部、礼部、兵部、刑部、工部，其职责及长官，见表 7－4。

表 7－4　六部职责及长官

部名	职　责	长　官
吏部	官吏的考核、任免	1. 六部每部设尚书 1 人，侍郎 2 人。 2. 每部之下辖四司，每司设郎中 1 人，员外郎 1 人，主事若干人。
户部	户口、赋税等	
礼部	国家主要礼仪制度	
兵部	军政	
刑部	刑法	
工部	国家工程营造	

唐代，六部分为前、中、后三等。前行分吏部、兵部；中行分刑部、户部；后行分礼部、工部。各部官员的升迁按照后、中、前的次序递进。中唐以后的六部尚书衔实际是官员迁转的资历，并不一定表示其实在的职务。

（四）宋、辽、金、元官制

五代政权更迭频繁，职官制度因袭隋唐，偶有草创亦难成体系。辽、金政权建设采用本土制度与中土典章合璧形式，少有特色。宋、元两代有较大的变革。

1. 官职分离

赵宋统一中原后，反思唐朝后期藩镇跋扈，五代政权将领代兴的现象，认为源自君臣之间的矛盾。遂产生“虚外实内”的构想，首创“官职分离”官制。官职分离，指“官人授受之别，则有官、有职、有差遣。官以寓禄秩，叙位著；职以待文学之选；而差遣以治内外之事”①。亦即将官制分为官、职、差遣三类。官仍依汉、唐旧制，朝官如三师、三公，外官如节度使等职仍旧保留。但是，官仅作叙品秩，并不管事。管事人员由中央特派，赴任主持实际工作。宋代宰相为同平章事，副宰相为参知政事。中央政权机构由中书、枢密二府构成。中书主政，枢密主军。此外，设三司主财政。中书系整合唐代尚书、中书、门下三省而成。又称“政事堂”、“阁(阁门)”，长官即宰相。

宋代官职交叉重叠现象严重。正式机构常被临时设置的机构代替。如设三司使，负责盐铁、度支、户部，结果是户部职权被替代。枢密院代兵部，礼仪院代礼部，审刑院代刑部，都是相同情况。职能部门的“二部制”，造成官吏遇事互相推诿，工作效率低下。宋朝官制，繁杂而低效，不可为后世借鉴。

2. 南北两面官

辽代有南面官制和北面官制两种。目的是“蕃汉分治”、“以国制治契丹，以汉制待汉人”②。

北面官又称辽官，治宫帐、部族，属国之政。北面官由辽人担任，是实际执权者。宰相是最高权力的官职。宰相正式作为国家官名，由此始。南面官又称汉官，官制多仿唐宋，用以安置汉人，治理汉人，其权限无法与北面官相比，无实际权力。

3. 勃极烈

金代废除原部落联盟时期的氏族议事会制度，推行勃极烈制度。勃极烈系女真语，意为“治理众人”。皇帝以下，各种名称的勃极烈构成网络，都勃极烈是最高治理官，国论勃极烈是宰相，忽鲁勃极烈是军事统领官。此外，尚有乙室、阿买等名号不等的勃极烈。勃极烈集团以皇帝为首，是最高决策机构，掌握军国大政。勃极烈制度存有部分氏族议事会因素。

4. 中书省

元代废门下、尚书省，置中书省掌行政，枢密院掌军事，御史台掌监察

---

① 马端临《文献通考》卷四十七《官制总序》。

② 《辽史》卷四十五《百官志》。

大权。各官署设主官之外，还另设“达鲁花赤”[①]1人，把握实权，掌印办事。

(1) 中书省、枢密院、御史台。元代置官参照金制。尚书省置废反复，最后演变为专管财务的机构。中书省成为中央政治中心，下辖吏、户、礼、兵、刑、工六部，分设尚书、侍郎。最高长官是中书令。中书令一般由皇太子兼任。中书令以下是左、右丞相，以右丞相为首相，左丞相次之，均由蒙古人充任。其下有平章政事、参知政，属官有参议中书省事、左右司郎中及员外郎、都事等。中书令以下虽蒙古、色目、汉人杂用，但汉人平章实无决策之权。

(2) 枢密院。枢密院掌理军政、宫禁宿卫、军官选授迁调事宜，职司范围甚广。枢密院长官为枢密使，由皇太子兼领。太子领枢密使实为虚衔，另设知枢密院事，实际掌管事务，后成为首官。枢密院排斥汉人，不许参与院事。

(3) 御史台。御史台长官称御史大夫，下辖御史中丞、侍御史、治书侍御史。御史台机构由殿中司、察院、内八道肃政廉访司等构成。殿中司设殿中侍御史，职掌朝仪、殿中纪律及在京百官的到位御任等事宜，职数2人，察院设监察御史，职掌刺举百官诸事，职数2人。

(五) 明清官制

明清中央设三公(太师、太傅、太保)和三孤(少师、少傅、少保)，合称宫保，均为荣誉性虚衔。明清均不设宰相，三省、六部直接对皇帝负责。

1. 六部(见表7－5)

表7－5　明清六部概览

部名	俗称	古称	职　　掌
吏部	天官	大司徒	文官的考核与任免
户部	地官	大司农	土地、户口、赋税、俸饷、粮仓、钱库、铸铁
礼部	春官	大宗伯	礼仪、祭祀、学校、朝贡、宴会
兵部	夏官	大司马	军队调遣、武官及士官升迁
刑部	秋官	大司寇	天下刑政、审定和执行律例、判案定罪、管理囚犯
工部	冬官	大司空	修建宫殿、衙署、陵墓以及开采、积造、治河、屯田

---

① 蒙语，长官。

六部长官正职称尚书，拟古称大司徒等，俗称部堂，明正二品，清从一品。六部长官副职称侍郎，侍郎左、右各 1 人，拟古称少司徒等，明正三品，清正二品。每部辖 4 司，户部例外，辖 13 司，每司设郎中 1 人，正五品；员外郎 2 人，从五品；主事若干人，正六品，均为实际政务官。

2. 内阁

明朝由翰林院编修、检讨及大学士等职衔较低的官员组成内阁，参与机要。内阁本系皇帝秘书处，因大学士多为四五朝元老，位高势大，渐成事实宰相。

“票拟”是内阁权力的集中体现。所谓票拟，即对奏章提出处理意见，秉承皇帝旨意，草拟诏令，经皇帝批准后交六部办理的理政过程。内阁专司票拟之后，权势日重，大学士炙手可热，可谓“虽无宰相之名，却有宰相之实”。内阁大学士称辅臣，且有首辅、次辅和群辅之分，以避宰相之名。

清承明制，以内阁为政府中枢机构。内阁大学士担当宰辅之职，但此时的内阁实权远非明朝可比，尤其是雍正朝设立军机处之后，军国大政均由军机处操纵，内阁仅徒有虚名。

明清内阁成员通常有七八人组成。明代冠以四殿(中极殿、建极殿、文华殿、武英殿)二阁(文渊阁、东阁)。清代冠以三殿(文华殿、武英殿、保和殿)三阁(体仁阁、文渊阁、东阁)。其中，文华殿为首辅大学士，最为荣宠。内阁成员均拟古称“相国”，俗称“阁老”，雅称“中堂”。明时，有“非进士不入翰林，非翰林不入内阁”之说。清时，内阁地位从一品，是文官的最高职衔。

第二节　地方官制

一、分土封侯

夏商时期，不属于王廷直接控制的地区为部落方国；商末，曾分封数量不多的诸侯国，即“外服”，它们负责地方行政。

西周实行“分土封侯”的地方行政制度，“封诸侯，建藩卫”，简称“分封制”。受封者或为周王的同姓亲属，或为功臣，或为古帝王之后。所封诸侯均在王畿以外，分别建邦立国，见表 7－6。

表 7-6　西周主要诸侯国

国名	首封者	姓氏	封地(都城)
齐	太公望	姜	营丘
鲁	周公旦	姬	曲阜
燕	召公奭	姬	蓟
宋	微子启	子	商丘

册命仪式确立封者与受封者之间的隶属关系和权利义务。周天子承担对诸侯国的保护并处理其间的内讧与纠纷等义务，诸侯隶属天子，有镇守疆土、捍卫王室、交纳贡税、朝觐述职的义务。

诸侯国处于半独立状态，诸侯在封国内是君主，在封国内依据宗法制度(嫡长子继承制)，如法炮制再封子孙、贵族为卿大夫。大夫在其采邑内也对子孙、武士们进行土地的赏赐。这种在大大小小的贵族间进行的等级分封土地和奴隶就是“受民受疆土”。

二、郡县

春秋时期，地方政府机构基本沿袭西周的国野制。

春秋战国，诸侯国通过设县控制兼并战争获得的新占地区。郡的出现晚于县，郡虽范围比县大，但地位比县低。赵简子誓师时曾说：“克敌者，上大夫受县、下大夫受郡。”[①]春秋时期的县、郡间及与中央间的统属关系、职官设置均显模糊。战国时期，郡所处的边地随着兼并战争与相互交往的频繁，人口增多，经济逐步繁荣，遂规定郡下设若干县，形成郡管县的郡县体制。这样，郡、县逐步取代了卿大夫的采邑。

郡设“守”或“太守”为郡的长官。“守”，本意防守。秦以后仅沿用而已。

秦朝在地方上彻底废除“封诸侯，建藩卫”制度，在全国范围普遍实行郡县制度。郡为地方行政管理最高一级的政府机构，其长官秦称“守”，汉称“太守”。郡守或太守由中央政府任命，其职权受中央节制。在郡守之下，又设佑官“丞”，为“守”之辅弼。

郡下设县，为地方行政机构的基本单位。主要长官，大县(万户以上)设“令”，小县(不满万户)设“长”，秦汉时的县令(长)皆由中央政府任免。令(长)掌政事和军事，另有丞，掌文书、刑法；尉，掌军事。

---

① 《左传·哀公二年》。

三、郡国并行

刘邦认为，秦始皇致有“孤立之败”的根源是全面实行郡县制，不分封子弟为王侯以为中央的藩辅。因此，刘邦建汉后在实行郡县制的同时，大封子弟为王，称为“诸侯王”。诸侯王简称“王”，位在二十级爵之最高级“列侯”[①]之上。这样，出现郡县与封国并存的局面。一般地，郡县设在中央直接控制的关中地区，封国设在六国故地。

汉代郡分三辅郡、普通郡、属国三种。三辅指京师特别行政区，由京兆尹、左冯翊、右扶风分别治理，地位略高于普通郡。郡对上事奉朝廷、下辖诸县，是最高一级地方行政机构。郡设守（太守）、尉（都尉），守、尉之下有丞和长史，助理郡务，皆是中央命官。郡下设县，县是直接临民的行政单位，县令（长）负责一县政务，其下有丞、尉，协助令（长）工作。从汉武帝起，对内属的少数民族，均设属国进行管理。属国的最高长官称属国都尉，下设丞、侯、千人等官吏。

刘邦所封韩信等人为王，史称“异姓王”。后来所封其子弟为王，史称“同姓王”。诸侯王国和郡都直属于中央，但诸侯王国的地位远高于郡。王国的政权机构和中央基本相同，除太傅和丞相由中央任命外，自御史大夫以下的各级官吏，都由诸侯王自行任命。诸侯王还有相应军权，有财政权，可在国内征收赋税。直到景帝以后，郡和国的地位才真正相当，趋于郡国并行。

四、唐道

隋时，地方行政实行州（郡）、县二级制。唐代地方政府机构的特点是沿袭隋朝旧制，并在安史之乱后改为道、州（府）、县三级制。

唐初设道，把全国划分为十个监察区，旨在加强对地方的控制。每道设观察使一人（以后又添置采访史、转运史等官），定期巡视地方民政。唐中期，增为十五道。后又将道级监察长官固定为观察处置使，简称观察使。观察使与地方的关系逐渐演变成统辖一道，兼理道内军、民诸政的高级地方行政长官，原先州、县两级地方行政体制演变成道、州、县三级体制，道正式成为地方最高一级政府机构。道、州、县三级制度沿袭至五代十国。

唐代诸州分为辅、雄、望、紧、上、中、下七级，首都所在之州尤为尊崇，以

① 初称彻侯，后因避武帝讳，改通侯，又改列侯。

别于普通州县。州设长官仍称刺史、别驾，长史为其佑官。唐以京兆（长安）、河南（洛阳）、太原为“三京”。这些地方设府，府有牧（从二品）、尹（从三品）以及少尹等官。其后又增加成都、凤翔为京。州下设县。唐代之县，分类名目颇多，计有赤、畿、望、紧、上、中、下等级别。县不分大小，长官一律称令，佑官为丞。

唐时边地及军事要地设上、中、下都督府，各设有都督、长史、司马等官。管辖若干州，长官称都督，总揽数州军政民事。以后，都督又改称“节度使”，意谓带使持节，专管几州军事，而不能过问政治。但至唐玄宗时，节度使渐渐军、民、政全管，成为握一方之大权的人。中唐以后不设节度使的地区，则设置防御守捉使、团练守捉使、经略使等，它们与节度使一样，都是地方军事长官，同时兼有民政长官之职。唐代在边疆地区及少数民族聚居地区，设都护府，如安西都护府、北庭都护府等，长官为都护、副都护。

五、宋路

北宋为避免出现五代十国的分裂割据局面，地方政府机构实行路、州（府、军、监）、县三级制，其中，路设在府、州之上，系北宋首创。

北宋路的机构设置，如表 7－7。

表 7－7　北宋路的机构设置

机构名称	简称	长官	职掌
安抚司	帅司	安抚使	一路兵民之事
转运司	漕司	转运使	一路财赋
提点刑狱司	宪司	提点刑狱公事	一路司法
提举常平司	仓司	提举常平公事	赈灾或盐铁专卖

因诸司有监察地方官吏之职，又称“监司”。“路”级各司直接对皇帝负责，互不统属，互相监督，路把地方权力一分为四，直接隶属中央，防止地方长官大权独揽，从而强化了中央集权统治。

州是路辖的地方行政机构，与州平行的还有府、军、监。府一般设于要地，如东京、西京等；军设于军事要冲；监设于矿冶、铸钱、产盐地区。县的长官称县令或知县，设县丞为辅佐，还有主簿管户口钱粮，尉管军事、治安。州、府、军、监、县的长官分别称“权知某州（府、军、监、县）事”，简称知州（府、军、监、县）。“权”意为权宜，喻临时差遣。宋代设“通判”一职，监视知州，所

发文书须知州与通判同签方生效。通判既分享府州首官之权，又是皇帝在地方上的重要耳目。为防止府州结党营私，知县一职由中央政府任免。

宋朝中央通过监司控制地方军政、财政、司法，督责地方官吏，通判限制、分割知州的权力。这样，地方上的所有权力均收归中央，使得专制主义皇权达到前所未有的集中程度。

六、行省

元代，建立行省制度，开启了我国地方政府机构“省”制的先河。

元代将大都为中心的广大地区划称“腹里”，归中央最高行政机构中书省管辖。另外，设行中书省，作中书省的派出机构，分别管理“腹里”以外的其他地区。行中书省简称省，是地方最高政权机关。

各行省的组织均仿中书省，设丞相、平章、左右丞、参知政事、郎中、员外郎、都事等官。行中书省是大行政区，行省之下，或设宣慰司，或设肃政廉访司，或设元帅府，或兼设行御史台，差异较大。行省的权力相当大，“统郡县，镇边鄙”，“凡钱粮、兵甲、屯种、漕运、军国重事，无不令之”①。元朝的行省制，使中央集权在行政体制上得到保证，有利于巩固国家的统一。元朝以后，行省的名称一直沿用至今。

行省以下，设路、府(州)、县三级，腹里地区则设路、府、州、县四级。路有上、下之别(上路十万户以上，下路十万户以下)，重要地区不论户口多少均定为上路。各路设达鲁花赤、总管、同知、治中、判官等官。路下一般设州，州亦根据户数定为上、中、下三类。各州有达鲁花赤、知州、同知等官。州下一般设县，分为上、中、下三等，有达鲁花赤、县尹、县丞、薄、尉、典史等官。

达鲁花赤，蒙古语是镇压者、制裁者、盖印者之意，转用为监临官、总辖官之意。均以蒙古人任之。达鲁花赤的品位与各级机构的主官相同，但握有实权，既是地方监察官，又是最高行政官。这表明元朝的政治机构与职官的设置，具有浓烈的民族压迫、民族歧视的色彩。

在行省与路之间，还设有道。道分两种，一种是在行省边陲地方分道设置宣慰使司，掌管军民之政，有宣慰使、同知、副使等官。另一种是肃政廉访司，遍及全国，稽查一道司法，监察地方官吏，是元代地方监察机构，它不隶属于省，归御史台或行御史台领导。

---

① 《元史·百官志》。

七、督抚

明初，废元代行中书省，仍保存行省之名，作为地方最高一级政区，明代省一级政权机构，如表7-8。

表7-8　明代省级机构设置

机构名称	简　称	职　官	职　掌	属　官
承宣布政使司	布司、藩司	左、右布政使	行政、民政和财政诸事务	左、右参政 左、右参议
提刑按察使司	按司、臬司	按察使	司法和监察	副使、佥事
都指挥使司	都司	都指挥使	军队，统辖各卫、所	都指挥同知都指挥佥事

三司长官各自直接受皇帝指挥，互不统属，目的是防止形成地方独立政权，以杜绝割据势力的隐患。

明代为了加强中央对地方的控制和监督，省下设道，道是监察区，不是行政区。道有分守道与分巡道两种基本形式。分守道由布政使司的左、右参政和左、右参议分管。管理辖下府县钱粮事务；分巡道由按察使司的副使、佥事分管，管理辖下府县司法事务。

省以下的行政单位为府，直隶于布政司，每府有知府、同知、通判、推官。知府掌一府之政，凭皇帝赐给敕书赴任，颇具威肃。北京顺天府和南京应天府之上没有布政使，此为特例。府以下为县，县有知县、县丞、主簿，知县掌一县之政。另外，还有州的设置，州分为直隶州（隶于布政司）和属州（隶于府），直隶州地位同府，属州地位同县，但州官品秩皆相同。

督抚源于明朝，指总督和巡抚。督抚均系因事设立的临时之职，事毕即罢，但日久即成定制。明代为加强中央对地方的控制，三司分权鼎立，因事无总统，又产生运转不灵之弊。明中期后，朝廷纷纷派部院大臣出任总督、巡抚各差，以驾于三司之上。此出使者不仅负有监察权，且奉命兼管其他军、民、财诸政。如，巡抚兼管民政，提督兼管军政，总督（总理）兼管军、民、财等多方面政务。至清代，划全国为若干大区，每区设总督一人，掌“厘治军民，综治文武，察举官吏，修饰封疆”。总督之加衔，有大学士、右都御史、兵部尚书等。

乾隆时，全国共设有八个总督，见表7-9。

表 7－9　总督设置

	直隶总督	两江总督	闽浙总督	湖广总督	陕甘总督	四川总督	两广总督	云贵总督
辖区	河北省 内蒙古 部分	江苏 安徽 江西	福建 台湾 浙江	湖南 湖北	陕西 甘肃 新疆	四川	广东 广西 海南诸岛	云南 贵州
驻地	保定	江宁	福州	武昌	兰州	重庆 成都	广州	贵阳 云南

清末，增设东三省总督。此外，尚有河督、漕督等专职性总督。同治五年(1867 年)，两江总督兼南洋通商大臣；同治九年(1870 年)，直隶总督兼北洋通商大臣，此即南洋大臣、北洋大臣源起。

清划全国为若干省，设巡抚为行政长官，巡抚之加衔有右副都御史、兵部右侍郎等。其中，专设巡抚，不设总督的省有河南、山东、山西；总督兼巡抚的省有直隶、四川、甘肃。一般地，督抚府治忌同城，如两江总督驻江宁，江苏巡抚则驻苏州。

清时，督抚之下设布政司和按察司、提督学政。与明比较，废都指挥使司，新设提督学政专掌一省的文化教育事务。省下设府，府有知府、同知、通判等官。府下设县，县有知县、县丞、主簿、典史等官吏。同时，清仿明制，各省设道，管理地区之道亦有分巡道、分守道之别。此外，尚有河道、海关道、巡警道、劝世道等专业管理道。各省还设有相当于府的直隶州和相当于县的属州(散州)，州有知州、州同、州判等官。

思考与练习

1. 何谓“三公九卿制”？
2. 何谓“九品中正制”？
3. 何谓“三省六部制”？
4. 明清时期的省级政区设置有哪些政权机构？

延伸阅读与参考书目

高一涵：《中国内阁制度的沿革》，《民国丛书》第五编，上海书店，1993 年。

王超:《中国历代中央官制史》,上海:上海人民出版社,2005 年。

严耕望:《中国地方行政制度史》,上海:上海古籍出版社,2007 年。

祝总斌:《两汉魏晋南北朝宰相制度研究》,北京:中国社会科学出版社,1990 年。

第八章 经济文化[①]

在中国古代汉语中，"经济"一词是"经邦"和"济民"、"经国"和"济世"，以及"经世济民"等词的综合和简化，含有"治国平天下"的意思。这里所说的"经济"，主要指社会物质生产和再生产的活动。所谓经济文化，包括经济活动、经济制度和经济思想等方面。中国是悠远的文明古国，千百年的封建社会主要是"男耕女织"的自给自足的小农经济，有其丰富的内涵和鲜明的特征。本章主要论述中国封建社会的土地制度、赋税制度、货币制度和度量衡制度等经济制度文化。

第一节 土地制度

在原始社会的氏族公社时期，土地归氏族集体所有，实行公有共耕，没有贵贱贫富和阶级区别。氏族成员共同劳动、共同消费、平等地生活。原始社会后期，随着生产力的发展，出现农村公社。农村公社基本特征是：地缘代替血缘，土地公有私耕。

一、井田制

夏和西周，农村公社土地关系仍然存在，且具一定的普遍性。殷以国家的名义将土地分配给各级奴隶主贵族使用，奴隶主贵族对农村公社分配土地的形式进行改造，推行封建领主制，即井田制。何谓井田制？其一，田地的形状似"井"字，甲骨文"囲"（田）字，中间即为"井"。"井田"之名，始于此。其二，井田制特指剥削方式，即贵族将田地分为两类，一类由贵族自留，名"公田"，命农奴集体无偿代耕，即劳役地租；一类以百亩为单位分给农奴各家耕种，收获物归农奴所有。"方里而井"，井九百亩，其中为公田。"八家皆

① 此章参考阴法鲁、许树安主编《中国古代文化史》（北京大学出版社，第一册，1989 年；第二、三册，1991 年），傅筑夫著《中国封建社会经济史》（人民出版社，1984 年），王玉哲主编《中国古代物质文化》（高等教育出版社，1990 年）及《中国大百科全书》（经济学卷）（中国大百科全书出版社，1988 年）等。

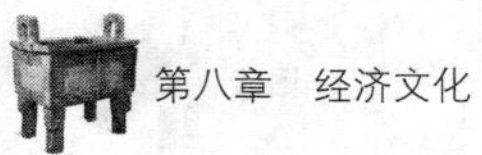

私百亩，同养公田；公事毕，然后敢治私事”[①]。需指出的是，公田、私田的划分、分布，亦因地因人而异，不可能绝对整齐、划一。

二、田庄

魏晋南北朝，地主阶级中形成士族和庶族两个阶层，官僚地主主要是士族地主，实行田庄土地制度。田庄主拥有武装，役使众多的佃客、部曲和奴婢，其经济力量雄厚，实为独立小王国。

东汉与东晋、南朝田庄比较，见表8－1。

表8－1　东汉与东晋、南朝田庄比较

名称	朝代	内　容	作用和影响
田庄	东汉	豪强地主建立大规模的田庄。田庄内是自给自足的经济，破产农民成为田庄内的依附农民，有“家兵”	巩固了豪强地主支持建立起来的特权
田庄	东晋 南朝	大地主建立田庄，田庄内有无地农民劳动，交纳收获物一半以上，不可以随便离开地主土地	在经济上使士族制度得以充分发展

三、均田制

485年，北魏孝文帝颁布均田制，主要内容有：① 男子15岁以上，受露田40亩，桑田20亩；妇人受露田20亩。露田加倍或加两倍授给，以备休耕。年满70岁，还田于官。桑田为世业，不还官。桑田按照规定，种植一定数量的桑、榆、枣树等。不宜蚕桑的地区，改授麻田，男子10亩，妇人5亩。② 露田、桑田均不得买卖。但“盈者得卖其盈，不足者得买所不足”[②]。③ 奴婢受田数量和办法与农民相同，壮牛1头，受田30亩。每户受田限4牛之数。④ 地方官吏各随在职地区给予公田，刺史为15顷，太守10顷，治中、别驾各8顷，县令、郡丞6顷。新旧任相互交接，不许出卖。

均田制名为均田，实际上基本保持原有的土地占有状况。士族地主除

① 《孟子・滕文公》上。

② 《魏书》卷一百一十《食货志》。

采用隐瞒土地的手段对付官府外，因其拥有众多的奴婢、耕牛，对照均田制条款，仍可分到许多土地，足以保住原有产业。当时，均田制的积极意义，一方面限制了豪强大家兼并土地，如规定每户占有土地的数量，并不准买卖等；另一方面，国家通过公开授田，招徕流民和豪强大家控制下的依附农民，开垦荒地，发展生产。随着自耕农的增多，户口的滋殖，国家征收赋税，调发徭役的状况较前好转。

隋唐，沿用北魏均田制。唐初，国家控制大量无主荒地，地旷人稀，具备实行均田制的条件。唐代均田制在土地私有制的基础上进行，与前朝一样，并不能触动地主占有的大量土地。其授田，主要从荒地调拨，占田状况往往是地主逾限，农民不能足额，有些地区农民户占田不过 10 亩 5 亩。均田令的执行虽未到位，但均田制下的农民毕竟获得一些土地。由于均田制禁止随意买卖土地和无限占用，在一定程度上抑制了土地兼并，起到维护小农经济的作用，有利于唐初农业生产的恢复和发展。

天宝(742 年—756 年)末年发生安史之乱，天下大乱，户籍失实。以户籍为依据的均田制从此而废。

四、屯田、更名地

（一）屯田

屯田是中国历代封建政府组织劳动者在官地上进行开垦耕作的农田生产组织形式。汉武帝元狩四年(公元前 119 年)击败匈奴后，在国土西陲进行大规模屯田，以给养边防军。自此经魏晋南北朝、隋唐以至两宋，各代都推行过边防屯田。元亡于战乱，人民流离失所，形成众多荒田。明初，朱元璋下令流亡各地的人民还乡生产，规定：还乡者免税 3 年，量力开垦土地。若现在丁少原来田多，则不得依前占田，若现在丁多原来田少，则地方官验丁拨给荒田。凡各处荒田均由农民开垦作为己业，若原主归来，地方官则在附近的荒地内拨补。朱元璋晚年又下令凡山东、河南、河北、陕西各处新垦荒地，俱“永不起科”。同时，明王朝大兴屯田。屯田有三种形式(见表 8-2)：民屯、军屯、商屯。其中，军屯规模最大。

表 8-2　屯田形式简表

名称	内　　容	作用和影响
民屯	募民屯田、移民屯田、徒罪民屯	军粮自给，全国垦田总数达 8.5 亿亩，生产恢复发展
军屯	存在着私有制“良田美池，多归长官，壮夫余丁，半为服役”①	
商屯	召商输粮而与之盐，谓之“开中”，开中商人为了便于在边地纳粮，就在各边雇人垦种	

（二）更名地

明前期，国有土地的数量扩大到前所未有的规模，但至明中叶，则渐趋衰落。清代，更是江河日下。

1669 年，清康熙皇帝下令将明代藩王的庄田免价给予原来的佃户耕种，佃户“改为民户”，田地“永为世业”，号为“更名（明）地”。更名地的数目巨大，散布在很多省份。这一土地改革措施鼓励了农民从事生产的积极性。

从宋元至明清，社会经济的发展使地主土地所有制得到迅速发展的同时，逐步出现比较自由的租佃、雇佣关系。随着佃农独立个体经济的增长，其对地主的人身依附关系开始松弛，形成这一时期农业土地关系的时代特征。

明清时，封建地主经营土地的主要形式有三种：租佃制、佃仆制和雇佣制。其中，主要是租佃制。佃仆依附性较强，雇佣经营的出现，为资本主义农业的萌芽孕育了条件。

第二节　赋役制度

一、贡赋

赋役制度随着私有制和国家的形成而产生，具有强制、无偿性。据传，夏禹“仕土作贡”、“夏后氏五十而贡”。“贡”就是原始的税收形式。商代甲骨文中有“工典”的记载，“工典”就是贡典，是南方中、小奴隶主向商王纳贡的清册。

西周，实行分封制，奴隶主贵族逐级领有土地，并作为分割赋税的依据。

① 《明经世文编》卷五十四。

周代征收的贡物分为九类，“一曰祀贡、二曰嫔贡、三曰器贡、四曰币贡、五曰材贡、六曰货贡、七曰服贡、八曰斿贡、九曰物贡”[①]。“九贡”实为祭祖用的牲畜、皮帛、宗庙之器、绣帛、木材、珍宝、祭服、羽毛等类物品。西周的劳役地租称“助”，指天子和诸侯在征收贡物之外无偿征集劳动力助耕公田。当时，一百亩份地需代种公田十余亩[②]。此外，尚有关市之征和罚课。罚课，是对游惰者的处罚，即寓罚于征，此制历代相袭。赋，是基于军事需要，由各级领主直接向臣属征发士卒及军队装备的牛、马、兵车和其他军需品。因此，赋是劳役的变形与分工。军赋开创了中国古代赋制的先例，军赋内含徭役。除兵役外还有力役，并规定可免此役的对象为：贵者、贤者、能者、服公事者、老者、疾者。

赋与税的区别，税系常征，军赋仅在兴师时调发人力、物资。后来，赋亦逐渐固定。

二、初税亩

春秋时期，井田瓦解，土地私有化，各诸侯国为维持和增加剥削收入，改革赋役制度。

公元前683年，齐国管仲一方面实行“井田畴均”，一方面实行“相地而衰征”的赋税改革，用“均地分力”、“与之分货”，使劳动者“夜寝早起”、“为而不倦”，收到“民尽力矣”之效[③]。

公元前594年，鲁国的季孙氏宣布，无论公田还是私田，一律履亩而税，史称“初税亩”。“初税亩”实际取消了“公田”与“私田”的差别，客观上确认了“私田”的私有化和私有土地的合法存在性。周定王十七年(公元前590年)，鲁国又在“初税亩”的基础上宣布“作丘甲”。丘，指“野人”中的行政组织，“作丘甲”即打破只有国人方可当兵打仗的惯例，旨在扩大兵源，提高“野人”的政治地位。

鲁国“初税亩”颁行之后，诸侯国纷纷仿效，进行类似的改革，公元前548年，楚国“书土国”，“量人修赋”。公元前538年，郑国“作丘赋”。公元前408年，秦国亦进行“初税禾”的改革。

---

① 《周礼·天官》。
② 《孟子·滕文公上》。
③ 《管子·乘马》。

三、田税、口税

战国是中国封建社会的形成时期，赋税因七雄并立、各国区域和存在时间的差异性，名称各不相同。田税，是以土地为征收对象的赋税，又称“田租”、“田赋”、“租禾”。当时，各诸侯国均设户口税，或按户征，或按口征。秦国商鞅变法规定收“口税”，其税额很重，是封建国家财政收入的重要来源之一。

四、国税私税、亩税、户赋口税

秦朝，在统一中国的基础上改革赋税制度。分设国税私税，旨在区别国家和王室财政收入的来源。亩税规定按土地多少征收，征取的种类有粮食、饲料、禾秆等。此外，征收户赋和口税，规定男子（17 岁—60 岁）服徭役，对土地、户口和人丁进行征收。这些措施构成中国古代赋役体系的框架结构。为保证赋税征收，秦政府设立管理国家税收的专门官职，如九卿中的治粟内史，负责租税、赋役和财政开支。县设县丞，乡设啬夫，兼管税收。

五、编户齐民

汉承秦制，建立周密的户籍制度，户口登记包括：年龄、性别、土地、财产等，是征发赋役的依据，政府在每年的 8 月核对一次，“八月算人”，登记入册者称“编户齐民”。

汉代，赋税主要由田赋和口赋构成。田赋是按土地征收的地税。汉初实行十五税。口赋，即人头税。其中，民年“七岁至十四岁出口钱，每人每年二十钱”；民年“十五以上至五十六出赋钱”，每人每年一百二十钱，称算赋。

力役，指为封建国家承担的无偿义务。汉初，男子（17 岁—56 岁）称丁。丁男每年须服徭役一月，称更卒。一生中需服兵役两年，其中一年在京师或边境屯戍，称卫士或戍卒；一年在本郡当材官或骑士。

六、户调制、租调制

魏、晋、南北朝时期，将田租和人头税再次合并，以户为单位征收，演变为“户调制”。曹魏时期户调制规定：田租每亩每年纳粟 4 升，每户每年平均纳绢 2 匹、绵 2 斤。租调之外，不再以其他名目擅自征收，亦不得代父租赋。户调制是战国以来赋税制度的一次重大变革，以户调取代汉以来的算赋、田赋，有利于当时农业生产的恢复和发展。

北魏，孝文帝颁布与均田令相匹配的租调制。租是土地、人头税，受田农民每年交租粟二石。调是户税，每年纳调帛（或麻）一匹。

七、租庸调制、两税法

隋代沿袭北魏均田制。585 年实行“均输法”。在严格核实户口的基础上，按财产和人丁的多少划分户等，以户等的高下规定赋税的额度。同时，采取租调力役制。“租”指交纳粮食，每年丁男交租粟 3 石。“调”指交纳布帛，若交绢，数为 1 匹（4 丈），另加绵 3 两；若交麻布，数为 5 丈，另加麻 3 斤。单丁及仆隶减半。力役为丁男每年服徭役 1 月。

唐初租调制演变为以丁为征收单位的租庸调制。该制在国家掌握大量荒地的基础上，承袭北魏租调制的基本内容而形成。但是，与前代相比，唐朝租庸调制有如下特点：“租”是指丁男（21 岁—59 岁）每年向政府交纳粟 2 石或稻 3 斛；“调”是指每年交绢 2 丈，绵 3 两，不产丝织品的地方，纳布 2 丈 5 尺，麻 3 斤；“庸”是指每年服力役 20 天，若不服役，每天折纳绢 3 尺或布 3 尺 7 寸半。以庸代役始于唐朝，使民生产和生活有时、有序。唐时赋役，尚有地税和户税。地税每亩 2 升；户税按户等征收，以钱为主。

安史之乱后，均田制遭到破坏，租庸调制亦无法实行。唐德宗（在位 779 年—805 年）采纳宰相杨炎建议，推行以户税和地税为基础的两税法，同时废除租庸调制和一切杂税。两税法的主要内容是：① 以户为征收单位，不论主、客户均在当时居住地区进行登记，编入户籍，按客户资产的多少划定户等，确定纳税额；② 以唐大历十四年（779 年）垦田数字为依据，按亩数多少征收田亩税；③ 无固定住处的商人，在其所在州县，征 1/30 的收入税；④ 除田亩税可交纳谷米外，均折合成钱交纳；⑤ 每年分夏、秋两季征税，故名两税。可按钱计算，亦可折成实物交纳。

两税法，确定了以土地、财产为纳税的主体，并规定以钱为纳税的计量单位，奠定了以后 800 年的税制基础。在中国赋役史上意义重大。

八、沿纳、科差

宋代，赋税制度沿用唐中期的两税之名，但内涵已发生变化，“两税”仅指田税，即按土地数量、质量，分夏、秋两季向土地所有者征收赋税。此外，宋朝沿袭五代十国时期苛捐杂税，统称“沿纳”。

元代，江南地区仍实行按地亩计算税额的两税制度，北方则征丁税或地税，每丁纳谷 3 石，每亩纳谷 3 升。元代还有名曰“科差”的各种杂税。

九、一条鞭、地丁银

明朝，农民需按年向政府交纳夏税和秋税。交粮称"本色"；发展折合成银钱交纳称"折色"。明后期，在社会经济特别是商品经济发展的同时，财政问题亦日趋严重。为化繁为简，平均赋役，1581年，张居正在丈量全国土地的基础上，在全国范围内推广嘉靖初已在福建、江浙、直隶、广东等地推行的一种新税制，称为"一条编"，"编"俗称"鞭"，故称"一条鞭法"。基本特征如下：以州县为单位，将全部田赋、劳役（或代役的丁银）贡纳和杂差，均折合成银两，归并成一个总数字，然后按本州县田亩分摊，向土地所有者征收赋税。

一条鞭法上承唐宋的两税法，下启清代"摊丁入地"制，改变了历代赋、税平行的征收惯例，役法统一，税制简化。这一变革，在赋役史上具有重大意义。一条鞭法在一定程度上起到抑制豪强势力，减轻农民负担，松弛对农民控制的作用。其赋税统一征银的做法，既是商品经济发展的结果，又促进了商品经济的发展，对资本主义萌芽的产生和发展起促进作用。

清朝，沿用明朝的"一条鞭法"。1713年，清康熙帝鉴于户口繁衍但地亩并未加广的实际，下令依据两年前（康熙五十年）各地所报人丁的数字，作为丁银的固定税额，以后"滋生人口，永不加赋"①。这样，丁银成为固定不变的数额，导致赋税制的进一步变化。1716年，清政府首先在广东、四川两省"统计丁银，按亩均派"，这种将丁银全部摊入地亩征收的办法称"地丁合一"，又称"摊丁入亩"。清雍正元年（1723年），正式颁布在全国推行"摊丁入亩"的诏令，即将康熙五十年固定下来的丁银额，全部摊入田赋银中统一征收，封建国家开始实行单一的土地税制，沿袭了几千年的人头税到此基本结束。

"摊丁入亩"是在社会经济发展的前提下，我国赋税制度史上的一次重大改革。它的实行，有助于封建国家税收的稳定，并在一定程度上改变了赋役不均的弊端，减轻了贫苦农民的负担，封建国家对农民的人身束缚也大为减弱。

第三节　货币制度

一、货贝

货币是商品经济发展的产物。中国是世界上最早使用货币的国家之

① 《清史稿·食货志》。

一。在商代的商业交换关系中已使用了货币。海贝壳是早期货币的雏形，称货贝。海贝带齿槽，是社会上非常珍贵的吉祥品、装饰品。贝以朋为单位计算，10枚为1朋。在殷墟的商王之妻妇好墓中，发现有6000枚海贝，为600朋。

海贝量少，不敷周转。从商王朝开始，又以玉贝、骨贝和铜贝辅之。贝在商业交换中，充作媒介、支付、价值尺度和贮藏手段，成为货币。西周货币仍以"贝"为主。当时，货贝的种类很多，计有海贝、玉贝、石贝、骨贝、陶贝等。其中，最珍贵的是紫贝，其次黑贝，白贝最普通。

商代的青铜品相当精美，其铜铸货币称为铜贝，是目前所见的最早的金属铸造货币。铜币是称量货币，其计算单位是"寽"。

二、杂币

春秋战国，各诸侯国的货币铸造权归中央政权或大商业城市的地方政权。其中，楚国的货币则由中央统一制造。当时，各国铸造的金属货币形状各异，有的还铸有造币地名、币值。

（一）布币

"布"是"镈"的假借字，是古代的一种农具。"布"分两类。① 空首布。春秋时期的空首布，其状似铲。② 平首布。已脱离铲的原始形状，抽象为布币。因铸造时间、地区的不同，布币形制差异很大。铸于布的铭文有"釿"、"梁半釿"等，釿为币值，是布的一种货币单位。

（二）刀币

齐、燕、赵等诸侯国铸造刀币。齐国刀币较大，面文有"节(即)墨刀"、"安易(阳)刀"等。燕国刀币较小，带有"明"字，习称"明刀"。赵国的刀币也较小，铸有"甘丹(邯郸)"等铭文。

（三）圆钱

秦和周使用中间有孔的圆钱。秦钱铭文有"重一两十二朱(铢)"、"重一两十三朱"等，周钱铭文有"西周"、"东周"等。铢是重量单位，1两等于20铢。

（四）蚁鼻钱

楚国的主币为一种带有币文的小方块金饼，习称"饼金"。一块大金饼为10到20小块不等。辅币为一种近似海贝的铜质币，俗名"蚁鼻钱"。

三、方孔圆形钱

秦始皇统一全国，废止六国旧币，规定币分二等，上币黄金，单位镒(24

两为1镒)，下币铜钱，以半两为单位。圆形方孔钱为方孔圆形，正面铸“半两”二字，又称半两钱。半两铜钱是一种进步的币制形式。其价值单一，交换方便；圆形方孔，规格一致；个体轻巧，便于携带。自秦始皇以后，方孔圆形钱为中国铜钱的固定形制，沿用至清，计2000余年。

四、五铢钱

汉初，黄金和铜钱是法定的货币。汉朝也是中国货币史上使用黄金最盛的时代，金饼由黄金铸成，大的重1斤，折合10000枚铜钱；小的1两，折合625枚铜钱。

汉初，币制不稳。中央、各郡(国)官府和地主、商人均可铸造货币，各行其是。货币的大小、轻重、规格、质量没有统一的标准。混乱的币制严重影响国家的赋税征收和商业发展。公元前118年，汉武帝下令上林三官[①]铸造五铢钱，作为法定货币，通行全国。同时，禁止各郡(国)和私人仿制。旧制货币一律作废。五铢钱因其重量为五铢，故名。该钱流通方便，五铢钱一直沿用至三国，为中国货币史上数量最多、流通最久的货币。该钱币有周郭，铸“五铢”二字，不易盗铸。

西汉末年，王莽托古改制，废除五铢钱，仿旧货币铸造新币，有刀、布、贝等形制，且频频更改。王莽的币制改革造成经济财政和市场物价的混乱，无法使人接受，至东汉复行五铢钱。

魏晋南北朝的币制采用铸造新钱与利用旧钱并行的方式。此时，战乱纷纷，在“虽有千黄金，无如我斗粟。斗粟自可饱，千金何所直”[②]的岁月里，布帛谷物成为主要的支付手段。

五、新五铢钱、开元通宝

隋和唐朝前期，交易继续以布帛谷物等实物为主，货币轻重大小不一，印质低劣。为扭转币制混乱的局面，隋文帝下令改铸新五铢钱。该钱背面皆有周郭，文曰“五铢”，重4斤2两。开皇三年(583年)诏令四方诸关，各以百钱为样品，从关外携钱来者，皆需与样钱勘对，相同者才能入关，不同者，没收入官，坏以为铜。

唐代前期，货币形状等承前代制度，但改货币重量名称为“宝”。唐朝主

---

① 钟官、技巧、辨铜。

② 《述异记》卷下，见杜文澜辑《古谣谚》卷六十九。

要通用“开元通宝”和“乾元重宝”铜钱。武德四年(621年)唐高祖废五铢钱,铸“开元通宝”。“开元”意即开辟新纪元,“通宝”是通行宝货,简称“通宝”。后为历代王朝沿用,仅在通宝或元宝、重宝二字前冠以年号、朝代、国名,以示区别。

六、交子、钱引、对钱

宋代,中国封建社会商品经济有了长足的发展,货币需要量随之增加。真宗时,为了解决金属货币不足和流通不便的问题,经政府特许,四川、成都十六家富户联合印制纸币,称为“交子”,以替代市场上流通的铢钱。交子成为中国乃至全世界最早的纸币。至仁宗朝,交子收归官办,并设立本钱,在四川地区定期限额发行使用。

徽宗时,交子改名为“钱引”。南宋时,四川地区交子全部由钱引取代。此外,南宋还流行一种称作“会子”的纸币。

“对钱”即配对使用的钱币。宋仁宗起所铸钱的铜质、大小、厚薄、内外郭均相同,仅钱币文字采用两种或多种字体。当时钱币上的“崇宁”、“大观”等字出自宋徽宗赵佶御笔,为“瘦金体”,铸造精细。元祐(1086年—1094年)通宝的文字则出自司马光、苏轼等名家手笔。

图8-1　北宋的交子

七、钞币

元代,以使用纸币为主,其中中统钞和至元钞一直行用不废,成为主要的纸币。币的数量、种类均不及其他朝代。元灭金后,政府废止铜钱,但难禁民间用钱,同时,沿用金朝旧制,印造纸币。忽必烈即位后,在中统元年(1260年),发行中统交钞和中统元宝钞两种纸币。中统交钞以丝为钞本,以两为单位,每二两当银一两;中统元宝钞以金银为钞本,面额自十文至二贯,一千文为一贯,共九种。每一贯当交钞一两,两贯当白银一两。至元二十四年(1283年),又发行至元宝钞,简称至元钞,是以金银为钞本,与中统钞并行,面额自五文至二贯共十一种,每一贯当中统钞五贯。元朝初年由于钞本比较充实,如中统钞和至元钞皆可兑换金银,所以纸币信用颇高，通行全国。元朝后期，随着钞本的逐渐空虚，政府滥用钞币，钞法日益败坏。至元末顺帝至正年间的至正交钞竟没有钞本，导致日印纸币无数，交钞散满人间，物价暴涨，纸币失信，交易遂回归以物易物。

八、元宝、银元、铜币、制钱

明清，随着工商业的发达，白银替代钱、钞（纸币）成为市场上流通的主要货币。当时，朝野上下普遍用银，民间大、小交易亦用碎银。明政府的田赋、徭役、工商业税、海关税乃至官吏俸禄、国库开支也均以银折价，按银计算。

（一）元宝

元宝，又称宝银，是一种将白银作为货币的固定形制。元宝以重量计算。明中叶，金银比价为 1∶7 至 1∶8，明末为 1∶10 左右。清初为 1∶14 左右。清代银钱比价为银 1 两合铜钱 1000 文。

（二）银洋

清时，西方银币流入我国，俗称银洋。17 世纪后期，福建漳州铸造“漳州军饷”银元，重一两，为中国较早铸造的银元。道光十八年（1838 年）福建台湾亦铸造有寿星图像的“足纹银币”。

近代，张之洞奏准朝廷，在湖北试制银元，该币以龙为图案，称“龙洋”，清末龙洋有三款，即“光绪元宝”、“宣统元宝”和“大清元宝”。中华民国成立后，先后铸有以袁世凯、孙中山头像为造型的银元。

（三）铜币、铜元、铜板

铜币一枚重 1 钱，也称 1 文。平时，1000 枚为一串，习称“一千”、“一贯”、“一吊”。北京等地一吊为 100 文。清末，铜钱以外还有铜元。铜元于光绪二十六年（1900 年）开始在广东铸造，第二年起，清廷令沿海沿江等经济较为发达的省份仿造。铜板分当五、当十、当二十，即当制钱 5 文、10 文、20 文等几种，颇受社会各界欢迎。起初，一枚银元可兑换七八十枚铜元，后可兑铜元 100 多枚，至民国初年更甚。遂称铜元为病民恶币，流行 30 年后终于被光闪夺目、制作精细的镍币取代。

（四）制钱

制钱是明清两代铸造的铜钱。制钱的含义是货币的形式、文字、重量、成色均有定型，以区别于前期旧钱和本期伪钱。制钱与前期旧钱对比，称“今钱”，与本期伪钱对比，称“官钱”。

第四节　度量衡制度

一、度量衡的萌芽

在人类进行生产行为的同时，产生了度量衡。原始社会的先民，在漫长的生产实践中，逐渐产生数量和形状的观念，如大小、多少、方圆等，并形成“数”的概念、计数的方法。“协时同正日，同律度量衡”[①]是中国古代关于度量衡最早的文字记载。度，指丈量长度的器具，如尺；量，指量体积的容器，如斛；衡，指称重量的衡器，如秤。

商周时，我国的度量衡器及度量衡管理制度已初步完备。如殷墟(位于河南洛阳)出土的两支商代牙尺。尺上标有寸格，刻有分格，分、寸均采用10进位。一支长15.8厘米，另一支长15.78厘米。尺上刻10寸，每支刻10分。说明早在商代，计量方法已采用先进的十进位制。

周朝，设有管理度量衡的专职官吏负责颁发、检定和使用度量衡标准器具。“内宰”颁行度量衡制度，“大行人”兼管国家统一标准器。地方度量衡，归管理市场的“质人”负责。所谓“市尺”、“市斗”、“市升”、“市秤”之名，即源于此。在长期检测度量衡的实践过程中，人们知道了在缺乏恒温条件的情况下，以温度变化较小的春秋季节校正度量衡器具较为精确，所谓仲春、仲秋“日月同长，则同度量，正权衡”[②]。

迄今为止，考古发掘未见殷商西周的量、衡器和西周尺具的实物。有人根据文献的推算，周代1尺约长19.91厘米，1升约合139.7毫升，1斤约重288.9克。

二、度量衡的归一

春秋战国时期，是我国度量衡制由混乱逐步趋向统一的过程。

春秋时，诸侯国各自为政，各方面制度均较混乱。度量衡制受经济、政治因素的制约，由于生产的发展以及地主阶级与奴隶主斗争的需要，单位量值不断增加，速度很快，差别很大，以1斤为例，齐国为198.4克，魏国为212.6克，楚国为227.2克。

---

① 《尚书·舜典》。

② 《礼记·月令》。

战国时期各诸侯国为适应征收赋税与交换商品的需要，着手整顿和统一度量衡。齐国的田氏当政后，制定并颁发标准量器，即传世的田氏三量：齐开国君主子禾子铜釜（容 20460 毫升），公元前 4 世纪末的陈纯铜釜（容 20580 毫升）和左关铜鉌。据《管子》记载，田齐 1 釜等于 5 区或 100 升。据“三量器”实测，算出田齐的量值如下：1 升约 205.8 毫升，1 豆约 820 毫升，1 鉌约 2020 毫升，1 区约 4116 毫升，1 釜约 20580 毫升。春秋时，姜齐的量器是“齐旧四量、豆、区、釜、钟。四升为豆，各自其四，以登于釜，釜十则钟”①。至战国田齐，增加了“鉌”，并使升、鉌（釜形）成 10 进关系。战国时，诸侯国的度量衡已较少差异。尺长 23 厘米左右；斤重 250 克左右；升容 200 毫升上下。

图 8－2 山东省胶州市灵山卫出土子禾子铜釜（战国）

公元前 344 年，商鞅颁行商鞅铜方升，作为标准量器。其“平斗桶、权衡、丈尺”之法是商鞅变法中整顿度量衡的一项重要内容，在旧中国度量衡制中最具代表性。

铜方升的自铭容积为 16.2 立方寸，实测方升长、宽、高，计算出当时秦国的 1 尺约合今 23.3 厘米，1 升容 200 毫升。商鞅铜方升在秦代统一全国后，成为量器的标准器。“权与物均而生衡”②。衡的初始形制似天平，但不是两端托物，而是取横杆（称为衡），并系一纽于其正中，两端分别系盘，一盛权，一盛物，斤两之数记于权上。这实际上就是天平，权即砝码。战国时期，我国还利用杠杆原理制造称重用的衡秤，天平逐步向杆秤过渡。

图 8－3 1964 年西安市阿房宫故地出土的高奴禾石铜权（秦）

秦始皇统一全国后，下令废除六国旧度量衡，以原秦国的度量衡制为基

① 《左传・昭公三年》。

② 《汉书・律历志》。

础，规定新的统一的度量衡制、标准器，颁行全国。秦度量衡的统一，促进了社会经济的发展，并为中国封建社会度量衡制度奠定了基础。按秦朝标准器计算，秦时，1尺合23.2厘米，1升合202毫升，1斤合258克。

汉承秦制，两汉400余年度量衡的量值基本稳定，度量衡的具体度量标准，亦与秦代基本持平，见表8－3。

表8－3 汉朝度量衡制基本情况

名称	单位	换　　算
度	分、寸、尺、丈、引	十进制
里	龠、合、升、斗、斛	除一龠等于半合外，余均十进位制
衡	铢、两、斤、钧、石	24铢等于1两，16两等于1斤，30斤等于1钧，4钧等于1石

据出土文物测量，汉时1尺约为23厘米～24.1厘米，1升为194毫升～205毫升，1斤为238.3克～258克。

三、度量衡的量值

南北朝时，封建国家分裂，政权更替频繁。多变的政局导致度量衡制的混乱，封建国家的统治者采用不断增加对民众剥削的手段来增加财政收入，维持其统治。这一时期，度量衡制最大的特点是量值的增加。

度量衡单位量值的大幅增加，不利于绘制天文仪器，配制药剂处方等。古代制造天文仪器的标准尺系测定日影长短变化的量天尺，其长短不能随意改变。用药的剂量也存在同样问题。为此，南北朝时度量衡分大小制。大制，用于日常生活，习称“俗制”；小制，即秦汉之制，主要用于调乐制、测日影、定药量以及制作礼服礼器等。

隋朝，杨坚统一全国后，把北朝增大的度量衡制及量值固定下来，再次统一度量衡，并推行全国，见表8－4。

表8－4 隋度量衡标准

名称	古制(汉)	隋制	今　　制
度	1尺2寸	1尺	29.51厘米
量	3升	1升	594.4毫升
衡	3斤	1斤	668.19克

可见，隋尺较之汉制增长28%，量和衡的单位量值亦增长约2倍。

唐代度量衡制源于隋，并使之完备。唐时，尺长31厘米，升合600毫升，斤重693克。唐朝还规定度量衡器具的检验程序，制定了违规处罚措施，并严禁民间私造度量衡。

四、度量衡的精细

宋代，度量衡制更为精细。宋朝标准尺是征收布帛用的三司布帛尺①，“太府布帛尺比晋前尺一尺三寸五分”②，1尺当长31.2厘米。还有浙尺、淮尺等地方尺，“浙尺仅比淮尺十八”③。量制，将10斗1斛改为5斗1斛，2斛1石，量器形状无论升、斗、斛，均废除以前的圆筒斛，改为截顶方锤形。1975年，湖南湘潭出土的北宋嘉祐元年（1056年）的铜则，就是宋代的一种标准权衡器，自铭重100斤，实测64千克，可证明宋1斤为640克。唐时，“钱”为最小的重量单位；宋增设分、厘、毫、丝、忽，均为十进制，开创长度单位移于衡制的先例。

宋朝的衡器开始制作戥秤，灵敏精密，最小可称1厘，合今0.04克。

明代，伴随商品经济的繁荣，出现资本主义生产关系的萌芽，度量衡制日趋完善。明清时期，常用尺分为三种：营造尺、裁衣尺和量地尺。营造尺长32厘米，裁衣尺长34.2厘米，量地尺长32.66厘米。量器，明代1升为1022.5毫升左右，并由国家铸造铁斛、铁斗、铁升作为标准量器，用以检验地方的木斛、木斗、木升。衡器，有天平、杆秤、戥子等种类。清时，又增加一种重秤，引用英国磅秤形式，民间习称磅秤，实为台秤。

明清度量衡比较，见表8-5。

表8-5　明清度量衡比较

	度			量	衡
	营造尺	裁衣尺	量地尺		
明	32厘米	34.2厘米	32.66厘米	1升为1022.5毫克左右	1斤合今582克～589克
清	32厘米	35.5厘米	34厘米	1升合1043毫克	1斤合今598克

① 宋时，三司使主管贡赋。

② 《律吕新书》。

③ 程文简《演繁露》。

思考与练习

1. 何谓“井田制”? 何谓“均田制”?
2. 明清时期,封建地主经营土地主要有哪些形式?
3. “初税亩”有什么历史意义?
4. “两税法”、“一条鞭法”的主要内容和意义是什么?
5. 谈谈从先秦到明清度量衡的发展历史。

延伸阅读与参考书目

李剑农:《中国古代经济史稿》,武汉:武汉大学出版社,1991 年。
傅筑夫:《中国封建社会经济史》,北京:人民出版社,1981 年。
田昌五、漆侠:《中国封建社会经济史》,济南:齐鲁书社,2000 年。
中国社科院等合编:《中国经济通史》,北京:经济日报出版社,1999 年。
林甘泉:《中国封建土地制度史》,北京:中国社会科学出版社,1990 年。
彭信威:《中国货币史》,上海:上海人民出版社,1962 年。
吴恩裕:《中国度量衡史》,北京:商务印书馆,1967 年。

第九章　科技文化[①]

人类文明的发展和科学技术的进步密切相关，科学技术是人类文化的重要组成部分。中国古代科技成就辉煌，从秦汉到宋元的1000多年间，中国人民在天文学、物理学、化学、数学、农学、地学、医学、建筑学等各门学科中，均有许多重大的发明和创造。其中，指南针、造纸术、火药和活字印刷术是中华民族奉献给世界并改变了人类历史发展进程的重大发明，是辉煌灿烂的中国古代文明的集中表现。

中国的古代科技注重实用性，这是中国科技长期处于世界前列的主要原因。但正是这种实用性思维和国人重视经验的习惯，严重地制约了中国科技向更高层次的发展。由于不善于将经验上升到理论，往往在经验阶段停滞不前，使中国一直没有能够建立起独立的完整的科学学科体系，这也是近代中国科技之所以落伍的一个重要原因。

第一节　农　学

中华民族以农业为根本，辅以林、牧、渔业的立国方针，是由华夏大地特定的地理环境与自然条件决定的。从某种意义上讲，中国文明发达的程度可以农业科学技术水平作为衡量的依据。

一、主要农具的产生和发展

我国古代劳动人民在长期的生产劳动中，发明创造了种类繁多的农具，对发展中国农业乃至世界农业做出了重要的贡献。

（一）原始农具

人类最早的工具是打制的石块和经过初步加工的木棒。原始农业的生

① 此章参考阴法鲁、许树安主编《中国古代文化史》（北京大学出版社，第一册，1989年；第二、三册，1991年），杜石然等编著《中国科学技术史稿》（科学出版社，1982年），王玉哲主编《中国古代物质文化》（高等教育出版社，1990年）等。

产流程一般为:石斧等砍伐器砍倒树木→开垦荒地→尖木棒松土→播种→石刀、蚌镰等进行收割。这里的石斧、尖木棒、石刀、蚌镰等,就是旧石器时代的最早农具。新石器时代,农具有了进一步的发展,出现了耒、耜。耒、耜作为原始农业生产中的常用农具,不仅直接孕育出后来耕地的犁以及锹、铲等农具,而且还直接或间接地影响着许多农业生产工具的改进和发明。

(二) 青铜农具

我国的青铜时代在商周时期。当时,虽然仍以木、石、骨、蚌器等农具为主,但也开始出现了青铜农具,种类较多。青铜农具的出现,极大地提高了生产效率,并为铁制农具的诞生和推广奠定了基础,在我国农具史上具有重要意义。

(三) 铁制农具和牛耕

商周时期,开始认识并使用铁。春秋战国时期,是我国第一次农具大变革时期,铁器普遍用于农业生产,设计已很精巧,牛耕技术得以推广。牛耕的推广和铁农具尤其是铁犁的出现与普及,是农业生产技术质的飞跃,它不仅极大地推动了我国古代农业生产的发展,而且使我国封建社会中最基本的耕地方法得以确立。

(四) 机械农具

我国机械农具的创制也很早。秦汉至五代,为我国机械农具的初始阶段。这时,随着冶铁业的发展,机械农具也不断出现和更新。常用的农具计有镰、锥、犁、锄、枷、耙、耨等30余种,极大地提高了生产力水平。耕犁的不断改进,促进了牛耕技术的迅速发展。西汉后期,我国的牛耕形式基本定型。

除犁耕技术外,其他机械农具的发展也很快。以灌溉工具为例,东汉时的"翻车"是一种很有效的提水机械,也是后世农村水车的雏形。

隋唐时,农具改进尤为明显,曲辕犁和水转筒车的出现便是最好的例证。至此,我国的犁耕方法基本定型。唐代的灌溉技术也有长足的进步,各种不同形式的水车纷纷出现,水转筒车最为出色。

(五) 改良农具

宋元时,在更新农具方面取得了空前的成就。农业史把这一时期称为我国农具史上第二次大变革时期。此时的农具更新,主要在动力、种类、用途等方面取得超越前代的成就。

几千年来,我国古代劳动人民用辛勤的劳动和聪明才智创造、发展着农业生产工具,在我国乃至世界农业发展史上产生了重要作用。

二、精耕细作的中国农业

中华先民很早就注意到因地制宜的耕作方法。《管子》依土地肥沃的程度，将九州土壤分为上、中、下三级共十八种，因土制宜，分别种植各类作物。中华先民在区别土质的基础上，努力改良土壤。汉代《氾胜之书》有许多这方面的记载，如"强土弱之"、"弱土强之"等。战国时，人们发明了引水灌溉、洗去盐碱的改土方法，使不毛的盐碱之地得以庄稼茂盛。中华先民的杰出创造，还表现在科学地使用土壤，充分发挥"地力"的效能，使土地"常新壮"而不衰。弃耕制是早期恢复地力的主要方法。

农业丰产的关键是精细的田间管理。"锄不厌数"是中华先民在实践中总结出来的宝贵经验。

水利是农业的命脉。中华先民在与洪涝干旱的抗争中，掌握了兴修大规模水利工程的科学原理和施工技术。公元前 3 世纪，李冰父子主持兴修的岷江流域的都江堰工程，为成都平原变成千里沃野创造了条件。李冰还制定"深淘滩，浅作堰"的岁修原则，使这一工程至今还发挥着排洪、灌溉的巨大作用。

三、举世瞩目的三大农书

在长期的农业生产实践中，中华先民不断总结经验，撰写出一大批农学著作。《齐民要术》《农书》《农政全书》号称三大农书，最负盛名。

(一)《齐民要术》

《齐民要术》为北魏杰出农学家贾思勰所著。全书共 92 篇，分成 10 卷，共 11 万字。该书总结了劳动人民的生产经验，对选种、施肥和轮作等精耕细作的方法及家畜、家禽和鱼类的饲养等均作了介绍。《齐民要术》是我国现存的一部最早、最完整的农书，也是世界农学史上的优秀著作之一。

(二)《农书》

《农书》的作者是元朝的农学家王祯。王祯经过十多年的潜心研究，于 1313 年完成了《农书》。全书共 37 卷，插图 330 余幅。该书由《农桑通诀》《百谷谱》和《农器图谱》三部分组成。《农桑通诀》为农业总论，概述了我国农业生产的起源和发展，论述了发展农业生产的重要意义。《百谷谱》对 80 多种粮食作物和经济作物的起源、品种和种植方法进行了分门别类的介绍。《农器图谱》是《农书》中最有创造性、最为重要的部分，占全书 4/5 的篇幅。书中详尽地介绍了包括王祯自己创造的 257 种农具、农业机械和生活用具，

绘成图谱306幅，并附有文字说明，具有很高的实用性。

（三）《农政全书》

《农政全书》系明朝后期杰出的科学家徐光启所写的一部农业百科全书。全书60卷，引证文献200多种。书中记载了我国古代有关农业的理论和科学方法，还介绍了西方科学知识。《农政全书》的编纂结构说明徐光启对生产管理诸环节相互联系、彼此制约的重要性的充分认识。《农政全书》是我国农学史上最早传播西方近代科学知识的书籍。

第二节　手　工　业

在悠久的历史岁月里，我国人民以其精湛的手工技艺，创造了灿烂的古代文明，青铜、纺织和陶瓷的辉煌成就，以及改变人类历史进程的四大发明是其中重要的组成部分。

一、青铜和纺织

（一）青铜器

中国的青铜制造业有着自身的发展过程，具有浓郁的民族风格和特点，在世界青铜器制造史上独树一帜，成就卓越。

我国的红铜冷锻和铸造技术出现在夏代。《周礼·考工记》的“六齐”[①]，是古代配制青铜的六条规则，是我国也是世界上最早对合金规律的认识。就世界范围而言，我国的青铜冶炼技术并非最早，但我国在青铜冶炼技术的发展上却非常迅速，这是因为我国最早掌握了金属冶炼的高温技术和有关合金的知识和技能。

商代，是我国青铜文化的繁荣鼎盛时期，所以称商代为“青铜时代”。当时，青铜冶铸的规模很大，器物的种类繁多，花纹繁缛，制作者已能准确地掌握铜锡合金的不同配比。商朝青铜铸造工艺相当完备，有制模、翻范、熔铸等一系列工序。四羊尊和后母戊鼎代表了商代青铜业的最高水平。

战国时，普遍采用青铜铸造技术，青铜器逐渐成为庶民百姓的日用器物，不再是一个时代的重要标志。湖北随县曾侯乙墓出土的一套编钟，型制、音律准确，能演奏古今乐曲，铸造技术已达相当高的水平。

汉代以后，由于铁器的普遍使用，加之漆器、瓷器的冲击和礼制的崩溃，

① “齐”同“剂”，是调剂、剂量的意思。

青铜制造业的优越地位逐渐失去，青铜仅用作铸造家庭用品、工艺品和钱币。

图 9－1　中国最重的单体青铜礼器——后母戊鼎（商代）

（二）纺织

我国素有“东方丝绸国”的美誉，我国古代的纺织技术，在世界纺织史上独占鳌头，熠熠生辉。

我国古代的纺织品种主要是麻、葛、丝和棉。世界纺织史上的许多关键性的重大发明，多在我国完成或奠定基础。

我国最早的纺织原料是麻（大麻、苎麻）、葛的纤维和蚕丝。据考古资料，我国的麻、葛、丝纺织技术至迟在四五千年以前就已出现了。

1. 纺车

要把麻、葛、丝等纤维制成纺织品，第一步就要将其纺成纱线。我们的祖先早在新石器时代，就使用“纺抟”纺纱。汉代，出现了手摇单锭纺车和缫丝的轻车，提高了纺纱缫丝的速度和质量。东晋之前，又发明了多锭（三锭）纺车，而且将手摇改进为脚踏，纺纱工效大大提高。脚踏多锭纺车是我国古代纺织机械的一项重要发明。元代，发明了脚踏五锭纺车，每昼夜可纺 1 公斤纱。不久，以人力、畜力、水力为动力的 32 枚纱锭的大纺车也出现了，尤其是水力大纺车，它是纺织机械史上的重要发明，是当时世界上最先进的纺纱机械，欧洲直到 1769 年才由英国人阿克莱特制成“水力纺纱机”。

2. 织机

纺抟，是目前我国也是世界上发现的最早的原始织布工具。其后，又出现了原始织机——席地而坐的踞织机，也叫腰机。踞织机是现代织布机的始祖。经过不断改进革新，汉朝之前发明了脚踏提综①的斜织机。脚踏提综斜织机的工效，比踞织机提高了十倍以上，为当时世界上最先进的织机。由于一般的织机只能织出平纹织物，要织造提花织物，必须在织机上装置提花设备。在河南安阳商代墓葬中出土的铜器上，发现过提花丝织物的痕迹，说明至迟在商代，我国就已经使用提花装置。周代可以织造多色的提花锦。汉代，提花机得到进一步的改进，能织成各式各样的花纹。另外，根据马王堆出土的绒圈锦（起毛锦），可以断定当时已使用分组的提花束综装置，以及

① 综（zèng），织布机上使经线交替着上下分开以便梭子通过的装置。

用地经和绒经分开提花的比经轴机械。这类织机，欧洲到6世纪才出现，广泛采用更迟到13世纪，且都是由中国传过去的。

我国的棉花，是在东汉时从印度传入到现在云南的少数民族地区。我国中原地区从北宋末年才开始普遍种植，其纺织技术相应地也在宋元时期才发展起来。南宋时，我国纺织发展史上的一件大事就是棉纺织业的兴盛。从此以后，棉布逐渐成为人们的主要被服原料。元代，松江劳动妇女黄道婆曾流落到海南岛崖州(今海口市)，向当地黎族人民学习纺棉纱、织棉布的技术，回到故乡后，加以推广和改进，使弹棉的速度和纺棉的工效迅速提高。在黄道婆的影响和带动下，松江成为当时棉纺织品的中心，所产的“乌泥泾被”名满天下，推动了长江下游一带棉纺织业的发展。

总之，我国古代历史悠久、精益求精的纺织技术，在较长的一个时期内，始终处于世界领先地位。我国古代的先进纺织技术传往国外后，对推动世界纺织技术的发展产生了十分重要的作用。

二、四大发明

中国古代的指南针、造纸术、印刷术和火药，是举世闻名的四大发明，是中华民族对世界文明史的重大贡献。四大发明改变了人类历史进程，是我国古代文明的集中表现。

(一) 造纸术

我国出现文字的历史极为悠久。在没有纸以前，中华先民用刀子把文字刻在龟甲和兽骨上，称之为甲骨文；刻铸在青铜器皿上，称为金文。后来，人们又把文字刻写在长形的竹片和木条上，这样就出现了“竹简”和“木简”。稍后，人们又尝试在帛上写字或画画。帛为丝织品，造价昂贵，常人难以享用，不易普及。

西汉时，终于出现了价廉物美的纸。纸的发明是人类文字载体的一次革命。纸最早采用麻絮制作，故称“麻纸”。西汉发明的纸，受到当时制作材料和技术水平的限制，大都质地粗糙，一般还不能作为正式的书写材料，而只宜用来包裹物品。

东汉时，汉和帝的太监蔡伦，在担任御用手工作坊的主管(尚书令)时，广泛吸收前人的造纸经验，不断改进造纸技术。他率先尝试将树皮、麻头、破布、破渔网等作为造纸的原料，大大地扩充了原料来源，降低了成本，使之成为便于推广使用的常用书写材料。为了缅怀蔡伦的卓越贡献，后来便把使用这种方法造出来的纸称为“蔡侯纸”。蔡伦是造纸业的祖师。

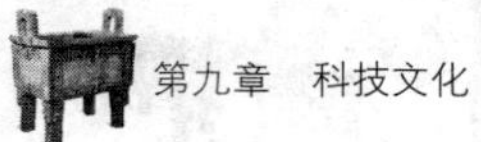

东汉以后，在蔡伦改进造纸方法的基础上推陈出新，造纸术逐渐普及全国各地，出现许多各具特色的纸张。其中，著名的连史纸和皮纸分别在江西、福建和贵州、云南生产。宋代，有楮桑皮纸、宣纸。需要特别指出的是安徽的宣纸，具有质地细密均匀，色泽洁白光艳，手感柔软轻飘，书写凝重飘洒，保存经久不变的特点。宣纸一出，驰名中外，获得“纸寿千年”的名声，历来为书写、绘画、印刷中的精品。

我国总结造纸技术的著作，著名的有宋代的《纸谱》，元代的《纸笺谱》，明代宋应星著的《天工开物》。尤其是《天工开物》中的《杀青》一卷，为当时世界上造纸技术的最为详尽的阐述，颇具史料价值。

（二）印刷术

印刷术的发明，对人类文化的传播、发展具有重大的作用，人们称誉印刷术是“文明之母”。

我国早期的书籍采用手抄的形式，抄书既费时、费力，又容易出错，不利于文化的传播。

我国的印刷术渊源于公元 4 世纪，当时，人们用纸在石碑上拓印，以得到黑底白字的拓本，拓印是最原始的印刷方法。

隋唐时，人们发明了雕版印刷，唐代的《金刚经》采用木版雕刻印刷，所印字、画颇为精美。《金刚经》是世界上最早的标有确切日期的雕版印刷品。宋代的雕版印刷技术趋于完善，雕版印本十分精美，不仅数量多，而且质量高。

采用雕版印刷技术，既浪费材料，又浪费人力，很不经济实用。北宋时，出身布衣的毕昇，在总结前人经验的基础上，经反复实践探索，终于发明了活字印刷术。活字印刷术的优点是能够大量地节省人力和物力，并提高印刷的效率。因此，此法一出，很快成为印刷书籍的主要方法。

元、明、清三代，活字印刷术不断进步和发展。元代科学家王祯完善并推广了木活字印刷法，木活字较之泥活字不易破损，提高了效率。与王祯同时代，还有人开始尝试锡活字制作。明代中叶，铜活字印刷的出现，把活字印刷推向了一个新的发展阶段。

活字印刷的发明，奠定了现代印刷术的基础。

（三）火药

火药的发明经历了一个长时间的探索过程。古代火药的成分是硝酸钾、硫和木炭。

炼丹，是火药发明的前奏。我国古时候的炼丹家，在炼“仙丹”的过程中

发现和掌握的技术，为火药的发明准备了充裕的条件。

唐初，“药王”孙思邈在《丹经内伏硫黄法》一书中，记叙了把硝石、硫酸、含碳物质混合在一起制造火药的硫黄伏火法，这是我国最早的配制火药的确切记载。

唐末，火药开始用于军事。火炮、火箭等火器在战场上出现，标志着武器发展史上的划时代进步。最初的火器，主要利用火药的燃烧性能，其后才逐步过渡到利用火药的爆炸性能。南宋初年，发明管形火器“突火枪”，近代枪炮制造术就是从管形火器发展起来的。

在日常生活领域，火药也有广泛的用途。喜庆之时，人们燃放的鞭炮、烟火就是由火药制成的。

唐代，在医药炼丹术西传的同时，硝石也逐渐为各国人民所熟知，阿拉伯人称硝石为“中国雪”，波斯人则称之为“中国盐”。13 世纪，火药经印度传入阿拉伯，其后又由阿拉伯传至欧洲。火药在欧洲的传播，有力地推动了欧洲社会经济文化的发展。火药的西传，加速了欧洲封建制度瓦解的过程，同时也推动了近代工业的长足进步。

（四）指南针

古时候人们采用昼看太阳、夜观星星的方式辨别方向。遇到阴雨天，往往束手无策。最早的人工确定方位，传说是我们的祖先黄帝制造的指南车。如果这个传说成立，4000 年前我国就有了能指示方向的工具。

战国时，已有关于磁石性能的认识，当时，人们把天然磁铁做成一个勺子，放在光滑的铜盘上，转动勺子，等勺子停下来，勺把总是指向南方，称之“司南”，这是有史籍记载的最早的指南工具。

但是，天然的磁性具有不稳定性，因此司南指示方向的准确率并不很高。北宋后期，人们将磁铁制成鱼形，并让磁鱼浮在水面，磁鱼静止后，鱼头总是指向南方，这就是“指南鱼”。此后，人们把磁铁磨成磁针，使磁针的两端分别指向磁的南极和北极。这样，就出现了指南针。

宋代，科学家沈括著的《梦溪笔谈》中对指南针的制造和使用作了较为详细的记载。北宋末年，指南针开始应用于航海，成为中国古代航海中不可缺少的工具。元代的航海家，不论阴晴昼夜，一概利用指南针导航。采用指南针导航的航道称作“针路”。此外，海道图在宋代也已出现，这是最早的航海海图。针路著作和海图的出现，标志着当时航海技术的重大进步。

第三节　天文历法

天文历法在人类社会的生产和生活中产生并发展。中国天文历法成就颇丰，在中华民族悠久灿烂的文化史上写下了光辉的一页。

一、天文

（一）天象记录

中国是世界上最早记载日食、月食、太阳黑子、彗星和新星的国家。

我国古代随同文化的萌芽就极为精确地观测并记录天象，并将看到的天文现象记录在生活中使用的器皿上，这是我国最原始的记录天象的方式。

《尚书·胤征》记载了世界上最早的日食现象。春秋以后，史书中开始记录日食。详细的日食记录从春秋到清乾隆年间总共有1000多次。

月食的记录也极为丰富。《诗经·小雅》上记载了公元前776年8月21日发生的一次月偏食，它比埃及最早的月食记录（公元前721年2月19日）早了55年。

中国古代将太阳表面的黑子称为日斑，《淮南子》记载"日中有马"，这是第一次明确提到太阳黑子。《汉书·五行志》关于公元前28年"河平元年三月乙未，日出黄，有黑气如大钱，居日中"的记载，是世界上最早最完整的关于黑子的记录。欧洲要到17世纪初伽利略发明天文望远镜以后才得以观测到黑子。

彗星，我国民间称为扫帚星，史书上则称彗星或孛星，亦有称扫星的。世界上最早对哈雷彗星的记录是《春秋》一书："有星孛于北斗。"时为鲁文公十四年（公元前611年）秋七月。由此往后，自秦始皇七年（公元前240年）到宣统二年（1910年），我国对哈雷彗星进行了连续性的记载，计有30次。中外天文学者总是根据中国古代的完整记录来推算哈雷彗星的周期及其轨道的变化。

流星，常在夜晚出现。陨石，就是流星落到地面的碎片。流星在空中成群结队地出现，宛如从一个辐射点飞射出来，这种现象称为流星雨。据文献统计，流星雨共出现180次左右。世界上最早的天琴座流星雨记录亦在《春秋》一书中："夜中星陨如雨。"

（二）天象仪器

为精确地观测天象，我国古代创制了多种天象仪器，大致分为两类——

表和浑仪。

1. 表

表是最早的天文仪器，依据太阳光照射一根直立的竿子的投影方向和长度的变化来观测天象。古人定方向、定节气和定时刻就是靠表来进行的。战国时期的《周礼·考工记·匠人》有古人在建都城时立表定向的最早记录。

根据表影的长短及方向的变化，可以在推算太阳的位置的基础上进一步确定节气。殷商时期，我国就应用冬至正午日影最长，夏至正午日影最短的原理确定冬至、夏至及计算一回归年的长度。由于定节气要测量的是日影的长度，因此表的制作也需相应改进。后来，出现了一种专门在平地上量度影长的工具——土圭。随着人们对圭表的不断改进，其精确度也不断提高。

随着地球的自转，表影也随时刻变换着方向。人们根据这一原理用表来确定一天内的不同时刻。这种观测太阳投影以定时刻的仪器叫日晷。

2. 浑仪

浑仪，是我国古代用以观测天象的又一种仪器。浑仪，专门用来观测天体在天球面上的坐标，系根据我国古代浑天说(关于宇宙模式理论)建立的。浑仪的形制模仿天球形状，制成多层同圆心的圆环，整体似一个圆球。

图 9-2　现存南京紫金山天文台的明代浑仪

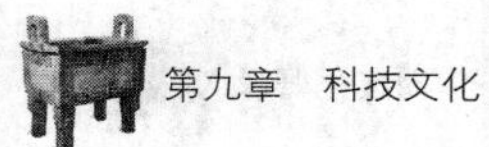

在天象观测中，浑仪具有重要作用。我国古人很早就运用浑仪测出一些重要的恒星座，如二十八宿和日月运动的坐标，并且得到很精确的数值。

除表和浑仪外，居于世界领先地位的观测天象的仪器还有北宋苏颂等人发明的水运仪象台和元代郭守敬等创制的简仪。

二、历法

历法，是指年、月、日等计时单位，以一定的法则组合以计算较长时间的系统。它与天象的观测、太阳的出没、月亮的盈亏规律有着密切的关系。昼夜交替的周期为1“日”，月相变化的周期为1“月”，寒暑交往的周期称作“年”。我国的历法现在通用阳历和阴历。阳历即公历，它始创于罗马，后经罗马教皇格里哥利命人修订，所以又称格里哥利历，是现今世界大多数国家运用的历法。阴历又称农历，它是我国使用历史较长的历法。

我国民间还流行用干支纪年、纪月、纪时的做法。干，指天干，有甲、乙、丙、丁、戊、己、庚、辛、壬、癸，共10干。支，指地支，即子、丑、寅、卯、辰、巳、午、未、申、酉、戌、亥，共12支。10干与12支依次相配，正好是60个单元。每个单元分别代表1年或1天。60个单元用完后，可再循环。所以人们常将60年称为一甲子。干支纪月法，《史记·历书》就有记载。1年12个月，以“夏历”为例，配置如表9-1。

表9-1

<table>
<tr><td rowspan="3">夏历</td><td>子</td><td>丑</td><td>寅</td><td>卯</td><td>辰</td><td>巳</td><td>午</td><td>未</td><td>申</td><td>酉</td><td>戌</td><td>亥</td></tr>
<tr><td>十一月</td><td>十二月</td><td>正月</td><td>二月</td><td>三月</td><td>四月</td><td>五月</td><td>六月</td><td>七月</td><td>八月</td><td>九月</td><td>十月</td></tr>
<tr><td colspan="2">冬</td><td colspan="3">春</td><td colspan="3">夏</td><td colspan="3">秋</td><td>冬</td></tr>
</table>

干支纪时法，民间一般将一天24小时分为12个时辰，用12地支表示。每一时辰相当于现在的2小时，每一时辰中又细分为初、正两种。前一小时为初，后一小时为正。其对应关系见表9-2。

表9-2

	子	丑	寅	卯	辰	巳	午	未	申	酉	戌	亥
初	23	1	3	5	7	9	11	13	15	17	19	21
正	24	2	4	6	8	10	12	14	16	18	20	22

古代还把一夜分为五段，即甲夜、乙夜、丙夜、丁夜、戊夜，又称五鼓或五更。每更两小时。

我国独具民族特点的传统历法至今已有2000多年的历史。我国历法的特点是阳历的年和阴历的年相配合，称为阴阳历。我国的阴阳历是从商代开始实行的。

1.《夏小正》

《夏小正》相传是夏代的历书，是我国最古老的历法。原为《大戴礼记》中的一篇，后单独成册。《夏小正》正文仅400余字，该书除记载人们根据对天象和物候的观察决定农时季节的内容外，还按10个月的顺序记述了每月的星象，另外，对每月的气象、物候以及应该做的农事和政治活动也有记载。

2.《太初历》

《太初历》是我国古代第一部完整的历法，为汉武帝太初年间邓平、落下闳等人创作。太初历以正月为岁首，采用了有利于安排农时的二十四节气，并改变了过去将闰月放在岁末的习惯，依气候冷暖插入闰月。

3.《授时历》

《授时历》是我国古代各种历法中最优秀的历法。《授时历》系郭守敬等作，颁布于元世祖至元十八年(1281年)，是古代历法中使用最久的历法。《授时历》在天文数据、计算方法等方面日臻完善，是古历的巅峰之作，被称为中国古典系统历法的终结之作。此后，西方天文知识逐渐传入并不断影响历法的编纂。

《授时历》以365.2425天为1年，较之地球绕太阳公转一周的实际时间仅差26秒，与现行国际通行的公历(格里哥利历)完全相同。《授时历》是我国古代最精确的一部历法，它比格里哥利历要早300多年。

第四节　中国医药学

中国医药学，是保健延年和医病治伤的民族医学。中医因医学理论独特、诊闻方法精湛、医疗效果奇特、中药学说颇为卓著而享誉世界，历来受到国际医学界的推崇。

现在，中国古代的科学已基本融入西方现代科学体系，但是中国医药学却始终一枝独秀，以其强大的生命力，与现代西医同时并存。中国医药学以中国哲学为基础，形成了独特的理论体系和治疗方法。

一、中医经典

我国古代的医学家在临床实践中，通过对疾病的观察、分析和治疗，积累了丰富的经验，留下了许多精湛的医病方书，成为中医学的宝贵遗产。

（一）《黄帝内经》

《黄帝内经》是一部专门论述中医基本理论的著作，名为黄帝所著，实际上成书年代约在先秦至西汉间。全书共 18 卷，分《素问》和《针经》两部分，唐以后将《针经》改称《灵枢》。该书运用阴阳五行学说，解释人与自然的密切关系，以及人体内部脏腑之间的相互关系，并提出诊断和治疗疾病的方法，奠定了中医理论的基石，也为后世临床医学发展起到了关键的作用，但历来对它研究不多，直至明清以后，才越来越受到人们的重视。

（二）《伤寒杂病论》

《伤寒杂病论》为东汉张仲景所著。该书由《伤寒论》和《金匮要略》两部分组成，前者专论外感热病的诊治，后者叙述疑难杂症的诊治。

《伤寒杂病论》共收 300 多药方，其中一些著名药方经过千百年临床实践的检验，为中医方剂提供了变化和发展的依据。《伤寒杂病论》除介绍大量内服方药外，还介绍多种治法，如针灸、烙、温熨、坐药、洗浴、浸足、吹耳、舌下含药、人工呼吸等。

《伤寒杂病论》确定辨证施治的原则，奠定了中医临床治疗学的基础。因其为中医理论与临床实践紧密结合创造了典范，遂被后世医家尊为“众方之宗，万方之祖”、“万世宝典”。同时张仲景也获得了“医圣”的美誉。

（三）《千金方》

《千金方》系唐代著名药学家孙思邈撰写。该书由《千金要方》和《千金翼方》两部分组成。《千金要方》为中国最早的医学分类专著，《千金翼方》辑录药物 800 多种，并专门论述了 200 多种药物的采集与炮制，还绘制了 3 幅大型彩色针灸挂图。《千金方》内容丰富，颇具学术价值。孙思邈以其杰出的药学成就，被后人尊为“药王”。

二、中医理论

中医讲究辨证论治，诊断病情的基本方法为“四诊八法”。四诊，即望、闻、问、切。中医看病，需通过看病人的气色，听病人发出的声音，询问病情，按病人的脉搏四个途径，综合起来确定症状，称为“证”，对“证”的仔细辨别（还要结合天时等自然情况）是讨论治疗的前提，最后才能给病人开出药方。

上述过程，即中医看病的过程——“辨证论”。中医学治疗疾病的八种治疗方法称为“八法”，包括汗、吐、下、和、温、清、消、补八个具体方面。八法应对症施行，灵活运用，只有这样，才能疗有成效。

中医的基本理论就是辨证论治，注重人的整体性和人体的阴阳平衡。这种思想集中表现为阴阳五行学说。

（一）阴阳学说

中医阴阳学说是中国古老的哲学思想在中医领域的具体表现。中医是哲学的医学，中医理论即“经验＋哲学”。中医认为世界上任何事物都由阴、阳两个方面构成，人体健康时，阴阳两方面应该是相对平衡的，一旦阴阳的相对平衡被破坏，就会生病。因此，中医看病，首先要诊断病人是阳盛阴虚，还是阴盛阳虚，然后才能有的放矢，对症下药。

（二）五行学说

中国哲学中的“五行”，指木、火、土、金、水，“行”即运动变化。古代哲学家认为，五行之间相生相克。五行之间通过相生相克，使世界万物保持动态平衡。

中医把五行结合到人体中，以五脏为中心构成一个循环。中医五行，计有五脏（肝、心、脾、肺、肾）、五腑（胆、小肠、胃、大肠、膀胱）、五体（筋、脉、皮、肉、骨）、五官（目、舌、口、鼻、耳）、五华（爪、面、唇、毛、发）。中医在将上述人体器官组织分别归属五行的同时，又以五行的特殊性来阐述五脏、五腑、五体、五官、五华这些人体器官的生理功能以及彼此间的关系。

三、中医药学

中药，特指中医使用的药物。采用中药治疗疾病是中医的主要治疗方法，也是中医区别于其他医学的重要标志。

中药的构成主要有三类，① 植物药，用植物的根、茎、叶、果入药；② 动物药，用动物的内脏、皮、骨、器官等；③ 矿物药。其中，中药的大多数且用得最广泛的为植物药，所以中药常特指中草药。中药目前已达5000种左右。中草药这一中医所使用的独特药物，经数千年的研究，还形成一门独立的科学——本草学。

中草药的应用形式很多，主要有汤剂、粉剂、中成药等。中成药服用方便，受到大众欢迎。目前研制成功的中成药达8000多种。

几千年来，中国人民在对中草药的探索过程中，形成了众多的医药学著作，其中，尤以《神农本草经》和《本草纲目》最为著名。

（一）《神农本草经》

《神农本草经》成书于汉代，是我国现存最早的药物学著作。该书托名于新石器时代的"药皇"神农，所谓"神农尝百草，始有医药"。书中记载药物365种，分上、中、下三品，包括有毒和无毒。该书对每一味药的产地、性质、采集和主治的病症均有详细记载，并发现了许多特效的药物。《神农本草经》在北宋以后曾散失，明以后进行辑佚，大致恢复了该书的面目。

（二）《本草纲目》

《本草纲目》是我国古代一部伟大的医药巨著，系明代李时珍用27年时间，亲自到许多地方访问、采集标本、摹绘图像，并参考了800余种有关书籍，三易其稿完成的。

《本草纲目》共190多万字，全书把药物按其自然形态分为16部，部下又分为60类，收集的药物共1892种，收入药方共11096个，绘制插图1110幅。李时珍尊重科学，把我国的药物学研究推向了一个新阶段。

《本草纲目》不仅是一部医学著作，也是一部植物学巨著。1647年，一位波兰人把《本草纲目》译成《中国植物志》，1659年出版后，在欧洲植物学界产生了极大的反响。此后，《本草纲目》先后被译成日、英、德、法、俄、拉丁等多种文字，流传于世界各国，成为全世界人民的共同财富。

我国古代药物学著作影响较大的还有魏晋之际陶弘景编撰的《本草经集注》，唐朝由官府组织人员修订的药物学专著《新修本草》等。

四、针灸疗法

针灸疗法，这一神奇独特的治疗疾病方法，是我国古代医学的宝贵遗产。针法，在病人身体的一定部位用针刺入，以达到疗病的目的；灸法，用火的温热刺激烧灼局部，灸法的前身是"热熨法"，相当于现在的热敷治病。

针灸疗法历史悠久。针法的前身为砭石疗法。砭石是新石器时代应用的一种石制医疗工具。灸法也是在新石器时代用以治疗疾病的。我国金属的针灸用针出现在周代。针灸疗法在春秋战国时期已比较普遍。河北满城西汉墓中曾经出土针灸用的金针。针灸作为我国医学中的一种重要的医疗手段，几千年来绵延不断，推陈出新，不断取得新的突破。

经络学是针灸学的理论基础。针灸之所以有疗效，就是因为针灸的刺激部位和针灸所引起的机体传导之间产生了作用。《内经》把人体经脉总括为12条，称12经脉，并对每条经脉的循行部位，以及经脉和疾病、治疗的关系等内容都做了全面的说明。此外，还提出了12经脉外的奇经八脉。在经

络学说的基础上又进一步发展了腧穴。腧穴又称“孔穴”或“穴位”，每一个穴位都在身体表面的某个部位。魏晋南北朝时期的皇甫谧(215 年—282 年)撰写的《甲乙经》共记有经穴总数 654 个。到了北宋，医学家王惟一监铸了立体的针灸铜人，铜人身上布满了孔穴，并撰写了与之相适应的《新铸铜人腧穴针灸图经》一书，给医学针灸的推广普及带来了极大的方便。

针灸以它的神奇的疗效赢得了人们的信赖。新中国建立后，中西医密切合作，针灸疗法进入飞跃发展时期，临床应用也更加普及，在传统针灸疗法的基础上还创造出很多新的医疗方法，如电针、耳针、头针、穴位注射、穴位结扎、磁穴疗法等等。所有这些，都进一步扩大了针灸医疗的范围和研究的课题。特别是针刺麻醉的研究成功，开辟了麻醉学的新途径。

目前，针灸疗法已在世界上 120 多个国家和地区使用，正为人类的健康发挥着神奇独特的作用。

思考与练习

1. 简述中国的“三大农书”。
2. 简述中国的“四大发明”。
3. 中国古代有哪些重要的天象记录?
4. 中医的基本理论是什么?
5. 针灸疗法的理论基础是什么?

延伸阅读与参考书目

李约瑟:《中国科学技术史》1—6 卷，北京:科学出版社，1990—2011 年。

陈遵妫:《中国天文学史》，上海:上海人民出版社，2006 年。

陈邦贤:《中国医学史》，北京:商务印书馆，1957 年。

第十章 语言文化[①]

语言是文化的重要支柱，任何一种历史悠久的文化传统都是主要靠语言来传递的。同时，语言本身又是一种出色的文化现象，蕴藏着深厚的文化意义。所以，探讨语言与文化之间的关系，实在是一个极重要、极自然的角度。而且，汉字是世界上最古老的文字之一，已有6000年左右的历史。世界上几种古老的表意文字（如古埃及文字等）体系都消亡了，唯有汉字一枝独秀，仍然呈现出勃勃生机。这就使人们更加关注汉语在深厚的文化土壤中所焕发出来的生命力与创造力。

第一节 汉 字

一、汉字的起源

关于汉字起源，人们说法不一。一是仓颉造字说。这一说法最早见于战国晚期的文献，如《韩非子·五蠹》说："仓颉之作书也，自环者谓之私，背私谓之公。"秦代李斯所编的字书《仓颉篇》也是由于首句是"仓颉作书"而得名。古人称文字为"书"，作书就是造字，仓颉作书的传说在战国晚期显然已经很流行。但是在战国晚期的古籍中并没有仓颉造字以外的事迹记载。汉代人多认为仓颉是黄帝的史官，此说未必有确据，很可能仓颉只是古人所虚构出来的一个文化英雄，也未可知。二是文字出自八卦说。这是一种较晚出的说法。文字产生以前，结绳和八卦曾经起过类似文字的作用。"古者包牺氏之王天下也……始作八卦，以通神明之德，以类万物之情。作绳结而为网罟，以佃以渔……"，"上古结绳而治，后世圣人易之以为书契"[②]。包牺氏

---

① 此章参考阴法鲁、许树安主编《中国古代文化史》（北京大学出版社，第一册，1989年；第二、三册，1991年），张岱年、方克立主编《中国文化概论》（北京师范大学出版社，1994年），郑晓江、程林辉著《中国人生精神》（广西人民出版社，1998年）及《中国大百科全书》（中国文学卷，中国大百科全书出版社，1986年）等。

② 《周易·系辞下》。

就是伏羲氏。“书契”据汉末郑玄注，指写的文字的本质契券。后来“书契”用作“文字”的同义词。据《易经》《象传》和《说卦传》可知，乾、坤、震、巽、坎、离、艮、兑八卦，分别是天、地、雷、风、水、火、山、泽的象征。易纬《乾凿度》进一步认为八卦就是“天”、“地”等8个字的“古文”。众所周知，八卦是由阳爻“—”和阴爻“- -”组合而成的八组符号，古文字中的“水”则是个象形字，两者的相似只是一个偶然的巧合。

汉字形成完整的文字体系，也很可能就是在夏商之际，原始文字可能开始出现于公元前三千年的中期。夏王朝（约公元前21世纪—公元前16世纪）的建立，标志着我国进入了阶级社会时期。统治阶级为了实行统治，必然迫切需要比较完善的文字。因此原始汉字改进的速度一定会大大加快。夏王朝有完整的世系遗留下来的事实，就是原始文字有巨大改进的反映。约在公元前17世纪，即在夏商之际，汉字形成了完整的文字体系，而起着主要作用的正是那些为部落首领或国家统治集团服务的巫、史之类的人们。

二、汉字形体的演变

即使只从商代后期算起，汉字也已经产生3300余年了。在这段漫长的时间里，汉字的意音文字本质并无改变，但是无论是在形体还是在结构上，都发生了很重要的变化。汉字的造字法及其规律，后人总结为“六书”：象形、指事、会意、形声、转注、假借。所谓“象形”，即文字象实物之形。上古文字，可能是由图画简化而来，象形文字象实物之形，与图画最相近的，多为名词，或许是最早创造的文字。如日、月、水、鸟、燕、目、眉的古字，摹绘具体实物，惟妙惟肖，十分逼真。所谓“指事”，即用点、划来指出人或物的动作、状态或位置，是一种抽象的描绘。如上、下、本、末、刃、旦的古字，指出部位，让人视而可识、察而见意。所谓“会意”，即组合两个以上的已有的字，表达无形的意向、物性的区别、生物的活动。如“武”字的甲骨文，从行从止，从戈操戈，英武之貌，跃然纸上。又如“明”字，日月交相辉映。甲骨文“明”字的另一写法，意为月光照进窗棂，不仅含意，且富诗意。所谓“形声”，即用一个形旁和一个声旁合起来的造字方法。它以事物造字，表义之“形”，又取譬于语言中呼此事物之声，合于表义之形以成新字。例如“江”、“河”，取水表其形义，又找古音相近的“工”、“可”合而成新字，指长江、黄河。“盂”为上声下形，“皿”是形旁，表示器皿；“于”是声旁，表示读音。所谓“转注”，即把某一个字形的音和义，转输灌注到另一个字里，是一种造同义字的方法。如“考”、“老”二字同属于段玉裁古韵的第三部，又都有“长寿”之义，故二字互为转注。“走”、“趋”亦互为转注。所谓“假借”，是因为语言中有些词汇有音而无字，或用文字表意时，感到字不够用，便借用同音字来代表，被借的同音字也就失去了本来的意义。甲骨文中，就借翩翩起舞的“凤”为风，借以手执斧的父为斧，篆文中“西”字本是鸟栖息于窝中之意，现却假借为“东西”之“西”。大体说来，象形、指事、会意、形声四者是文字造字条例，转注、假借二者是文字运用的条例。在文字变简规律的制约下，文字越来越远离了写实，但其间架结构乃至偏旁部首，根底里仍然潜伏着象形的因素，诚如鲁迅所言：“文字初作，首必象形，……渐而演进，则会意指事之类兴焉。今之文字，形声转多，而察其缔构，什九以形象为本柢。”①

仓颉造字说，一方面体现了汉民族对汉字文化功能的无限崇敬，从而使汉字的创造人格化，另一方面又揭示了汉字文化形态的形成过程。如前所说汉字由图画文字发展而来，所以汉字的发展史，又是图画文字的象形、象意特征逐渐退化的历史。当然，这种退化不是要将汉字发展为一堆纯粹假定性的符号，而是要使汉字的表意功能更好地适应语言与思维的发展。在汉字表意功能的不断完善中，汉字的结构形态无论在历时层面还是在共时层面，都经历了很大变化。从历时层面来看，汉字的文化形态经历了一个不断符号化的嬗变过程。根据考古学的发现，汉字由图画文字向象形文字的过渡，大约距今 4500 年。甲骨文已是比较成熟了的中国文字，因为它具备了象形、指事、会意、形声等多种造字法，并大量使用假借字。但这种早期汉字还保留着种种图画文字的痕迹，一些近义字还可用不同的方式造形，同一个字的偏旁还可繁可简。这些都表明甲骨文字也还没有完全定型。然而与图画文字相比，甲骨文毕竟在符号化方面迈进了一大步。它的象形字大部分已经线条化、轮廓化、特征化了。尤其是甲骨文正以一种强

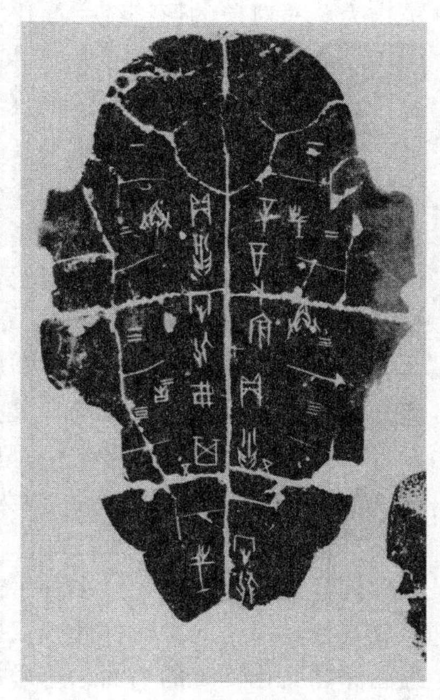

图 10－1　甲骨卜辞(商代)

① 鲁迅《汉文学史纲要》第一章《自文字至文章》。

劲有力的趋势，用形与声的互注发展汉字的表意功能，使汉字能适应日常交际中大量新概念新语汇的形成。甲骨文是殷商的文字，周代则主要用金文。金文与甲骨文在结构上没有太大的不同。春秋战国时期，由于社会变革，封建割据冲破了汉字的统一规范。虽然各种地方势力和地域文化对汉字做了种种改造——或分化、或繁简化，但是，汉字发展的方向和历程并未中断。作为汉字发展主流的秦系文字，出现了直线化、笔画化的趋势。尤其秦统一后，推行小篆，字形简化固定，减少异体字，合文淘汰。秦系文字的发展，导致汉字形态的巨变，隶书应运而生。隶书前的古代汉字大都以曲线构形以象实物之形。这种写实型的曲线虽经小篆改为圆润的线条，但象形的表意作用仍很突出。隶书一改小篆风貌，将圆润的线条变成方折的笔画，这种变革摆脱了汉字"描绘"成符号的传统，大大简化了汉字的形符。许多以不同实物为摹写对象的形符统一简化为单一的符号。如隶书中"鸟"字的四点改用鸟爪的象形符号。隶变后的汉字结构虽然褪去了古汉字原始的象形特征，但在它的笔画态势中，依然保留了相当程度的象形表意的依据。显然，隶变后的汉字确实大大利于书写。战国时期，下层人民开始使用文字，这为文字的放任和简便提供了历史条件。他们文化水平低，掌握汉字时无传统成见，有较强的功利性，这导致了文字向简易方面发展的力度加大、速度加快，使汉字书写按照生理习惯运行。秦统一中国后，李斯等参照籀文将汉字整齐折一，形成新的字形规范。秦汉之际社会动荡，孕育了隶书，汉末和南北朝社会动荡孕育了楷书，这一切充分证明，汉字的共时变异，往往是历时演变的杠杆。汉字数千年的发展过程，是其与生俱来的象形表意功能不断完善的过程。世界上许多文字都曾经历过图画文字阶段，然而后来大多走上了用字母记音的发展道路，成为语言符号的符号。而唯独汉字却把它的以形示意的文化形态发展、保存了下来。为了适应汉语表达的需要，汉字在表示词音上创造和使用过多种手段，但它的逻辑框架依然是以表意为核心，形成其独具一格的文化样式。汉字的文化形态使其成为世界上罕见的、能蕴涵深厚文化传统的书面语符号，也使它在维系民族统一、继承历史文化上发挥着巨大的作用。当然在语言与文化的现代化进程中，汉字前进的步伐永不会停止。它将在新的科学技术与社会历史条件下，不断发展与完善其象形表意功能，为人类对文字形态的理解提供前所未有的新的途径。毋庸置疑，汉字亦有自身的先天不足，但是以汉字为代表的表意文字，直接体现着民族的传统文化。它的发展和成熟过程，多少或明或暗地演示着中华民族精神风貌、气质风范的历史积淀与扬弃、升华的历程。尤其是汉字与汉民族思维方式和文化精神事实上已融为一体，它的独特的表现形式，在中国文化发展中起着表音文字难以企及的作用，这正是汉字的旺盛生命力之所在。

汉字的字体复杂多样。通常，人们研究汉字字体的主要资料，往往依靠各种古代遗物上的文字资料，它们是：① 甲骨文。指刻在占卜用的龟甲兽骨以及一般兽骨或骨角器上的文字。② 金文，指铸在或刻在铜器上的铭文。古代铜器铭文的搜集和研究，早在宋代就已经开始。1000 年来陆续发现的有铭文的古铜器为数颇多，属于先秦时代的就有万件以上。③ 石刻文字。先秦的石刻文字往往见于戈、磬等器物上，非器物的刻石为数不多，其中最著名是石鼓文。④ 简牍文字。我国在使用植物纤维纸之前，长期以竹木简为主要书写材料。简是细长条的薄片，用绳把简编连起来就成为册，通常用毛笔蘸墨在上面书写。简很窄，通常只写一行字。牍可以写几行字，往往是宽度不一的长方形木板。⑤ 帛和纸上的文字。帛是丝织品，价格高昂，不能取代简牍。2 世纪初蔡伦造纸后，取代简牍，纸成为主要的书写材料。除此而外，还有春秋时期用朱或墨写在玉或石片上的盟书，战国时期的货币文字，秦汉时代的印章文字，商以后的各种陶品文字，战国以来的漆器文字。我们把早于小篆的各种字体和小篆都看作古文字，这一阶段通常被称为古文字阶段。这一阶段字体复杂。按照传统文字学的看法，所谓古文字是指古文、大篆（以籀文为代表）和小篆。古文字又有正体和俗字之分，正体演变为小篆，俗体演变为隶书。小篆在秦代是法定的主要字体，而到汉代隶书取代小篆，汉字发展史进入隶楷阶段。隶楷阶段的主要字体有：① 隶

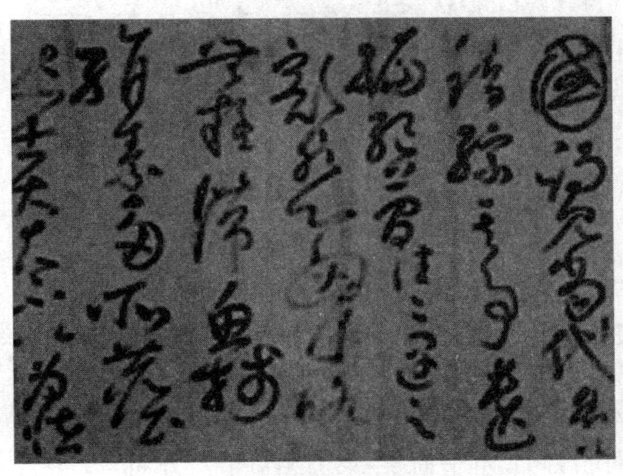

图 10－2　怀素《自叙帖》，草书

书。隶书有八分体和新隶体两种，隶书通过解散篆体、省并、省略、偏旁变形、偏旁混同等方法改造篆书字形，尽管汉字象形性质大大削弱甚至几乎消失，然而这在汉字书写史却是一场革命。② 草书。草书有广狭两义。广义的草书，不论时代，凡是写得潦草的字都属草书。狭义的，即作为一种特定字体的草书，则是在汉代才形成的。草书主要用于起草文稿和通信。汉代的草书称为章草，东晋以后的草书叫今草。今草比章草更草，唐以后的所谓狂草，一般很难辨认，纯成艺术欣赏品。③ 行书。据说行书是东汉晚期桓、灵时代刘德昇所创造。这是一种介乎楷书和今草之间的字体。刘德昇的行书“虽以草创，亦丰妍美，风流婉约，独步当时”。行书没有严格的书写规则，写得规矩一点接近楷书的，称为真行或行楷，写得放纵一点的，草书味道较浓的，称为行草。④ 楷书。我们所知道的最早的楷书书法家是钟繇，所能

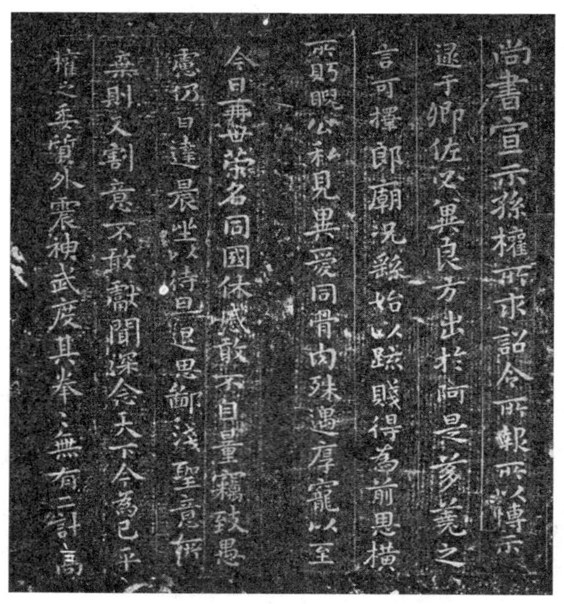

图 10－3　钟繇《宣示表》临摹本刻本，楷书

看到的最古的楷书是钟繇《宣示表》《力命表》等帖的临摹本的刻本。南北朝时，在钟繇、王羲之楷书的影响下，由新隶体演变而成魏碑体，它有仿古倾向，笔法略带八分意味，面貌较钟、王古拙。楷书有正书、真书、隶书等名称，正书、真书相对于行书、草书而言，隶书相对于八分而言。楷书通行后，汉字字体基本定型。从汉字的演变史看来，汉字结构主要发生了三项变化：一是

形声字由少数变为多数；二是所使用的意符从形符为主而变为以义符为主；三是记号字、半记号字逐渐增多。综上所述，西周以前，汉字的象形程度较高，汉字所使用的字符主要是意符（以形符为主，义符为次）和音符（借音符），形声字不多，随着字形的发展变化，所使用的字符逐渐既有大量的意符（以义符为主，形符为次）和音符（借音符），也有相当多的记号，同时形声字逐渐占据绝大多数。汉字象形程度的降低，促进人们少造表意字多造形声字。文字结构的变化，客观上常常造成字形繁化或简化的后果，这种后果常常造成改变和破坏文字的结果。记号字的大量出现，主要是汉字形体的变化所引起的。这在文字结构上是一种倒退，然而这又是为了简化字形、提高书写速度所必须付出的代价。但是记号字如果增加过多，汉字便极难记忆，使用也极不方便。可以预言，在今后汉字的演变发展过程中，正确处理好字形简化与文字结构的矛盾，仍然是摆在汉字研究者面前的严峻的问题。

第二节　汉　　语

一、汉语方言

方言语言的变体，蕴藏着大量的文化积淀。东汉王充说："经传之文，圣贤之语，古今言殊，四方谈异也。"①他明确地指出了语言历时的古今变化，又有共时的方言差异。方言又可分为地域方言和社会方言两大类。地域方言是语言的地域变体，一般说来，同一种地域方言集中分布在同一个地区，也有移民把它带到远离故乡的地方去的，如流布到海外的闽南话和粤语。社会方言是语言的社会变体，使用同一种语言的人，因职业、阶层、年龄、性别等的不同，口音、措辞、言谈也会有差异（如过去常州方言有街谈和绅谈的区别）。此外，语言的个人变体叫个人方言，个人方言本质上是属于社会方言的范畴。我们这里谈谈地域方言。中国境内的语言，分属汉藏语系、阿尔泰语系、南岛语系、南亚语系和印欧语系。其中汉语是汉藏语系中最重要的语言，它包括官话、吴语、赣语、客家话、湘语、闽语、粤语七大方言。因为人们讲话的时候，使用的总是方言，即使标准的普通话，也是以北京语音为标准音，以北方话为基础方言的，所以分布最广的官话也应统计在方言之内。在七大汉语方言中，北方方言（即官话）可以粗略地看成古汉语数千年来在广

---

① 《论衡·自纪》。

大北方地区发展的结果，其余六大方言则是由于历史上北方居民不断迁往南方逐步形成的。秦汉以前，广大江南地带，主要还是古越族的居住地，他们所使用的古越语和古汉语属于两个民族的语言，相差很远，基本上是不能通话的。后来北方的汉族一次又一次大规模地南下，带来了不同时期不同地区的北方古汉语，分散到南方不同的地域，这就是汉语各南方方言的历史渊源。吴语可以追溯到3000年前泰伯奔吴，其所带来的语言，是吴语的基础。不过吴语历史虽然久远，在形态上却一直受到不断南下的北方话的强烈影响，比较原始的吴语特征反而保留在闽语中。湘语源于古楚语，其形成晚于吴语。随着岁月的推进，在湖南境内的古楚语逐渐发展为古湘语。古湘语和古吴语比较接近，至今湘话和吴语还是保持着这种关系。粤语晚至秦代才形成。战国时，楚国南疆只到五岭。当时秦人攻占岭南地区，花费了很大的气力，为了防止得而复失，所以留下戍卒50万人驻守其地。这50万戍卒所使用的语言就成为日后粤语的先声。闽语的形成比粤语更晚。从汉末到晋代，来自江南、浙北的移民，分别从海路和陆路大批涌入福建，闽南沿海地带相继新设了罗江(今福鼎)等5县，闽西北也出现了汉兴(今浦城)等6县，这些是古闽语形成的基础。由于移民来自两条不同的路线，所以闽语自古就存在着沿海闽南语和内地闽西话之间的歧异。赣语和客家话的形成最晚。今江西地区古称吴头楚尾，应当是古吴语和古楚语的交汇处。汉代扬雄《方言》于此地留下空白，想来是有原因的。东晋南朝，有部分北方移民进入赣北和赣中，他们带来的北方话，对形成赣话和客家话，起着决定性的作用。

以上追溯了各大南方方言的最初源头，这些方言实际上都是不同时代、不同地区的北方话与南方土著语言交融的产物。南方方言由于受到北方南下移民的不断影响，形成了层次积压的关系，在每种方言内部都可以找到其他方言的某些特征。方言的地域差异实际上表现为时代之间的差异，不同的时代都给原有的方言添上不同的层次。例如粤语就不是秦代出现的古粤语在后世的独立发展，相反的是粤语历来受到北来的汉语的影响，尤其是战争年代，北方人民长驱直下比较容易，所以粤语在形态上不比闽语古老，以至任何现在歌曲都可以用粤语歌唱。而闽语却不行，本字无考者很多，许多普通话填词的歌曲都很难改用闽语演唱。其原因就是福建僻处一隅，长期以来与外界交往较少，受北方方言的影响相对说来不大，所以保留了较多的古代语言的特色。历史上移民的大方向主要是从北向南，其中只有吴语侵入江北南通、启东、海门、靖江、如东5县，这种情况较为特殊。可见，方言是由于一个社会内各地区不完全的分化,或是几个社会间不完全的统一而造成的。一个社会内各地区发生了不完全的分化,各地区的居民彼此间的交往就会减少。这时候,在一个地区内,语言中出现的新成分一般就不会传播到其他地区去;这个地区内,语言中某些固有成分的改变或消失,一般也不会涉及其他地区。这样,各地区使用的本来相同的语言、共同点将逐渐减少,不同点将逐渐增加,逐渐形成各地区语言相对独立发展的道路。于是,共同语就在各地区形成了变体,就自然而然地出现了方言。一个生产不发达的统一的社会,随着人口的逐渐增长,疆域的日益扩大,经济、政治都不能再保持统一的局面,就会形成社会的不完全的分化,因而促使方言的产生。实践证明,任何疆域较大的封建社会所使用的语言,都有方言的差别。一个社会内某一部分居民的大规模的集体迁徙,也会形成社会不完全的分化,从而促使方言的产生。我国从东晋到明朝初年,原住在中原一带的居民三次向我国南方大迁徙,这就是汉语客家方言形成的社会因素。另外,几个社会间不完全的统一也会促使方言的产生。几个毗邻社会(它们过去往往曾是一个社会),可能以一个比较强大的社会为中心而统一起来。由于各个社会的经济本来都不发达,结果一地并不能形成一个完全统一的经济单位,因而在政治上也常常不能高度集中。人们一方面要更多地在原来较小的区域来往,另一方面又要在整个社会内活动交际。这样,各地区原来使用的不同的语言,就不能沟通全社会人们的思想。于是,其中一种语言扩大了流通的领域,吸收了其他语言的有益成分,逐渐发展为更大范围的全民语言,而其他地区的语言则互相吸收,特别是向这种全社会范围的语言吸收有用的成分,彼此更加接近起来,变为这种语言的方言。一般说来,方言间的差别,主要表现在语音和词汇上,语法上的差别却不大。语音、词汇、语法间的分歧,有时也可能存在于同一方言区的内部各地区间。事实上,同一方言区可以分为若干个次方言,而一个次方言内不同城镇的居民又可能操着不同的土语。例如汉语北方方言区可分为狭义的北方话、西北话、江淮话、西南话四个次方言,即使在西南话次方言中,就以四川一处而论,成都话、重庆话、万县话彼此间又不尽相同。但是一种语言的方言分歧不论多大,总有相当显著的共同点,在分歧的语音现象之间,也往往存在着有规则的对应关系,如上海话和北京话,在双唇塞音间便存在某种对应关系。

方言总是先于普通话而吸收外来词,有些外来词只流行于方言区,它们多是通过口头传入的。反之,通过口头传到域外去的汉语外借词,也有一些只是方言。至于朝鲜语、日本语、越南语,曾受过汉语较大影响,以致有“域

外方言"之称。这种域外方言的现象,说明和反映了中国古代文化与这些国家文化之间的特别关系。语言是文化的化石,文化史浓缩在语言史中,通过对方言词的研究和比较,可以发现文化传播的信息。如北方人炒菜用"锅",浙江人用"镬",福建人用"鼎",其实三者异名而同物,"镬"和"鼎"——即"锅",是从北方传到南方的。又如玉米在各地方言中的叫法形形色色,这从侧面反映,玉米的起源地并不在中国,因而没有统一的称呼。地名的方言现象也透露出文化史上的一些重要信息内涵。方言集中体现了地方的文化风貌,对民歌、戏剧、小说等通俗文学创作有着直接而特别的影响。有时,方言中同一成分的不同表达法,并不反映移民的历史层次,而只是反映文化浪潮的层次。浙南吴语中常用"钞票"、"铜钿"、"番钿"三词表示"纸币"这个概念,而这三个词代表着不同的历史层次:"铜钿"显然是还没有纸币时产生的称呼;"番钿"是开始流通纸币时产生的称呼;"钞票"则是晚近时代叫出来的产物。

《诗经》时代,周室王畿一带的方言称为"雅言","雅"字借为"夏"。雅言是诸夏(华夏族)共同使用的语言。根据《左传·文公十三年》的记载,当时秦国和魏国的方言不能相通。秦汉之际,原来有很大差别的秦晋方言已经糅合为一,成为当时全国最重要的方言。后世的北方汉语,就是以这一带的方言为基础而逐渐定型的。魏晋以来,汉语方言大抵可以分为河北、东齐、关中、中原、巴蜀、吴、楚七大区。南宋末年,除北方方言区外,南方方言有吴语区、粤语区、湘语区和闽语区。明清时代,方言分布已与现代差别不大。由于方言是历史地形成的,所以各地方言的声母、韵部、声调等语音差异,无疑都是历史发展的积淀。现代吴语(以苏州话为代表)有 27 个声母,现代闽语(以厦门话为代表)有 18 个声母,现代粤语(以广州话为代表)有 20 个声母,现代客家话(以梅县话为代表)有 18 个声母,现在北京话的声母与清代后期大体一致;韵部则比明清时代多了"车遮"(ə)一部。

提到方言文化,不能不说到扬雄。中国古代在先秦时,君王常派使者到民间去采集方言俗语,予以登籍珍藏,但可惜这些著录并没有留传下来,而且此风汉代以后也已废止。西汉扬雄[①]的《方言》,在记录口语词汇,比较各地词汇异同,反映汉代方言地理方面都有不可磨灭的贡献,是世界上第一本方言词汇集,早于欧洲同类著作整整 17 个世纪。《方言》原名《殊言》,全称《輶轩使者绝代语释别国方言》,这个全称有三层意思,"輶轩使者"暗示全书

① 蜀郡成都人,公元前 53 年—公元 18 年在世。

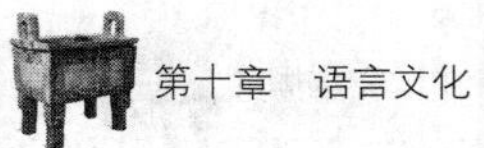

的资料来源，“绝代语释”和“别国方言”为全书所包括的内容，所谓“考九服之逸言，标六代之绝语”[①]，即是指此。《方言》在训诂上，有两大发现：一是《尔雅》里的不少同义词，实际上就是古代不同的方言词；二是古今语、方言词的差异，是由“语之转”（即音转）所致。当然，《方言》亦留下不少遗憾，其中最主要的是：只限于记录部分词汇，缺少对语音的叙述，所谓仅“考名物之异同，不显声谈之是非”[②]，不能反映汉代方言全貌。历代研究方言的学者不乏其人。晋代郭璞不仅注释《方言》所录的词语，并且常拿当时的方言与之比较，因此郭注成了研究晋代方言的宝贵资料。元末周德清的《中原音韵》，对于了解和研究元代北方的语音系统是极为重要的文献。清代在考据学风气影响之下，出现了不少考证方言本字和词的著作，这些成为今人研究方言的宝贵财富。

二、汉语的神韵

汉语的句法尽管简短，却变化无穷，以致造成千姿百态的语体风格，汉语可以在语言艺术的广阔领域里充分施展自己的才华。汉语语法的特点是以简驭繁，以能动、发散的基本单位为主体做创造性的发挥。所以，任何先验的、坚硬的框架都无法框住汉语语法。只有从基本单位主体发挥的动态过程中，把握语法脉络，融简单与复杂、能动与规律、有法与无法于一体，才能从本质上去理解、“顿悟”汉语的人文精神和神韵气质。毋庸置疑，汉语语法“形”的因素不是主要的，“神”的因素倒是更基本的。如果说西方语法是以形摄神，那么汉语语法则是以神统形。“神”即汉语为文造句的一种主体意识。当然这种主体意识最终是由一定之“法”来实现的，是“可说”的。但诚为古人所言：“法有死法，有活法。”[③]章学诚先生在《古文十弊》中指出：“文成法立，未尝有定格也。传人适如其人，述事适如其事，无定之中有一定焉。”可见“法”以意为转移。文意恰当地表现出来，文法也就立在其中。“无定”之法一旦经过人的“心营意造”，即成“一定”之“法”。因而汉语语法如清人沈德潜所说，是“以意运法”的“活法”，而非“以意从法”的“死法”。

西方民族从古希腊开始就注重形式逻辑或抽象思维，力求从独立于自我的自然界中抽象出某种纯粹形式的简单观念，追求一种纯粹的单一元素。

---

① 郭璞《方言注》。

② 《颜氏家训·音辞篇》。

③ 叶燮《原诗·内篇下》。

它表现在西方语言样态上，就是以丰满的形态外露；而表现在语言分析上，也就是最大限度地形式化描写。可见西方语言学传统，是西方语言学者在西方文化的背景之下，以西方语言为基本材料思考的结果。形式化的原则对于形态语言来说，虽然它也存有缺陷，但恰恰是这种相对自足的方法，是符合西方语言实际的有效理解方法。中国古代汉语讲究“神而明之”，语言分析所用的概念范畴，都出自人的主观感受，运用辩证的两端来具象化。用简单的性状来表述自己的语感和体验，从形式和内容的有机统一所产生的表达效果上来整体把握语言特征。这与古人“文以意为主”，“意在笔先”，“以意役法”的文辞观是和谐的。用西方形式主义的语言分析眼光来看，汉语的理解几乎是只有“人”而没有“法”。当西方民族汲汲于向外探索，以发展世界、改造世界为获得自由的途径时，中国人却正好相反：向内探求，以认识自身和完善自身为获得自由的途径。这种内向型文化所显示出的独特的人文性，往往是西方的科学传统眼光既很难理解又很难企及的。

汉语的“神韵”精神，还表现在修辞上。修辞的目的是加强语言的表达效果。汉语很讲究修辞，早在战国时期，孟子就提出了“不以文害辞，不以辞害志，以意逆志”[①]的修辞主张。陆机的《文赋》首先提出“警策”的修辞功用，开始注重语言的音韵。刘勰告诉人们：“夫人之立言，因字而生句，积句而成章，积章而成篇。篇之彪炳，章无疵也；章之明靡，句无玷也；句之清英，字不妄也。振本而末从，知一而万毕矣。”[②]由此可见，古汉语修辞对词的选择，在词义方面做到动听和谐；在形貌方面，注意避怪字，省去偏旁相同的字，不让雷同的字重出，尽可能将肥字、瘦字交错参伍地使用。古汉语修辞对词的选择，则讲究奇偶、复省和常变。主张奇句偶句（对偶、排比、层递）交替，以省略求跳脱，常句与变句（语序句序倒装）相配。这些都为构成汉语的“神韵”增加了动人的旋律。

提到汉语的“神韵”，不能不说一下古汉语的音韵。现存最早的韵书是《广韵》，《广韵》的前身是《唐韵》，《唐韵》的前身是《切韵》。《广韵》基本上保持了《切韵》的语音系统。韵书中的韵，与韵母概念不同，它只要韵腹、韵尾相同就归为一部，不仅不计韵头，而且不计声调。中古音的韵母系统，在《广韵》中也有明确的反映。切韵分为 193 韵，《广韵》在《切韵》的基础上，再分韵增字，因而有 206 韵之多。韵书是正韵的依据，《切韵》在唐代被朝廷定为

---

① 《孟子·万章上》。

② 《文心雕龙·章句》。

作文模式，但由于分韵繁多，唐人已难于掌握，“属文之士共苦其苛细”①。作为中古标准语的《切韵》《广韵》音系，到后来发展成了近古音系。元代周德清《中原音韵》就是近古音系的代表，音韵是构成“神韵”的不可或缺的元素材料，但神韵主要强调韵律之神，注重语言内在意韵的流动，追求韵律的清亮和意境的优美、空灵。

思考与练习

1. 何谓“六书”？
2. 谈谈汉字的字体演变。
3. 汉语包括了哪几大方言体系？
4. 汉语的音韵系统可分为哪几个阶段？

延伸阅读与参考书目

郭沫若：《古代文字之辩证的发展》，《奴隶制时代》，北京：人民出版社，1973 年。

王力：《汉语史稿》，北京：中华书局，1980 年。

陈原：《语言与社会生活》，北京：三联书店，1999 年

周振鹤、游汝杰：《方言与中国文化》，上海：上海人民出版社，1986 年。

① 《封氏闻见记》。

第十一章　文　　学[①]

中国古代文学是世界上历史最悠久的文学之一，它经历了长达 3000 多年未有中断的发展历程，以其辉煌成就而成为全人类文化宝库中的瑰宝。中国古代文学是中国传统文化中最重要、最具有活力的一部分，深刻而且生动地体现着中国文化的特质和基本精神。

第一节　古典诗词

《诗经》是中国第一部诗歌总集，有风、雅、颂三部分，其中风包括 15 国风，雅分为大雅、小雅，颂分周颂、鲁颂、商颂。《诗经》是中国古典文学现实主义传统的光辉起点，尤其是“饥者歌其食，劳者歌其事”的民歌，从各个方面反映了当时的社会现实，表露了劳动人民的生活境况和思想感情。如《伐檀》《硕鼠》《七月》《东山》都是好诗。雅诗[②]和颂诗一般出自统治阶级各阶层人物之手，从不同的角度反映了当时的社会经济、军事、政治等状况。《诗经》以四言为主，多采用重章叠句的结构形式，语言质朴、格调清新。其表现手法主要是赋、比、兴，它们对后世文学的影响极为深远。

《楚辞》是继《诗经》之后的新诗体。屈原运用流行于江汉一带，长短参差，杂有“兮”字的自由民歌体创作了以《离骚》为代表的大量诗歌，这便是楚辞，又称“骚体”。《离骚》是中国古代最长的一首抒情诗，表达了屈原对楚国忠贞不渝的热爱之情和对理想的不懈追求，闪耀着奇异的浪漫主义色彩。诗人大量采用象征、比喻的手法，把神话传说、历史人物、山川日月、香草幽花等罗织起来，构成一幅幅雄奇瑰丽的图画。其笔法富于变化，写得波澜起伏，宛转多姿。《九章》表现了屈原高尚的人格和诗人对祖国的深挚感情，其文笔质朴，多直抒胸臆。《九歌》是诗人根据民间祀神乐歌加工创作的一组

① 此章参考章培恒、骆玉明主编《中国文学史》(复旦大学出版社，1996 年)，谭家健主编《中国文化史概要》(增订本，高等教育出版社，1997 年)及《中国大百科全书》(中国文学卷，中国大百科全书出版社，1986 年)等。

② 《小雅》中的部分民歌除外。

祭歌,共11篇。其中《国殇》祭为国捐躯的英灵,《湘君》《湘夫人》《山鬼》等描写了神与神、人与神之间的爱情,离合悲欢,情致缠绵。屈原是中国文学史上第一位伟大诗人,他那些洋溢着爱国激情的诗篇,是中华民族宝贵的财富,他所创造的"骚体",大大丰富了诗歌的表现力。《离骚》的浪漫主义手法,对中国古典文学的浪漫主义传统的形成和发展,影响极为深远。

汉魏乐府民歌"感于哀乐,缘事而发",比《诗经》的叙事性更强,《东门行》《十五从军征》《陌上桑》等都以精炼传神的笔墨描写了生活中的一个事件或场面。代表作《孔雀东南飞》完整地叙述了一个爱情悲剧故事的始末,塑造了栩栩如生的人物形象,被明代王世贞赞为"长诗之圣"。南朝乐府题材比较狭窄,大多为出自女子的情歌,其中《西洲曲》表达了女子连绵不绝的相思,这首长篇爱情诗为历代人所传诵。北朝乐府民歌主要反映北方人民在战争年代所受的苦难。杰出的《木兰辞》歌颂了代父从军的女英雄木兰,形象真实感人。值得一提的是,东汉末年也出现了一批像《古诗十九首》那样的优秀的文人五言诗,虽然思想内容比较贫乏,然艺术造诣很高,被梁刘勰誉为"五言之冠冕"。

建安时期涌现了以曹氏父子和"建安七子"①为代表的大批作家,他们敢于直面黑暗现实,描写动乱,感叹人生,倾诉忧国之思,抒发济世宏志,"志深而笔长"、慷慨而多气,铸成别具特色的"建安风骨"。另外,西晋左思的《咏史诗》笔力雄浑,独树一帜。

东晋时期,以阐述老庄哲理为主旨的玄言诗盛行。而陶渊明则以直率自然的笔触描绘田园风光和田园生活感受,《归田园居》《和郭主簿》等诗,自然平淡、言浅旨深,宛如一股清新的晨风吹进了沉闷的诗坛。陶潜开创了田园诗派,其诗作一直被后人奉为典范。刘宋时期的谢灵运和鲍照成就引人注目。谢灵运是山水诗派的创始人。鲍照《拟行路难》18首很出色,风格遒劲,为后来七言歌行体开了先河。齐梁时期的沈约和谢朓,把魏晋以来声韵学研究的成果运用到诗歌创作之中,创造了一种讲究声律和对仗的新诗体——"永明体",它标志着中国诗歌从比较自由的"古体"走向格律严整的"近体"。

初唐诗风承袭齐梁余绪,流行"以绮错婉媚为本"的"上官体",而"初唐四杰"②开始将绮靡的诗风引向明快清新。沈佺期、宋之问学习前人的经验,

---

① 孔融、王粲、刘桢、陈琳、阮瑀、徐干、应玚。

② 王勃、杨炯、卢照邻、骆宾王。

使五律诗、七律诗定型化。陈子昂高举诗歌创新的旗帜，不仅在理论上反对齐梁诗风，提倡“汉魏风骨”，而且还以自己的创作实践开创盛唐刚健雄浑之诗风，《感遇诗》38 首、《登幽州台歌》都是上乘之作。开元天宝年间，是唐诗迅猛发展的全盛时代，名家辈出，诗体大备，风格多样，整个诗坛洋溢着蓬勃向上的昂扬精神。以高适、岑参为代表的边塞诗派，多描写奇丽寥廓的边境风光，抒发慷慨从军、驰骋沙场、建功立业的豪情壮志。高适《燕歌行》，岑参《走马川行奉送出师西征》《轮台歌奉送封大夫出师西征》《白雪歌送武判官归京》，王昌龄《从军行》《出塞》，李颀《古从军行》等均为边塞诗中的传世杰作。以王维、孟浩然为代表的诗人则写山川秀丽之景、山野乡居之趣，形成了山水田园诗派。王维善于营构意境，以精湛的语言来表达自己对大自然的独特感受，情韵隽永。他的《渭川田家》《积雨辋川庄作》《送元二使安西》令人难忘。孟浩然诗情疏雅简淡，言约意幽，《过故人庄》《夜归鹿门歌》写得隽永清新。

最能代表盛唐诗歌艺术成就的就是李白与杜甫。李白是屈原之后的又一伟大的浪漫主义诗人。他的诗作热烈追求光明和理想，猛烈抨击黑暗现实，充分表现诗人蔑视权贵的傲岸性格，诗风豪放飘逸，诗情一泻万里，笔势灵活多变，夸张想象大胆奇特。李白的主要代表作《梦游天姥吟留别》《蜀道难》《庐山谣》《行路难》等，令人倾倒。杜甫是中国文学史上伟大的现实主义诗人。由盛而衰的唐代社会现实、安史之乱的惨况酿造了杜甫“沉郁顿挫”的诗风。他的诗思想内容宏深博大，艺术才力海涵地负，对祖国和人民的感情深挚笃厚，作品被公认为“诗史”。代表作《自京赴奉先县咏怀五百字》《北征》《羌村》《茅屋为秋风所破歌》“三吏”“三别”《兵车行》《丽人行》堪称千古佳作。李白与杜甫无愧于高照中国古典诗坛的辉煌星斗。

中唐诗坛上主要有两个诗派：一是元、白通俗诗派；二是韩、孟奇险诗派。白居易强调诗应表现民众疾苦，提出“惟歌生民病”的主张，他自制乐府新题，创作大量平实通俗的诗，针砭时弊，代表作有《卖炭翁》《轻肥》《上阳白发人》等，令人声泪俱下。尤其是《长恨歌》《琵琶行》更是传世珍品。元稹、张籍、王建亦有较好的乐府诗问世。韩愈作诗追求奇崛险怪，他的《八月十五夜赠张功曹》《山石》《南山诗》等诗篇格局恢宏，章法灵活，语言古朴苍劲，充分显示了他深厚的古文修养。韩愈以文为诗，讲才学、发议论，开创诗坛新局面，不但名扬当时，而且滋润后人。孟郊、贾岛都属“苦吟”的著名诗人，曾有“郊寒岛瘦”之称。还有刘禹锡的怀古之作，如《西塞山怀古》，气韵沉雄、意境壮阔。柳宗元的山水诗清朗疏淡，寄寓了诗人幽静的心绪，《江雪》

《登柳州城楼寄漳、汀、连、封四州刺史》等诗令人难忘。李贺的诗奇崛幽峭、秾丽凄清，诗中充满了出人意料的奇特想象，语言惊妙绝艳，《金铜仙人辞汉歌》《梦天》等诗别树一帜。

晚唐诗坛弥漫着浓重的感伤气氛，不仅盛唐气象灰飞烟灭，就连中唐格局和中兴气象亦荡然无存，但是形式上却趋向精美，艺术造诣有所发展，出现了杜牧、李商隐等著名诗人。杜牧多感伤时世之作，《感怀》《郡斋独酌》艺术精湛。杜牧又是七绝大师，《江南春》《泊秦淮》等出手不凡。李商隐的"无题"诗和爱情诗艺术独到，多寓象征意义，情思绵邈、意蕴含蓄、辞句精丽、艺术高超。

宋朝是词极盛的时代，词成为宋代文学的标志。宋初词坛主要承袭晚唐五代的婉丽风气，晏殊、晏几道父子是其代表词人。较早为宋词开创新意境的是范仲淹和欧阳修。与晏、欧同时代的柳永是一位风格独创的著名词人，他大量制作慢词，拓宽词的内涵容量，丰富了词的艺术表现力，常以白描见长，语言清浅，大量吸收口语俗语，一洗晚唐词人的雕琢习气。他的《八声甘州》《雨霖铃》深切地表达了落拓江湖的文人悲情，情景交融，道尽"宦游滋味"。柳词流传颇广，真可谓"凡有井水饮处，即能歌柳词"。

苏轼不仅在散文和诗歌创作上卓有成就，而且在词史上亦有突出地位。他将词引入广阔的人生，闯出"词为艳科"的传统藩篱，凡怀古、感旧、记游、说理等诗人惯用的题材，他都用词来表达，大大开拓了词的领域。苏轼有不少作品风格豪放旷达，时见奇怀逸气。《江城子》《水调歌头》《念奴娇》等完全改变了晚唐词风，成为豪放派词的开山鼻祖。北宋后期的秦观、贺铸、周邦彦也较著名。秦观为"苏门四学士"之一，词风清婉，近于柳永一派。他写情，则真挚缠绵，如《鹊桥仙》；写愁，则凄迷哀绝，尤其善于通过写景渲染气氛，如《踏莎行》。贺铸词多写人生沧桑之感及个人闲愁，最著名的《青玉案》写江南烟雨之景，传诵一时。周邦彦多写艳情羁愁，言情体物，穷极工巧。他创制新调，讲究词的音律、法度，对词的形式发展有一定的贡献，备受后代词家推崇。

李清照是北宋与南宋之交杰出的女词人。她早期多写闺情，《醉花荫》《一剪梅》写得缠绵如丝；后期蕴含国破家亡之痛，多抒个人不幸遭遇，其《永遇乐》《声声慢》可谓声泪俱下、哀婉动人。她词风清俊，婉约之中透示豪放之气，在两宋词坛上独树一帜。辛弃疾是南宋最著名的爱国词人，他继承苏东坡豪放词风，并以强烈的政治热情和豪爽的英雄本色，把词引向更广阔的社会现实。辛词中充溢着以英雄自许或以英雄许人，热望收复祖国河山的

壮志豪情，宣泄壮志未酬的忧愤心情。《水龙吟》《南乡子》和《破阵子》等意境雄奇，笔墨酣畅，感情沉郁，长于比兴，大量运用典故，为千古绝唱。与辛弃疾同时唱和的还有陈亮、刘达和稍晚的刘克庄，是谓“辛派词人”。南宋后期的重要词人是姜夔和吴文英。姜词以清远空灵见称。

宋代诗歌在继承唐诗成就基础上，形成了独特的风貌。苏轼这位杰出大家，诗受韩愈影响，格局恢弘，意象阔大，诗情自由奔放，比喻层出不穷，《游金山寺》《惠崇春江晚景》等是不可多得的好诗。黄庭坚是继苏轼之后的有影响的诗人。他要求诗歌“无一字无来处”，提倡“点石成金”和“脱胎换骨”，提倡创制拗律。黄庭坚的创作主张在北宋后期和南宋前期风靡一时，形成了较有声势的“江西诗派”。从苏轼到黄庭坚，宋诗逐渐形成了“以文字为诗，以才学为诗，以议论为诗”的特点。南宋的陆游以激昂悲壮的诗篇集中反映广大人民雪耻御侮、收复失地的迫切愿望。陆游是一位杰出的爱国主义诗人，《书愤》《关山月》等表达了强烈的爱国精神。同时杰出的诗人还有杨万里、范成大。

南宋后期，文人的激情呼声渐趋微弱，代之而起的是“四灵”诗派和江湖诗派。文天祥、汪元量、谢翱、郑思肖等人为南宋唱了一曲慷慨凄凉的挽歌，文天祥的《正气歌》《过零丁洋》都不失为千古传诵的爱国佳篇。

宋金时代，民间兴起了一种新的诗歌形式——散曲。元代前期较有成就的散曲作家是些地位低下的书会文人。关汉卿、白朴、马致远都是一流的散曲家。关汉卿的[南吕·一枝花]《不伏老》以生动的比喻、泼辣的语言写出诗人的精神风貌和富于反抗的个性形象。马致远[双调·夜行船]《秋思》以枯藤、老树、昏鸦和小桥、流水、人家的普通景致，烘托出沦落天涯者的彷徨苦闷，堪称一绝。元后期的散曲大多“啸傲烟霞，嘲弄风月”。较有亮色的作家有张养浩、张可久、乔吉、刘时中、睢景臣等。张养浩[山坡羊]《潼关怀古》、刘时中[正宫·端正好]《上高监司》等散曲，针砭时弊，激情沉痛。睢景臣[般涉调·哨遍]《高祖还乡》，运用漫画笔法揭露统治者无赖的本质面目，刻画淋漓尽致。

明初的刘基、高启等人曾亲历元末动乱现实，诗歌写得充实。此后，相当长时间诗坛上“台阁体”独尊。明中叶以后，以李梦阳、何景明为首的“前七子”和以李攀龙、王世贞为首的“后七子”，反对“台阁体”，提出复古的文学创作主张，在诗歌创作上推崇汉魏盛唐，主张从章法、结构到词汇都进行亦步亦趋的摹拟，唯古人是尚。“前、后七子”的拟古主义，相继遭到“唐宋派”、“公安派”、“竟陵派”的反对。“公安派”主张“独抒性灵，不拘格套”，对后来的诗论和创作都产生较大影响。明末的诗坛发生了变化，陈子龙、夏完淳等人以自己的诗作表达了对时事的关切，发出了挽救民族危亡的呐喊。在抗清斗争中，张煌言、瞿式耜等写下了激昂悲烈的战斗诗篇。

清初诗坛盟主是明末已负盛名的钱谦益、吴伟业、王士祯、陈维崧、纳兰性德、朱彝尊等。吴伟业诗词皆工，擅长在诗中歌咏明清之际时事，《圆圆曲》《扬州》四首、《杂感》21首颇有可读之处。王士祯标榜神韵，其诗风致清隽，在当时影响很大，成为继钱、吴之后能主诗坛的重要人物。纳兰性德长于填词，词风清淡朴素。陈维崧作词师法苏辛，创立阳羡派。朱彝尊推崇南宋诸家，是浙西词派之祖。雍正、乾隆时期，诗坛形成两大派别：以沈德潜为首的"格调说"诗人，主张写诗必须"温柔敦厚"、师法古人；以袁枚为首的"性灵说"诗人，则主张写个人的"性情遭际"。这一时期，比较有成就的诗人是袁枚、赵翼、蒋士铨、黄景仁等。

清道光、咸丰年间，最杰出的诗人是龚自珍。《已亥杂诗》《夜坐》等揭露了清王朝统治的昏庸无能和令人窒息的空气，热情地呼吁社会变革。同治、光绪年间，随着资产阶级改良主义思潮的兴起，出现了以黄遵宪为代表的一批改良派诗人。梁启超等更提出"诗界革命"的口号，要求诗歌成为传播新思想、新知识、鼓吹进步的政治斗争工具。20世纪初期，随着资产阶级改良运动的失败，蓬勃兴起了要求推翻清王朝，建立民主共和国的革命运动，许多仁人志士运用诗歌来抒发抱负志向，慷慨悲歌。秋瑾女士的《秋风曲》《宝刀歌》《感时二首》等，忧国感时，壮怀激荡，风格豪爽。1909年，陈去病、高旭、苏曼殊、柳亚子成立"南社"，宣扬资产阶级民主革命，反抗清王朝专制统治，抒发振兴中华大志。

第二节　古代散文与辞赋

先秦历史散文有《尚书》《春秋》《国语》《左传》《战国策》等。《尚书》是中国最早的一部历史文献集，其内容包括殷商和西周初年的王室文告、命令誓词、王公大臣的讲话、训示等。《尚书》文词古奥，素称艰深难读。《国语》记载西周初至春秋末史实，分述周、鲁、齐、晋、郑、楚、吴、越八国重要事件和言论，以晋国为最详。全书以记言为主，记事为辅，大多是独立成篇的对话。《国语》文风与《尚书》不同，语言质朴。《左传》成就较高，记事起于公元前722年，止于公元前464年，以鲁为主体，逐年逐月记录各国政治、军事、外交等重大活动。文字精练，写法灵活，篇章长短不一，已能通过细节表现人

物的品德和习性。《左传》擅长描写战争，城濮之战、殽之战等大战矛盾错综复杂、头绪纷纭，但作者将其写得紧张曲折而又井然有序。《战国策》是记录战国时期纵横家言行的史书，共分东周、西周、秦、齐、楚、魏、赵、韩、燕、宋、卫、中山12策，内容主要是政客策士们进行政治外交活动的奇计、良策、嘉言、善行。《战国策》长于用寓言故事说理，文辞富有鼓动性。《荆轲刺秦王》等篇章生动地刻画人物、渲染气氛，富于传奇色彩。

先秦哲理散文也称诸子散文。最早的诸子散文《论语》，是儒家创始人孔子及其弟子的语录汇编，以流畅简易的语言如实记录了孔门师生的言论，不乏形象性和哲理性。《孟子》是第二位儒家大师孟轲的语录，其中也有长篇大论。它与《论语》的迂徐深沉不同，感情充沛、气势逼人、语言锋利、风格恣纵，尤其擅用比喻，不少寓言故事含义深刻而又幽默。《庄子》是庄周及其门徒的著作汇编。作者特别富于想象力，擅长运用神话、童话式的寓言，巧妙地论证哲理。人与神、河与海、蛙与鳖、大鹏与小鸟，甚至铜铁、土石、风景，都互相辩诘，大发妙论。《庄子》的文章汪洋恣肆、波澜起伏、变化莫测，其文风对后代浪漫主义文学有深远的影响。此外，反映道家始祖老聃的思想的《老子》，则是韵散夹杂的格言体。《墨子》是墨家学派的文集，逻辑严密。荀况的论文集《荀子》完全脱离了语录体。《韩非子》为法家集大成者韩非所著，其政论文风格峭刻犀利、严峻爽利、抉剔入微。《晏子春秋》《吕氏春秋》亦有一定的文学价值。

两汉散文中成就最大的是政论和史传两方面。西汉初，贾谊和晁错是当时的优秀政论文家。《过秦论》和《论贵粟疏》文笔畅达而见解深刻。东汉王充《论衡》以及崔寔的《政论》、仲长统《昌言》都是有名的政治哲理论著。西汉中期出现了司马迁的《史记》，它是中国第一部纪传体通史，也是成功的史传巨著。他开创了以本纪、列传为主的传记文体，塑造出一系列性格鲜明、形象突出的历史人物，上自帝王将相、大小官吏，下至工商、走卒、剑侠、卜医、星相之流，无不栩栩如生。其中，项羽、刘邦、李广等艺术典型家喻户晓。东汉班固的《汉书》是第一部断代史。班固虽思想艺术水平不及司马迁，然其文风较严谨详赡，叙事写人时亦有独到之处。

南朝大行骈文，散文成功之作少见。北朝的三大散体著作值得一提：郦道元《水经注》虽为地理著作，然文学性很强，语言精妙，对山水草木摹画逼真，开后世游记散文之先河；杨衒之的《洛阳伽蓝记》以洛阳全盛时期的佛寺为纲，描述塔庙殿阁，形神毕肖；颜之推的《颜氏家训》一改骈偶风气，一改齐梁清淡作风。

初唐、盛唐、中唐前期文坛，骈文仍占统治地位，其浮华柔弱之风，受到陈子昂等人的反对。以韩愈、柳宗元为首的唐代古文运动，扭转了六朝以来泛滥文坛数百年的形式主义逆流，确定了尔后1000多年的古文正宗地位，使中国古典散文沿着健康的道路前进。韩柳主张“文以载道”，“不平则鸣”，“唯陈言之务去”，“文从字顺”。古文运动反对言之无物，反对粉饰太平，反对模仿，反对矫揉造作，提倡创新。韩愈的杂文和政论最为文坛称道，《马说》《进学解》《师说》《原道》《论佛骨表》等写得逻辑严密，布局精巧，语言刚劲，气势雄浑，因而苏轼说韩愈“文起八代之衰”。柳宗元是古文运动的另一位旗手，他的山水游记如《永州八记》等，文笔清新，寓意深沉，境界幽峭；其寓言故事揭示本质，夸张想象，饶有风味，严峻浓郁；其传记取材不尽，借题发挥，《捕蛇者说》等写得入木三分；政论名篇《封建论》写得更是令人信服，具有震撼力。韩、柳之后不久，古文运动衰微。然晚唐出现的小品倒是令人喜出望外。皮日休、陆龟蒙、罗隐的小品文章幽默精巧，鲁迅称赞是“一塌糊涂的泥塘里的光彩和锋芒”。

再度弥漫的骈骊之风，从晚唐延续到宋初，曾受到王禹偁、柳开等人反对。到欧阳修等人掀起的第二次古文运动，才算取得了决定性胜利。欧阳修的散文，无论是叙事、议论、抒情，都显得得心应手。政论文《朋党论》痛快淋漓，《泷岗阡表》动人悲思，《醉翁亭记》清新圆润，《秋声赋》诗意浓郁。《新五代史》的传论（如《伶官传序》）可与《史记》比美。宋代古文运动的干将应推王安石，其文挺拔劲峭，简明洁净，内涵高深奇突。《游褒禅山记》《答司马谏议书》等名噪一时。此外，曾巩文风平实，然布局却有法度；苏洵、苏辙为文纵横雄奇。苏轼是宋代最著名的散文大家，他是一位文艺全才，散文各体无所不精。《赤壁赋》《石钟山记》等以景动人，以意取胜；小品文《记承天寺夜游》清丽秀逸；传记文《方山子传》呼之欲出；议论文《答谢民师书》词采英拔；史论《留侯论》不乏真知灼见。

明初，出现了一批具有较高社会意义和新鲜气息的作品。宋濂《秦士录》《送东阳马生序》，刘基《卖柑者言》《楚人养狙》，高启《书博鸡者》等，写得都有个性。明中期，以李梦阳、何景明为首的“前七子”，反对当时的粉饰太平、平庸空虚的台阁体，不乏一定的进步性。散文家马中锡《中山狼传》、王守仁《瘗旅文》值得一读。以李攀龙、王世贞为首的“后七子”，文学观点与“前七子”相同，声势更大，形式主义也更严重。然宗臣《报刘一丈书》写得入木三分，是“后七子”散文中的佼佼者。与“前、后七子”同时的“唐宋派”，以唐顺之、茅坤、归有光为代表，力图纠正“前、后七子”“文必秦汉”的弊病，推

崇唐宋古文，而又要求有“新精神”，反对字剽句窃。其创作以归有光成就为最高，他的《项脊轩志》《先妣事略》真挚动人。明后期，徐渭、李贽提倡写“真心”、“真人”，反对复古，为文泼辣痛快，写了不少匕首般的小品文。稍后“公安派”袁宗道、袁宏道、袁中道兄弟深受李贽启发，进一步要求“独抒性灵，不拘格套”，记人着重个性，写景重在感受。“竟陵派”钟惺、谭元春，主张表现“幽情单绪”，路子更狭窄。其中如刘侗、于奕正合写的《帝京景物略》体现了竟陵派散文特点。徐弘祖《徐霞客游记》是一部科学性和艺术性较强的散文名著。明末散文家以张岱为代表，其《陶庵梦记》《西湖梦寻》等，文笔清隽。

清中叶，以方苞、刘大櫆、姚鼐为代表的“桐城派”，倡导唐宋古文，讲究“义法”，要求语言“雅洁”。方苞《狱中杂记》《左忠毅公逸事》，姚鼐《登泰山记》均有特色。以恽敬为首的“阳湖派”，观点近于桐城派，虽为文活泼，然影响远不及“桐城派”。

赋是一种以“铺采摛文，体物写志”为基本特征的文体。战国末年的荀况是第一位以赋名篇的作家，《礼》《知》《云》《蚕》《箴》每篇各赋一物，质朴而有韵致。楚人宋玉对赋的创立和发展有重要贡献，他的《风赋》《高唐赋》《神女赋》《登徒子好色赋》都很出名。

汉代是辞赋创作的成熟繁荣时期。西汉初，贾谊、枚乘创作骚体赋。贾谊《吊屈原赋》《鹏鸟赋》，枚乘《七发》[①]皆有名。西汉中期到东汉中叶，大赋创作极盛一时，名家辈出。司马相如《子虚赋》《上林赋》是散体大赋的代表作。两者写作时间不同，然内容相互连贯：《子虚赋》写楚国子虚在齐国乌有先生面前夸说楚国云梦之大和楚王田猎的盛况，乌有则把齐国夸耀一番；《上林赋》写亡是公听了子虚和乌有的对话后，便大肆铺张汉天子上林苑的壮丽和天子射猎的盛举，压倒齐楚，表明诸侯之事不足道。最后归结为反对奢侈淫靡。这两篇赋结构宏丽，词采华美，文笔飞动，充分显示了大一统的汉王朝的气魄和声威，反映了处于上升时期的汉帝国的精神面貌。西汉末年扬雄《羽猎赋》《长杨赋》，东汉初班固《两都赋》，东汉张衡《二京赋》等均为汉散体大赋之名篇，表现手法都摹拟了《子虚赋》和《上林赋》，只是更为博大宏丽，铺陈排比更甚。东汉中叶，出现一些抒情小赋，如张衡《归田赋》便是这一转变的契机。

魏晋南北朝的辞赋有三个变化：一是由专事歌功颂德变为咏物抒情；二是自然风物、家常情理的内容入赋；三是由散体变为骈俪。于是赋的体制发

① 后人作品中凡沿用这种体式的，统称“七体”。

展到了新阶段。建安文人擅长辞赋，曹植的《洛神赋》、王粲的《登楼赋》、祢衡的《鹦鹉赋》、向秀的《思旧赋》传诵一时。晋代是两汉后又一个赋风繁盛的时代。左思《三都赋》、潘岳《秋兴赋》《闲居赋》名扬一时。陆机《文赋》是用赋体写成的文艺理论著作。鲍照《芜城赋》、谢惠连《雪赋》、谢庄《月赋》都是出色的骈赋。江淹是齐梁时著名的赋家，现存赋近30篇，大都文辞清丽，其代表作《恨赋》《别赋》是两篇主题和题材都很新颖别致的骈赋。

梁陈时期，诗风日趋柔靡，赋风亦然。庾信早期赋作内容贫乏，然艺术形式精美，他后期伤时感世，追怀故国，诸如《小园赋》《枯树赋》《伤心赋》等成为抒情小赋的名篇，尤其是《哀江南赋》写得声泪俱下。

在唐宋古文运动的影响下，不少文人用散文笔法写赋，散体赋（又称文赋）应运而生，文赋也用骈偶句，然不一味追求声色的华丽、句式的工整，用韵自由，谋篇造句多用古文笔法，章法严谨，气韵生动。文学史上最著名的文赋代表作有：晚唐杜牧《阿房宫赋》、宋欧阳修《秋声赋》、苏轼《前赤壁赋》《后赤壁赋》等，写景状物，说理谈情，曲尽自然之妙，浑然天成，对后世影响较深。金元明清辞赋虽不景气，但文人作品亦不绝如缕。

第三节 古代戏曲

中国戏曲艺术的形成，有一个漫长的发展过程。《尚书》已有尧时“百兽率舞”的记载。隋唐前后，具有故事性的歌舞逐渐发展为歌舞戏，如“代面”、“钵头”、“踏摇娘”等。优和滑稽戏的产生，对戏曲的成型有推动作用。“优”即“倡优”、“俳优”，是春秋时期的艺人。倡优主演歌舞，俳优偏重滑稽调笑。在俳优基础上发展成为唐宋流行的参军戏，对后世戏曲中的插科打诨有很大影响。宋杂剧是在参军戏基础上发展起来的，角色由两个增加到五个。金院本作为“行院之本”，已具备戏剧的雏形。宋金的说唱艺术如“诸宫调”，是一种用不同宫调的曲牌联套演唱的艺术形式，它有曲有白，说说唱唱，对元杂剧的结构、刻画人物的方法和表演特点有很大影响。宋代丰富的“话本”（说话人用的底本），为元杂剧提供了故事内容。

元杂剧是在中国古代多种表演艺术的基础上逐渐发展起来的。元杂剧成就辉煌，有姓名可考的作家达200余人，书面记载的剧目达700多种，现存约150种。它是中国文化宝库中的珍品。

关汉卿是元杂剧作家中创作最早，成就最高的一位戏剧家，是元杂剧的奠基人。他一生创作颇丰，有将近70种剧，现存18种。代表作有《窦娥冤》

《鲁斋郎》《蝴蝶梦》《救风尘》《望江亭》《拜月亭》《调风月》《单刀会》等。关剧思想价值高，他关切妇女和婚姻问题，同情人民的苦难生活。关剧中的人物，各具个性特征，血肉丰满。关剧结构严密，安排巧妙，语言通俗自然，以"本色"著称。王实甫是元前期与关汉卿齐名的戏剧家，有《西厢记》《丽春堂》《破窑记》传世。西厢故事最早见于唐元稹的传奇小说《莺莺传》，王实甫的《西厢记》是在金代董解元的《西厢记诸宫调》基础上重新创作的一部杰作。《西厢记》通过莺莺与张生的爱情婚姻故事，有力地抨击了封建礼教的腐朽、虚伪，热情地歌颂了追求婚姻自由的青年男女，表达了作者"愿普天下有情的都成了眷属"的美好理想。《西厢记》结构宏伟、情节曲折生动。许多曲文就是优美动人的诗词，诸如第四本第三折[正宫·端正好]："碧云天，黄花地，西风紧，北雁南飞。晓来谁染霜林醉？总是离人泪。"情景交融，声色俱佳，楚楚动人。

杂剧的黄金时代是元初，关、王之外，尚有一大批优秀作家作品：康进之《李逵负荆》、高文秀《双献功》、纪君祥《赵氏孤儿》、杨显之《潇湘雨》、石君宝《秋胡戏妻》、马致远《汉宫秋》、白朴《梧桐雨》和《墙头马上》、尚仲贤《柳毅传书》、李好古《张生煮海》、无名氏《陈州粜米》、李潜夫《灰阑记》、武汉臣《老生儿》、孟汉卿《魔合罗》等。元杂剧前期创作以元京城大都为中心，后期创作逐渐南移，以原南宋京城临安为中心，这时仍出现了不少重要作家作品：郑光祖《倩女离魂》、乔吉《扬州梦》、宫天挺《范张鸡黍》等。元后期结构体制上较为自由的"南戏"（戏文）取代了杂剧。明代流行的戏曲形式叫"传奇"。传奇是在宋代南方温州一带产生的南戏（戏文）的基础上发展起来的戏曲形式。

元末明初，有高明《琵琶记》和号称"四大传奇"的《荆钗记》《白兔记》《拜月记》《杀狗记》（即"荆刘拜杀"）。《琵琶记》中的赵五娘形象塑造得真切感人。万历年间，是明戏曲发展的鼎盛时期，以沈璟为代表的"吴江派"和汤显祖为首的"临川派"较为活跃。汤显祖有"临川四梦"（又名"玉茗堂四梦"），即《紫钗记》《牡丹亭》《南柯记》《邯郸记》。《牡丹亭》通过杜丽娘和柳梦梅的爱情故事，表现了作者反对封建婚姻制度，追求人性自由解放的美好理想。汤显祖的浪漫主义手法成功塑造了杜丽娘的艺术形象。《牡丹亭》艺术的最大特色就是它的浪漫主义，情节曲折离奇，语言华丽鲜明，抒情写景惟妙惟肖，诗情画意跃然纸上。

明代亦有杂剧问世，如王九思《杜甫游春》、康海《中山狼》、徐谓《四声猿》《歌代啸》、徐复祚《一文钱》、王衡《郁轮袍》、孟称舜《人面桃花》等亦有一定影响。

明末清初，苏州一批剧作家比较活跃，李玉最为著名。相传他编写了60多种剧本，现存近20种。其中名作是“一、人、永、占”，即《一棒雪》《人兽关》《永团圆》《占花魁》。对戏曲理论研究卓有成效的是清初戏曲家李渔，所著《闲情偶寄》中的“词曲部”、“演习部”（即《李笠翁曲话》），系统地论述了戏曲文学和表演艺术，理论价值较高，对后世产生深远影响。洪升《长生殿》和孔尚任《桃花扇》是清初最杰出的传奇，“南洪北孔”是康熙时代风行一时的称呼。《长生殿》描写唐明皇李隆基和杨贵妃的爱情故事，具有较高的思想价值和感人的艺术力量。其结构巧妙、情节曲折、场面壮观。其曲文清丽流畅，抒情性强。此剧问世后，竞相演出，盛极一时。《桃花扇》以李香君和侯方域的爱情故事为线索，反映了南明小朝廷的覆亡历史。剧本成功地塑造了李香君、柳敬亭、苏昆生等封建社会下层人物的形象，也塑造了众多正反面人物，各具个性，互不雷同。此剧语言优美，曲词圆润，宾白生动。

第四节　古典小说

中国古典小说从神话传说发展而来，不断吸收史传文学和寓言散文的艺术经验，逐渐走向成熟。汉魏六朝是小说的雏形期。六朝小说大致可分为两类：一类是志人小说，另一类是志怪小说。志人小说的杰作是刘义庆《世说新语》，主要记载汉末、三国和两晋士族阶层的遗闻轶事，按内容分为德行、言语、故事、文学、方正、雅量等36类。《世说新语》的高妙之处，是善于通过一件事、一个细节或一二句话，不加议论，便把人物的性格、风度表现出来，语言虽简朴而意味隽永，人物形象栩栩如生。干宝《搜神记》是六朝志怪小说的代表作。干宝的本意是宣扬鬼神迷信和封建道德，但书中资料颇丰，许多神话故事和民间传说反映了人民的愿望和要求，表现了人民的高尚品质和智慧，为后世的小说戏曲创作提供了素材和借鉴。至今，描写人神恋爱的《董永》，歌颂抗暴复仇的《三王墓》，表现阶级压迫和坚贞爱情的《韩凭夫妇》，赞扬少女斩蛇除害的《李寄》等优秀小说仍流传于世，并产生较大的影响。

唐传奇继承和发展了魏晋南北朝小说传统，同时又具有自己的特色。婚姻恋爱是唐传奇的重要题材，《李娃传》《莺莺传》《霍小玉传》《柳毅传》《任氏传》《离魂记》等都较著名。《柳毅传》写洞庭龙女几经周折嫁于柳毅的故事。《霍小玉传》描写陇西文士李益与妓女霍小玉的恋爱。前者赞扬救危扶

困、不畏强暴的品德，后者对霍小玉深沉缠绵之爱深表同情。《霍小玉传》情致委婉，辛酸凄恻，是唐传奇婚姻爱情题材的代表作。另外，《红线》《郭元振》《昆仑奴》《聂隐娘》等豪侠故事，《枕中记》《南柯太守传》等梦幻传奇亦值得一读。

“话本”原是说话的底本，是一种与说话艺术有直接关系的白话小说。宋元城市兴盛，话本适应了市民阶层娱乐的需要。北宋汴京和南宋临安说话艺人表演场所颇为壮观，说话艺人分工精细，而且成立“书会”。宋元话本名目繁多，但大致可分为“小说”和“讲史”两类：“小说”题材包括胭粉、灵怪、传奇、公案等，现存45篇；“讲史”是演义历史小说，篇幅比小说话本长，是中国长篇小说的开端，现存《大宋宣和遗事》《大唐三藏取经诗话》和“全相平话五种”——《武王伐纣平话》《七国春秋平话》《秦并六国平话》《前汉书平话》《三国志平话》。宋元话本写婚姻爱情，与唐传奇写贵族与妓女的爱情不同，它往往多写下层人民中间的爱情纠葛，如《碾玉观音》写裱糊匠女儿璩秀秀在咸安君王府做女奴，与王府碾玉匠崔宁相爱所引起的悲欢离合。

文言小说和白话小说，作为中国古典小说的两大流派，发展到明代呈现出特有的面貌。文言传奇小说宋已逊色，至明已衰微，除明初《剪灯新话》《剪灯余话》《觅灯因话》尚有可观之处外，其余大多为粗制滥造之作。但是，白话小说却走上了成熟和繁荣之路，不但体制有长篇、中篇、短篇，而且题材广泛，历史演义、英雄传奇、神魔人情应有尽有，明代白话小说表现出很高的水平。明前期有《三国演义》《水浒传》《西游记》，这三部不仅是中国文学的瑰宝，也是世界文学宝库中的珍品。

《三国演义》的作者是罗贯中，别号湖海散人。三国的故事早在唐就盛传于民间，宋有说“三分”的艺人，元刻印了讲史话本《三国志平话》。罗贯中充分汲取了民间传说和说话艺术的成果，根据史实构思创作，具有艺术真实价值。全书叙写了公元184年到280年近一个世纪的政治历史。其中主要刻画魏、蜀、吴三个政治集团的斗争。作者倾向蜀汉，将自己的政治理想寄托在刘备、诸葛亮等人物身上，作品中的曹操是个道地的奸雄形象，嘴脸丑恶、奸诈。全书结构宏伟，人物众多，事件纷繁，事态万端，而这一切都纳入系列的严谨完整的曲折情节之中。全书以时间为序，着重描叙历史演进的关键事件，展开一个个阔大的历史场面，从而栩栩如生地刻画了各具个性的人物形象，这种包揽大局，横跨巨大时空，纵横交错编织的宏伟结构，成为后来历史演义小说的模式。

施耐庵《水浒传》与《三国演义》差不多同时出现，取材于北宋末年梁山泊的传说，早在话本《大宋宣和遗事》中已初具规模，元杂剧中的"水浒戏"已经有相当丰富和生动的细节。《水浒传》现存三种版本：一百回本、一百二十回本、七十回本。百回本出现较早，比较接近原作，七十回本是明末清初金圣叹的删节本。《水浒传》描写北宋末年一群英雄人物被逼上梁山的故事，深刻反映了北宋阶级压迫的现实，揭露了封建社会的罪恶和黑暗，表现了下层人民对现实的不满和反抗。"忠义"二字是其基本思想。梁山泊英雄聚义"替天行道"，被招安后又去镇压方腊起义。林冲、武松等人物形象家喻户晓，活在人民群众心中。

《西游记》的作者吴承恩，字汝忠，号射阳山人，山阳①人。《西游记》取材于宋元话本《大唐三藏取经诗话》和民间流传的唐僧、孙悟空的故事。作者进行大胆的创造，进行奇特的想象，叙写孙悟空大闹天宫和唐僧师徒历经艰险到西天取经的过程，歌颂了孙悟空自由不羁、机智乐观、不畏权势、不怕艰难的性格和精神，通过虚幻的情节曲折地反映现实生活。

明万历年间问世的《金瓶梅词话》，标志着中国古典小说发展到新的阶段。书的作者标有"兰陵笑笑生"字样，至今尚不知究竟为何人。这是一部文人独创的长篇小说，它描写一个破落出身的商人兼官吏西门庆一家的日常生活，以家庭的肮脏丑恶生活来表现明中叶以来的现实社会，揭露封建市侩与官僚士大夫狼狈为奸、破坏朝纲的事实。遗憾的是作者以欣赏的笔触自然主义地描摹荒淫无耻的生活，缺理想的光泽，乏诗意的旨趣，通篇略嫌阴暗而沉闷。《金瓶梅词话》的杰出之处是：以世俗凡人的日常生活为描写对象，按照生活的本来面目再现生活原貌，这确实是中国古典长篇小说发展史上的一次飞跃。

明后期的白话短篇、中篇小说共同呈现出十分繁荣的可喜景象。冯梦龙编纂的"三言"②，是宋元明三代短篇小说的选集，共收 120 篇，大多数为明代作品。"三言"描写被压迫妇女最为出色。《杜十娘怒沉百宝箱》《卖油郎独占花魁》《玉堂春落难逢夫》等，真实地描述了被践踏的妇女的悲惨社会地位，反映了中国下层不幸妇女在黑暗中对自由、幸福、光明的不懈向往和追求。还有凌蒙初的"二拍"③。"二拍"共收小说 78 篇，其中不乏揭露封建统治者贪婪刻毒的作品；还有如《转运汉遇巧洞庭红，波斯胡指破鼍龙壳》之类

① 即江苏淮安。
② 《喻世明言》、《警世通言》、《醒世恒言》。
③ 《拍案惊奇》、《二刻拍案惊奇》。

反映明商人心理和抨击科举制度弊端的作品。

中国古典小说的黄金时代是清初至乾隆末年，其数量与质量、内容与形式、风格与流派，均为前代所望尘莫及。这一时期，涌现出如《聊斋志异》、《水浒后传》、《隋唐演义》、《说岳全传》、《醒世姻缘传》、《儒林外史》、《红楼梦》等一大批优秀小说。

《聊斋志异》是一部文言短篇小说集，作者蒲松龄(1640 年—1715 年)是一位杰出的小说家。全书共有 490 余篇，其内容大致分为四类：一类是揭露和抨击黑暗生活型的，如《促织》；二类是批判八股的科举弊端型的，如《司文郎》；三是描写爱情婚姻型的，如《婴宁》《阿宝》；四类是寄寓人生哲理的脍炙人口的佳作，如《崂山道士》《画皮》。《聊斋志异》继承而突破了六朝志怪和唐人传奇的传统，情节曲折而有韵致，主题深刻而独特，刻画形神兼备，达到了中国文言短篇小说艺术的最高峰。

《儒林外史》这部长篇讽刺小说的作者吴敬梓(1701 年—1754 年)，是一位了不起的讽刺艺术大师。全书栩栩如生地描写了一系列深受科举毒害和市侩熏染的读书人，展开了一幅广阔的社会图景。范进、匡超人是一种典型，他们在贫穷时还比较诚实，一旦考中举人或秀才便吹牛说谎，招摇撞骗。范进中举的故事是对科举制度腐朽性的深刻讽刺。全书虽然没有一个贯穿始终的主角，大多为短篇的连缀，但形散而神不散，其中有一条内在的思想逻辑线索将看似松散的短篇编织串联为一个整体，这正是作者的高妙之处。

《红楼梦》是我国古代成就最高的一部长篇小说。曹雪芹(约 1715 年—1763 或 1764 年)不愧为中国文学史上最杰出的作家。《红楼梦》描写贾、王、薛、史这几个贵族大家庭由盛到衰的变迁史，小说围绕贾宝玉、林黛玉、薛宝钗的爱情婚姻悲剧，展现了一群青年女子的悲剧命运。贾宝玉出身贵族世家而厌恶贵族环境，追求自由诚实的普通人生活。宝黛爱情、思想道路与封建礼教格格不入，必然遭受到封建势力的严酷摧残。封建家长贾母、贾政等出于家庭利益迫使贾宝玉与封建贤淑薛宝钗结婚。林黛玉在环境重压下郁郁而终。宝玉成婚不久便弃家出走，逃遁到虚无缥缈的世界。宝黛爱情的悲剧，是那个时代的社会悲剧，小说具有深刻的认识价值。全书人物数百个，头绪纷繁，情节复杂，但其结构天然浑成，人物配置恰到好处，脉络清晰，贾宝玉、林黛玉、晴雯、袭人、王熙凤、尤三姐、探春、史湘云等人物都是不朽的艺术典型形象。《红楼梦》的社会价值和历史价值是永恒的，它体现了中国古典小说的最高成就，成为一部世界性文学名著。

鸦片战争后，中国沦为半封建半殖民地社会，小说创作变化巨大。从甲午战争到辛亥革命(1911 年)的十几年间,由于社会和民族危机十分深重,民族忧患意识勃发,谴责小说应运而生。谴责小说迅速反映民情,尖锐揭露社会弊端,宣扬社会改良,表现出反封建的民主进步思想,如李宝嘉《官场现形记》《文明小史》,吴趼人《二十年目睹之怪现状》,刘鹗《老残游记》和曾朴的《孽海花》等。

思考与练习

1. 汉朝的代表性文体是什么?有哪些重要的作家作品?
2. 唐朝的代表性文体是什么?有哪些重要的作家作品?
3. 宋朝的代表性文体是什么?有哪些重要的作家作品?
4. 元朝的代表性文体是什么?有哪些重要的作家作品?
5. 明清时期的代表性文体是什么?有哪些重要的作家与作品?

延伸阅读与参考书目

王国维:《宋元戏曲史》,上海:上海古籍出版社,1998 年。
鲁迅:《中国小说史略》,北京:人民文学出版社,1973 年。
胡适:《中国章回小说考证》,合肥:安徽教育出版社,2006 年。
胡适:《白话文学史》,合肥:安徽教育出版社,1999 年。
陆侃如、冯沅君:《中国诗史》,天津:百花文艺出版社,1999 年。
郑振铎:《插图本中国文学史》,上海:上海人民出版社,2005 年。

第十二章　艺术文化（上）[①]

艺术是人类以情感和想象为特性的把握世界的一种特殊方式，往往集中地体现特定时代、特定民族的人们的审美情趣。根据表现手段和方式的不同，可以分为表演艺术（音乐、舞蹈），造型艺术（绘画、雕塑、建筑），语言艺术（文学）和综合艺术（戏剧、影视）等。显然，艺术是一种独特的文化现象，兼有精神文化因素与物质文化因素，本章与第十三章主要从文化的角度论述建筑艺术、园林艺术、工艺、书法、绘画、音乐、舞蹈等，展示中国艺术文化的独特风貌。

第一节　建筑艺术文化

一、中国古代建筑的发展

原始社会时期，中国建筑的特点已开始萌芽。商周是中国建筑的一个大发展时期。商代早期的河南偃师二里头遗址和后期的安阳殷墟遗址，是两种不同性质的建筑遗址，也许前者是“朝”，是规模宏大的公共场所。它是以木结构为骨架，使用纵架形式。殷墟大墓葬的墓室，都是井幹式结构形式。这两种结构形式，对中国建筑以后的发展，都曾发生重大影响。周代遗留的一个铜器上表现出了当时建筑的局部形象，如栌头、门、勾阑。尤其是东周战国中山王墓出土的一件铜案，四角铸出精致优美的斗拱形象。由此可见，周代建筑上已经使用斗和拱，并已有简单的组合形式。战国时期留下许多城市遗址。现今还可以在地面上看到的城墙遗址，反映了当时城市建设的发达。许多城内留下了巨大的夯土台，证实了文献中“高台榭，美宫室”的记载，足见在“百家争鸣”的学术繁荣时代，建筑也未曾落后。

---

① 此章与第十三章参考中央工艺美术学院编著《中国工艺美术史》（人民美术出版社，1988年），胡世庆编著《中国文化通史》（浙江大学出版社，1996年），杨仁恺主编《中国书画》（上海古籍出版社，1990年），谭家健主编《中国文化史概要》（高等教育出版社，1997年）及《中国大百科全书》（美术卷，中国大百科全书出版社，1991年）等。

秦始皇好大喜功,在建筑上也表现出来。所建筑的阿房宫前殿现存夯土基址,东西长1000余米,南北宽500米,残高8米。从尺度看,“上可以坐万人,下可以建五丈旗”,确有可能。西汉初期仍然承袭前代台榭建筑形式和纵架结构。在建筑史上,东汉是一个重要的转折点。东汉留下的原建筑不多,然建筑形象的资料却十分丰富。汉代崖墓的外廊(或是庙堂)、外门,墓内庞大的石柱、斗拱,都是对木构建筑局部的真实模拟。许多祠庙和陵墓前的石阙,都是忠实模拟木构建筑外形雕刻的。它们表示出木结构的一些构造细节。

三国两晋南北朝的建筑,史籍记载中最早的是佛教建筑,即东汉末年笮融在徐州建造的浮图祠。其后北魏时在平城永宁寺和洛阳永宁寺均建有木结构浮图(塔),前者七级、后者九级。据载,南北朝所建佛寺共达数千所,可惜均已不存。南北朝遗留的唯一建筑实例,是砖构的登封嵩岳寺塔。中国佛教建筑乃是用中国的固有建筑形式表现出来,即使是“塔”这种特殊的形式,也并没有照搬印度形式,而是中国自己再创造的。南北朝时期接受外来影响最深刻持久的是装饰图案的母题——莲花、卷草,而且从此以后历代相承不绝,且花样有所翻新。

图12-1　唐代的木结构殿堂,五台山南禅寺大殿

进入隋唐时期以后,中国古代木结构建筑才留存了实例,山西的南禅寺大殿和佛光寺大殿显露了唐代木结构殿堂的真面目。各地所存唐代砖石

塔，如西安的慈恩寺塔（大雁塔）、荐福寺塔（小雁塔），大理崇圣寺千寻塔等，完全改变了宗教建筑在起源地的形式（窣堵波），而且实际上数量大、造型多、气势宏丽，已成为中国的一种地区性的标志，成为中国名山胜景中不可或缺的风景建筑。

宋辽金元时期保留的建筑实物数量越来越多。宋辽均继承唐代建筑制度，而辽代建筑风格尤接近于唐代，如独乐寺的观音阁、山门，都保持着唐代豪劲、朴实、典雅的风格。辽代创造出一种新形式和新风格的砖塔（北京的天宁寺塔）。北宋曾致力于总结前代建筑经验，汇编成《营造法式》一书，确立了制度、料例和各种标准规范，对中国建筑学做出了重大贡献。金元时期出现了历史特殊现象：一是使用了复合纵架，上承间缝梁架；二是使用了与屋面平行的斜梁，拼合成梁架。元代在建筑上做了两件大事：做出大都城规划，为继唐长安城规划的又一宏伟规划；尼泊尔青年匠师阿尼哥建成北京妙应寺白塔。从此，中国佛塔中又增加了“喇嘛塔”形式。

明清两代遗留的建筑实物随处可见，宏大、完整的建筑组群为数甚多。北京紫禁城宫殿、明十三陵、曲阜孔庙、清东陵和西陵、承德避暑山庄外八庙等，都是有计划、分期建筑的宏大宫苑陵庙。清代单体建筑实物大致与清工部《工程做法》的规定相符，定型化、标准化的程度很高，而风格呆滞，与明清之前的建筑相比，差异明显：斗拱变小，攒数增多，斗拱的结构功能小，装饰效果强；出檐减小，举架增高。明清时代，中国各少数民族（藏、蒙、维吾尔）建筑均有相当发展，如西藏布达拉宫等建筑。承德外八庙建筑则反映了汉藏建筑艺术的交流融合。

二、古代建筑的类型

中国现存保留下来的丰富的古代建筑本身，就构成了一部实物建筑史。悠久的历史，雄伟的工程，精湛的艺术，独特的风格，大都可从遗存的古建筑实物中得到反映。它们主要有：宫殿、坛庙、陵墓、园林、民居、府第、文庙学宫、佛寺、石窟寺、塔、宫观、清真寺、城垣、桥梁、堤坝、古观象台、楼台亭阁、华表、牌坊、门阙等。它们各自都有自己的发展史和特点。现择要分述之。

（一）宫殿

宫殿是我国古建筑中最高级、最豪华、艺术价值最高的一种建筑物。它们是历代奴隶主和封建帝王把大量的财富、最好的建筑材料、最高级的匠师、最精湛的技艺集中起来建造的，代表了当时建筑技术与艺术的最高水平。据史载，相传公元前 20 世纪，奴隶主开始为自己修筑宫殿。春秋战国时,宫室营造不遗余力,以互相夸耀为荣。所谓“高台榭,美宫室”为一时之风气。秦始皇统一六国后,大修宫殿,建造了历史规模宏大的阿房宫。汉长安之长乐宫、未央宫、建章宫,洛阳之北宫、南宫,殿阁楼台,离宫别馆,组成了规模宏大的帝王宫苑。汉以后,隋之仁寿宫,唐之大明宫、兴庆宫,北宋东京大内,辽、金、元之燕都宫殿,无不日益豪华壮丽。然而这些帝王宫殿,都在改朝换代中付之一炬,即使未毁亦免不了拆掉。元自大都败逃之后,大都宫殿完好,然朱元璋派人前去北京拆毁元代宫殿。现在比较完好地保存下来的宫殿有二:一是北京的明、清故宫,二是沈阳的清故宫。北京明、清故宫原称紫禁城,四周有高大的城墙和宽深的护城河,自明永乐十八年(1420年)建成后,至今已有590多年的历史。中国宫殿中最特殊的是西藏的布达拉宫。它既是一座喇嘛庙,又是一座具有政教合一性质的宫殿,是中国古代西藏地区政教合一的产物。布达拉宫位于拉萨市西北角玛布日山上,是中国藏族建筑艺术的精华。全部建筑依山势层层向上兴造,分红宫(居中)、白宫(居侧)两部分,布达拉宫群楼高峙,殿宇嵯峨,气势雄伟,加之顶部镀金铜殿高低错落、金光灿烂,十分绚丽壮观。

(二) 陵墓、坛庙、祠堂

中国几千年一直通行厚葬,于是便有了坟墓。奴隶主和封建帝王将相的陵墓建筑之精美,宝藏之丰富,不亚于地上宫殿,因此被称为地下宫殿。帝王陵墓封土形式有三:一为“方上”(堆土为尖锥体),二是依山丘为陵,三是宝城宝顶(用砖石砌墙后再垒土封顶)形式。陵墓建筑除封土坟头外,还有祭堂、墓道、墓空三部分。

坛庙、祠堂是祭祀性的建筑,又称为礼制性建筑。古代中国人信奉各种神灵,人们对天地鬼神、山岳川河、祖宗先烈、圣哲先贤以至植物精灵都要祭祀。帝王祭天祈谷的地方叫天坛,祭祀孔子的叫文庙,祭祀关羽的叫武庙。祭祀五岳的庙苑如帝王宫殿:祭祀东岳泰山的庙为岱庙,华山为西岳庙,衡山为南岳庙,恒山为北岳庙,嵩山为中岳庙。宗氏祠堂几乎遍及中国所有城乡,广州的陈家祠的建筑雕塑艺术可为清代建筑艺术的代表作。

(三) 佛寺、石窟、塔

佛寺、石窟、塔三者是佛教的建筑。原来本是一体的,后在2000年的发展过程中,由于种种原因或分离或孤立存在,成为似乎三种类型的建筑物。佛寺是供僧众礼佛、居住的建筑,是佛教传入中国后才兴建的建筑。中国第一座佛教寺院是“白马寺”。最初把塔译作“浮图”或“佛图”,因而也有把寺院称为佛国寺、佛图祠的。塔的梵文原名窣堵波(stūpa),是坟冢的意思。

图 12-2 北京祈年殿，始建于明永乐十八年(1420)，乾隆十六年(1751)修缮

中国最早的塔是楼阁式塔，形状犹如一座四方形的摩天高楼，如北魏洛阳永宁寺塔。随后有了不同类型：密檐式、亭阁式、覆钵式（喇嘛塔）、花塔、过街塔、金刚宝座塔等。塔的用途除埋藏舍利（骨灰）、礼佛拜佛外，还有登临眺览，点缀山川名胜，导航指路之作用。石窟本来也是佛寺的一种形式。在印度约公元前 2 世纪就有石窟寺，是一些僧侣为静修而在山中开凿的洞窟寺庙（cave temple）。魏晋时，石窟寺逐渐传入中国，它不仅是著名佛教寺院，而且也是收藏丰富的雕塑、壁画和文物的宝库。中国的佛寺、塔和石窟寺三种佛教建筑，不仅数量大，而且具有极高的历史、艺术和科学价值。

（四）道教宫观

道教是中国本土的宗教，道教建筑称为“观”或“宫”。这两种建筑形式是中国古建筑的传统类型，古已有之。道教建筑袭用了此名。“观”本为瞭望观览的高楼，故又称楼观。帝王宫门前有两个高楼称之为两观，又称之为两阙。秦汉时帝王好求神仙，而仙人好楼居，故修建高楼以迎候仙人。道教本来承袭了神仙方士之术，故建筑以观为名十分自然。唐不少皇帝崇信道教，于是把原来的道观晋升为宫。此后，各个朝代便宫观并称。宫略高于观，故历史上把观提升为宫的为数甚多。道教建筑与岛屿名山相结合，有仙山楼阁、洞天福地之称。福建莆田玄妙观的三清殿（建于北宋）是现存最早的木结构道观。苏州玄妙观三清殿是南宋淳熙六年建的，是现存规模最大的宫观殿宇，尤其是在斗拱上运用了“上昂”结构，是木结构中的孤例。山西芮城永乐宫是现存元代建筑规模最大者。北京的白云观是全真教的第一丛林,也是龙门派的祖庭。

(五) 清真寺

清真寺是伊斯兰教(旧称回教、清真教、天方教)的建筑,在平面布局和结构形式以及艺术装饰上都有其独特的风格。历史上,伊斯兰教传统建筑与中国各民族地区建筑相结合可分为三个阶段:一是唐宋期的移植法,基本保存阿拉伯特点(如广州光塔、泉州清静寺);二是明清发展高潮期,属中国伊斯兰教建筑时期,从1368年—1840年,近500年间,创建了大量清真寺,新建筑讲经堂,拱北(圆顶建筑);三是1840年至新中国成立前的100多年间,此间所建质量不佳,但在甘肃、宁夏修建的规模宏大的通堂,是一组庞大的伊斯兰教建筑组群,尚有特色。新疆地区的伊斯兰教建筑,较多地保留了阿拉伯建筑特点,它根据自己的地理、气候条件和建筑材料形成了独特风格,外观为圆拱顶或平顶形式,内部分为内外殿和上下殿。

第二节　园林文化

一、中国古代园林的发展

中国最早见于文字记载的园林是《诗经·大雅·灵台》篇中记述的灵囿。灵囿是在植被茂盛、鸟兽孳繁的地段,掘沼筑台(灵沼、灵台)作为游憩、生活的境域。秦始皇统一中国后,营造宫室,规模宏伟壮丽。这些宫室营建活动中也有园林建设如"引渭水为池,筑为蓬、瀛"。汉代,在花囿的基础上发展出新的园林形式——苑,其中分布着宫室建筑。苑中养百兽,供帝王射猎取乐,保存了囿的传统。苑中有宫、有观,成为以建筑组群为主体的建筑宫苑。汉武帝刘彻扩建上林苑,地跨五县,周围三百里,"中有苑二十六,宫二十,观三十五"。建章宫是其中最大宫城,其北有太液池,中有蓬莱、方丈、瀛洲等三山。这种"一池三山"的形式,成为后世宫苑池山的范例。

西汉时已有贵族、富豪的私园,规模比宫苑小,内容仍不脱囿和苑的传统,以建筑组群结合自然山水,如梁孝王刘武的梁园。魏晋南北朝长期的动乱,思想文化、艺术变化大,园林创作变革亦大。十六国时期,后燕帝慕容熙在平城(今大同)筑龙腾苑,广袤十余里,起景云山于苑内,基广五百步,峰高十七丈。这时期的筑山以仿真山为主,所以山必求其宏大,峰必求其高峻。南朝地处江南,由于气候温和、风景优美,山水园别具一格。南齐文惠太子(萧长懋)开拓玄圃园,多聚奇石,妙极山水。湘东王造湘东苑,穿池构山,跨

水有阁、斋、屋。斋前有高山，山有石洞，蜿蜒潜行二百步。山上有阳云楼，楼极高峻，远近皆见。此时的园林穿池构山而有山有水，结合地形进行植物造景，因景而设园林建筑。在北朝，北魏官吏张伦在宅园中模仿自然造景阳山。显然，此时的园林形式，由粗略地模仿真山真水转到用写实手法再现山水；园林植物由欣赏奇花异木转到种草栽树追求雅致；园林建筑不再徘徊连属，而是结合山水，列于上下，点缀成景。南北朝时期园林是山水、植物和建筑相互结合组成山水园。这时期的园林可称作自然（主义）山水园或写实山水园。南北朝时，不少贵族官僚多以舍宅为寺。原有宅园自然成为寺庙的园林部分。不少自然风景渗入了人文景观，逐步发展为今天具有中国特色的风景名胜区。隋炀帝杨广即位后，在东京洛阳大力营建宫殿苑囿，别苑中以西苑最著名，西苑的风格明显地受到南北朝自然山水的影响，以湖、渠水系为主体，将宫苑建筑融于山水之中。这是中国园林从建筑宫苑演变到山水建筑宫苑的转折点。

唐代国力强盛，长安城宫苑壮丽。大明宫北有太液池，池中蓬莱山独踞，池周建回廊400多间。兴庆宫以龙池为中心，围有多组院落。大内三苑以西苑为最优美。苑中有假山，有湖池，渠流连环。长安城东南隅有芙蓉园、曲江池，定期向公众开放，实为古代的公共游乐园。唐代的离宫别苑，较著名的有麟游县天台山的九成宫，是避暑的夏宫；临潼县骊山之麓的华清宫，是避寒的冬宫。北宋徽宗赵佶修建万岁山（后更名艮岳），全景式地表现山水、植物和建筑之胜，这便是“北宋山水宫苑”。明清两代的园林，步入意境高超、笔法简练的成熟期。此时曾有两个造园高峰。明正德年间至明末，江南园林大盛。江南名园如苏州拙政园、无锡寄畅园、南京瞻园等相继建成，北京则有海淀李伟的清华园、朱万钟勺园。另一盛期是清中叶时期，帝苑从西郊香山行宫、静明园、畅春园到承德避暑山庄，规模之巨上追汉唐。尤其是雍正、乾隆年间大加扩修而成的圆明园，中西合璧，被欧洲人视为“万国之园”。私家园林则以苏州、扬州最盛。例如乾隆年间扬州盐商邀宠，为乾隆皇帝南巡修筑离宫别馆而大力修筑园林，形成了有名的瘦西湖一带整体园林组群。

二、园林艺术风格的演进及其多样化

中国造园艺术在世界上自成体系。世界上大致有五个造园体系：意大利的、法国的、英国的、伊斯兰国家的、中国的。其中，意大利、法国和伊斯兰国家的园林都是规则的几何形。英国和中国是自然风致式，但英国园林以天然牧场风光为基本格调，大面积的缓坡草地，点缀一些疏林老树和池沼，中国园林则以自然的、人造的山水及植物、建筑融为一体为特色。

园林是绿化的生活环境，它区别于蓄兽游猎和种蔬艺果的园圃苑囿，它带有或深或浅的人工性和游赏性。西周文王的灵囿为最早的园林，春秋时

图 12-3　苏州园林

吴王夫差建姑苏台和梧桐园，便开江南造园风气之先河。中国园林从起源时就抓住了自己自然风致式园林的核心和特质——自然山水。水与山不仅以动静对比，而且以空灵比质实，以明净比苍莽，以浩渺比峭拔，以柔比刚，具有很重要的美学趣味。中国早期的园林艺术的特征有四：① 私家园林与规模宏大的宫廷园林一起成长；② 江南园林风格与北方宫廷园林风格对峙；③ 造园艺术总趋势为：由粗犷转向细致，景物更具典型化；④ 与山水诗、山水画相生相长的私家园林，带有极强的抒情性，人文意识浓郁，文化底蕴浑厚。其中往往含有儒释道合一的审美情趣，这就是老庄的返璞归真，儒家的天地、日月、四时谐和合一，佛教的超然解脱的悟性。在私家园林中，公卿贵戚园林与文士园林的格调不同：文士园林模山范山，多用象征和借景追求疏淡雅逸，透示文士的闲情逸致、个人情操，烘托意境，显示极强的抒情性和象征性，带有一种孤芳自赏的审美意趣和借景造境上的渺茫理性色彩。而公卿贵戚园林追求与日常起居生活相和谐渗透，它要求有浓郁的文化生活气息，同时通过给景点命名，给建筑物题匾额，或种竹疗俗，或筑曲水流觞仿

兰亭雅集，给园林注入极其丰富的文化内涵，其造园精致，独具匠心，显示出园林构思艺术的综合性、整体性和实用性。皇家园林规模宏大，气势非凡，是中国园林艺术的结晶和缩影，是中国园林典范化了的精品。康、雍、乾三朝建筑畅春园、静明园、静宜园、圆明园（含长春园、绮春园）、清漪园五座大型皇家园林。畅春园、圆明园建于平地，利用当地丰沛的泉水。静宜园占香山东麓，静明园就在玉泉山，二者都是山地园。清漪园居于平地园和山地园之间，有万寿山和昆明湖一山一湖。它们各依自然条件布局，特色鲜明。圆明园面积350公顷，是集锦式的，由几十个小景区集合而成，每个景区大体上是以建筑物为核心的小园，用小山小水把它们分隔开来又连接起来。宫殿虽居于中心，但在构图上不起统率作用。从畅春园到圆明园西望香山，以玉泉山和万寿山为中间层次，山姿塔势各有不同。在清漪园东望是圆明园和畅春园的湖光树影，向西则隔玉泉山而望香山。五座皇家园林周围零星散布着小型多样的王公大臣们的私园，这便使北京西部成了一个大园林区。承德避暑山庄是清皇家园林中一座极有个性特征的最大的御园，它容纳几座峰峦沟壑比较复杂的山和几片港汊歧出、洲渚纵横的湖。在这个大约20平方公里的范围内，组成了一个山环水绕，绚丽多姿的艺术空间。

第三节　工 艺 文 化

工艺文化是一种造型艺术文化。造型艺术是用一定的物质材料，按审美要求塑造可视的平面或立体形象的一种艺术。它既具有实用性，又具有审美性，是物质文明和精神文明的结晶，是美化人民生活的重要艺术。

一、陶器工艺

中国是世界上最早发明陶器的国家之一，陶器的出现可以追溯到1万年以前的原始社会，瓷器的发明也有近4000年的历史。中国发明瓷器对人类文明进步是一个很大的贡献，因而被世界人民誉为“瓷器之国”。

新石器时代陶器艺术与生活有密切关系，人们把日常生活中最熟悉的各种植物、动物及自然界的其他形象作为模仿对象。图案服从器形，人们注意将装饰美和实用美统一起来。陶盆上的人物群舞画面，用流畅的实线条来表现，人物突出，形象写实。陶盆是橙黄色，装水使用时，水映陶色更加美化和丰富了舞蹈的形象，它生动地反映了原始社会丰富深刻的精神生活，也可见陶器装饰文化艺术达到相当高的水平。在夏商周的奴隶社会里，中国制陶工艺得到了长足的发展。夏陶大多为灰陶、灰褐陶、黑陶，商周发明了原始的青陶，这是一项划时代的成果。商周陶造型特征，最突出的是在结构上运用弧线灵活自如，富于弹性美，所以器物多用圜底、圈足或袋状足。商周陶器庄重而华丽，工匠们十分善于将器物体积感最强的部分放在最显著的地位，以此为重心，同其他部分共同形成统一的雄浑的整体，即使是一些表面只有简单几条弦纹的器物，其浑然一体的厚重浑朴的特点亦较明显。商周的陶塑艺术亦有成就，它们既稚拙而又生动，如陶蛤蟆不仅姿态生动，而且背上还印刻有密集的小圆圈，表现蛤蟆的突出特征。

瓷器是在制陶技术长期发展的基础上发明出来的。秦汉时期的陶瓷工艺成就突出。秦砖汉瓦，千百年来为人称颂；低温釉陶的发明为陶器的美化开拓了一条广泛的道路；画像砖大量烧制，其图像生动而具体地记录了汉代社会各方面的现实生活，成为研究汉代历史不可缺少的珍贵资料；青瓷烧制的成就为中国陶瓷史揭开了新的一章。战国时期的釉陶就是在普通陶器(即瓦器)上，施一层含铅量很高的釉，在釉中若加些金属，烧成后釉面呈现出美丽颜色。东汉青瓷是在高达1300℃的高温下烧成，釉色泽浓正，透明而有光泽，无流釉，它的发明足以证明东汉的制瓷技艺已经成熟，是中国瓷器史上的重要转折点。三国两晋南北朝时期，瓷器仍然以浙江和江苏宜兴发展得最快，浙江越窑的青瓷质量很高，胎呈灰白色，质地细密，釉色均匀。南方瓷器种类繁多。北方青瓷种类虽不多，但莲花尊多胎体厚重，造型亦显质朴。最突出的成就是能烧白瓷。

隋唐陶瓷工艺受到波斯、阿拉伯和非洲东海岸及亚洲邻国外来文化艺术的影响，获得全面发展。文人的著述，诗人的讴歌，为名瓷及其制作技艺增添了光彩。隋唐陶瓷与中国的丝绸等名贵物产，传播到世界许多国家和地区，产生了深远的影响。唐代瓷器生产有“南青北白”之说。唐还创造出釉下彩绘瓷、青花瓷、唐三彩等陶瓷名贵产品，为人所仰慕。唐代的青釉瓷以越窑生产的质量为最高，在全国名居榜首。越窑青瓷釉色淡青，光泽晶莹，配有漂亮的装饰。白瓷最早发明于北朝。唐白瓷生产以河北邢窑为代表。邢窑瓷胎质细洁，釉色白润，品种丰富。唐代白瓷从造型到装饰，广泛吸收外域文化工艺风格特点，所以显得新颖别致。长沙窑始于隋代，终于五代，同岳州窑本属同一体系，受越窑影响，生产青瓷。长沙窑为与名窑竞争，改革工艺，寻求创新，烧制出釉下彩绘瓷，使之独树一帜，享誉于世。釉下彩绘的特点是：先在瓷坯上施以彩绘，然后涂釉烧制，烧制后彩绘不褪色，而且给人一种含蓄温润的感觉。它不但突破了唐青白瓷的单一色调，而且为多

彩绘画技法运用到制瓷工艺上开创了先河。唐釉下彩绘瓷受到了亚洲乃至北非国家等海外人民的欢迎,充当了中外文化交流的使者角色。唐以河南巩县为中心窑场的工匠们,在白瓷发展的基础上,吸取釉下彩绘工艺,创造出青花瓷器。青花瓷是以钴蓝为颜料,在胎胚上绘花纹,然后涂上一层透明釉,在1200℃高温下一次烧成。享誉中外的"唐三彩"是一种多色釉的陶器,其烧制始于初唐,盛唐时工艺水平及生产数量都达到高峰,唐后期衰落。唐三彩主要产于以巩县为中心的中原地区,它以高岭土、黏土等作坯体,经手工捏塑或模制成形,令其阴干,然后入窑以1000℃高温素烧,烧成、冷却后再施以釉彩,再次入窑烧至900℃即成。唐三彩的釉质以硅酸铝为主,加

图12-4 唐三彩"腾飞骑马"

入炼铅的熔渣和铅灰作助熔剂。在釉中加入不同的呈色金属氧化物,便可以调出各种颜色,如加氧化铜成绿色,加氧化铁变黄褐色或黑色,加氧化锰呈紫色,通过调配还可以制出不同程度的深浅颜色和复合色。唐三彩并非三种颜色,其釉色斑斓绚丽,光泽明丽,十分漂亮。唐三彩种类繁多,写实性强,线条流畅优美准确,表现力强。从各种天神、人物、动物到牛车、井栏、兵器等应有尽有,当然只是模型,无实用价值,但有极强的欣赏价值。唐三彩中的马,有作奋蹄昂首嘶鸣状,有作俯首理身状,十分动人;对于武士则以夸张其肌肉的发达,怒目圆睁,来表现其刚毅勇猛的精神。唐三彩以其高超的工艺技巧和文化内涵,使之成为唐代陶瓷中的珍品,成为世界陶瓷艺术文化的精英。

宋代的瓷窑体系和当今发现的作坊、窑址数量都超过唐朝，形成一个地域广阔的瓷窑体系。宋代皇家亦开办官窑。宋代瓷器艺术文化在美学领域开拓了新的光辉的境界：一是与唐朝瓷器造型具有异国情调不同，宋朝从北方到中原，从长江两岸到沿海地区各大瓷窑的出品，都向着一个方向发展——显示出一种热衷于表现中国独特民族艺术的倾向，所以宋瓷所表现的民族精神最纯粹，最朴实，技术惊人而风格高雅。宋瓷没有唐瓷那样雍容华贵，气氛热烈，也没有明清瓷器那么繁缛纤细，色彩艳丽，但充分体现其崇高的民族意识和审美追求。二是宋瓷透示出的明晰的时代精神为任何朝代的陶瓷所不能比拟。众多的出色的瓷器品，表现出当时人们心灵的爱好和感受。无论造型还是装饰，也无论釉质还是色彩，都表现出一种共同的崇高、冷峻、紧凑、清纯的美感。三是明显的区域性特点。四是宋朝著名的定窑、钧窑、龙泉窑以及专为皇家生产的官窑(如开封官窑等)其制品的艺术成就很高，代表了宋瓷的最高水平，仿古意识的艺术倾向，达到炉火纯青的地步，造型线条处理很有功夫，无任何花俏轻浮之感，表现出端庄、肃穆，气魄恢宏，把上古时代的青铜、玉器、漆器的造型仿作得典雅精美，同时又注入了新的时代气息，出色地继承了古代优秀文化艺术传统。

元朝在众多著名瓷窑遭到破坏或者奄奄一息之时，在景德镇设立了“湖田瓷局”，将当地制瓷业实行官办。由于蒙古帝国的统治地区曾经横跨欧亚两洲，中西交通畅通，外贸发达，推动了中国制瓷业的发展。元代瓷器工艺上最突出的产品是江西景德镇的白瓷、青白瓷，更出现了具有崭新水平的青花瓷、釉里红、红釉瓷器、蓝釉、蓝釉描金等新品种。元代瓷器装饰构图密实，吸收了当时织锦图案的纹样与装饰效果。元代瓷器共同的时代特点是：造型雄伟浑厚，装饰艺术除继承传统的划花、刻花、印花、雕塑以外，釉上彩、釉下彩艺术也超过了宋朝。

明朝，景德镇成为中国瓷器生产的中心。所谓“有明一代，至精至美之瓷，莫不出于景德镇”。明朝瓷器的成功表现在如下五个方面：一是白釉瓷器的成就超过以往任何朝代，看起来柔和悦目，故称“甜白”釉，可谓“汁水莹润如堆脂，光莹如美玉”。二是青花瓷器成为生产主流。永乐、宣德年间，青花瓷“开一代未有之奇”，青料用波斯输入的“苏泥勃青”，发出深蓝苍翠之色，明艳浑厚；所绘花纹像运用国画皴法，浓淡协调，生动自然。三是红釉和釉里红极为成功。明朝红釉犹如红宝石鲜艳润泽，称为宝石红。其色泽深沉安定，不流釉、不脱釉，光彩夺目。釉里红别具一格，在凝厚的白釉里面用写意手法点出几个鱼影，烧成后几条鱼儿好像在静静的水中时隐时现地上

下游动。四是黄釉瓷器成就高超，简直就像初开的葵花娇嫩晶莹，呈色滋润光洁，精美无比。五是多有创新作品，尤其是“斗彩”最为出名。“斗彩”即将釉下彩与釉上彩同时结合使用，综合使用前人前代的制瓷工艺技巧达到了炉火纯青的地步。

清朝康、雍、乾三代是中国陶瓷工艺发展的鼎盛时期。从皇帝到造办官吏，都十分重视景德镇瓷器生产。督窑官们抱着忠于皇帝的诚挚，潜心研究技艺，把景德镇制瓷水平推向高峰。景德镇瓷器在清代的成就是：胎质细腻、釉光莹润、色彩绚丽、镂雕精工。康熙时期的青花、五彩，雍正、乾隆时期的粉彩、珐琅彩，以及五光十色的颜色釉等品种，艺术成就都超过了明代。在历代五彩器中，康熙时期用五彩画出的人物故事画，艺术价值最高。粉彩瓷器始创于康熙时期，清朝200多年间，艺术瓷、生活瓷中，粉瓷占有很大比例，它颜色柔和淡雅，画面有立体感，每一件瓷器画面都是一幅水彩画，形态逼真。珐琅彩瓷是利用珐琅彩料（石英、长石、碱等）加工堆叠绘于瓷面上而烧成的。它是清朝精良的白瓷同西洋绘画艺术相结合的产物，它精美异常，是中国工艺美术史上一朵灿烂的鲜花。

中国的陶瓷手工业艺术经过8000年的发展，积累了丰富的经验，它广泛吸收了中外优秀文化艺术的精华，形成一套独特的工艺技巧。到清朝中叶即乾隆时期，造诣精深，作品繁多，将中国陶瓷工艺文化水平推向了炉火纯青、登峰造极的辉煌地步。清中叶后，陶瓷工艺衰败下去，帝国主义列强打开中国的大门之后，作为“瓷器之国”的中国，沦为西方资本主义列强的洋瓷倾销市场。直到新中国成立，悠久的陶瓷工艺文化才有了新生，恢复了它固有的光辉。

二、髹漆工艺

中国是世界上最早发现并使用天然漆的国家。经过长期的实践，中华民族把漆器制造发展成为一种专门工艺并达到了很高的水平。商周时代已用色漆和雕刻来装饰器物。起源很早的漆工艺，战国时期已形成独立的手工业部门。漆树的栽培有了较大发展，并设专官经营管理。庄周就曾任“漆园吏”①。战国时代在中国漆工艺史上是一个极为重要的时期，器物品种和髹饰技法等都有很大的发展。战国及更早的漆器多在木胎上直接髹漆。战国漆器装饰达到很高水平，用色丰富，如彩绘漆器小瑟，用浓金作点和线，又

① 《史记·庄周列传》。“漆园吏”，指庄周为吏主督漆事。一说“漆园”为地名。

用淡金作平涂,浮动欲流,犹如水彩颜色,使人惊叹不已。花纹的精美生动,是战国漆器的又一重要成就:图案以云、雷、龙、凤纹及其变体为主,飘逸轻盈,灵活多变;空间的处理,或全面铺陈,或边缘延续,或圆周几匝,或二三等分,仿佛随心所欲,皆可成章。漆上绘画亦生动形象,既有现实生活的写照,如撞钟击磬和敲鼓舞蹈场面,狩猎人杠抬死兽归家的饰纹;又有纯出幻想臆造、突现浓厚神秘气氛的神怪飞腾、龙蛇出没等形象,真是神采飞扬。至于彩绘外,那种用针、刀的锋、刃来刻画花纹的,更是美不胜收。

西汉漆器产量、规模、传播等远胜过战国。西汉漆器上承战国,大小具备,新颖精巧。创造了"堆漆"工艺(用漆或油调灰堆出花纹),开始流行在漆器上贴金箔片,镂刻精细,形象生动,异常华丽。东汉中期漆器值得一提的是夹纻砚,其形制并不精美,但后世流传的漆沙砚可溯流于此。南北朝大造佛像,于是髹漆工艺又被用来为宗教信仰服务。形体巨大而分量很轻的夹纻像,就是从夹纻胎漆器发展而来的。此时的艺术家与漆工的相互结合,推动了髹漆工艺文化的发展。

唐代文明高跻当时世界高峰。唐制七弦琴,标准漆色为紫褐色(即"栗壳色")、木胎上有较厚的漆灰,并调入鹿角沙屑,闪烁可见。由于胎骨及漆层不断浓缩,年久琴身出现裂痕(称为"断纹"),有断纹的古琴,声音更加松透优美。用夹纻法造像,唐代依然盛行。唐代多用嵌螺钿作铜镜的装饰。镜背用漆灰铺地,上面再填嵌壳片花纹,故可以说是一种铜胎嵌螺钿的漆器。唐代最华丽而又最盛行的一种漆器叫"平脱",即把金银落叶镂切成图案,粘于器物表面,再上漆若干道,加以细磨,使图案露出,它上承汉代嵌金银箔花纹的漆器而镂刻錾凿得更加精美。唐代已有"雕漆",而且具有较高水平,雕漆乃指雕刻花纹的漆器,与堆漆不同,雕漆要比堆漆工料费得多,技法复杂,要求较高。从漆工艺的发展看,雕漆应在堆漆之后。雕漆包括剔红、剔黄、剔绿、剔黑、剔彩、剔犀等,而传世实物以剔红和剔犀为最多。

宋代漆器的生产中心有:河北定州,湖北襄阳,江苏江宁,浙江杭州和温州。宋时期,更促进了杭州、温州手工业的发展。宋代最流行的是一色漆器。宋代堆漆上承唐代。嵌螺钿仍是宋代漆器的重要品种,"螺钿古者厚而今者薄",不过南宋已有薄螺钿而且达到较高水平。宋代亦有雕漆和剔犀。宋代漆器的特点是:朴质无文与雕饰华美相映交辉。

元代时嘉兴成为生产漆器的重要中心,名匠辈出,艺臻绝诣。元代漆器有实物传世而且水平较高的是螺钿、戗金与雕漆。尤其雕漆成就可谓达到历史顶峰。嘉兴名漆工张成是 14 世纪的杰出代表,他造的针划款的剔犀

盒，形制古朴，漆质坚良，别具一种静穆淳厚之趣，使人爱不释手；所雕栀子纹剔红盘，繁文素地，厚叶肥花，在质感上有一种特殊的魅力。张成的作品还有以茶花作背景，上压双绶带的剔红盘，花纹生动，有一种韵律回旋的美。元明之际，与此花纹设计约略相同的花鸟雕漆盘，还有若干件，但多无款式。据考证即使不是张成亲手所制，也应出于他的子侄门徒之手。

纵观中国漆器工艺文化史，前期的一个重大发展期是战国，而后期则要数明代。重大发展主要表现在髹饰品种的增多和工艺上的极高成就。明代哲匠名工，不满足于宋元的通法，力求踵事增华，推陈出新，借鉴海外漆艺，两种乃至多种技法的荟萃结合，不同文饰和不同质地的递换迭更，繁衍出不可胜数的变化，取得明代漆艺的千文万华之盛。清代制漆业更为繁盛，其制作规模超过明代，工艺技法尤其是在描金、螺钿、款彩、镶嵌等方面更令人惊奇。乾隆盛世的成功作品，谨严细致，达到极限，无可逾越。道咸以后，漆器工艺文化进入衰替时期。总的说来，中国髹漆工艺文化，几千年来发展从未中断，成就辉煌。它对全世界的漆器工艺产生过极其深远的影响，从东亚、东南亚，到西欧及北美，可以说世界上一切制造漆器或用其他物质摹仿漆器的国家，无不或多或少受到中国漆艺的影响。事实证明，中国传统漆艺文化曾为人类文明做出了重大贡献。

三、织绣工艺

中国古代织绣工艺文化底蕴深厚。在丝织、麻织、毛织、棉织、印染、缂丝、刺绣等工艺上，均以历史悠久、制作精美而饮誉于世界。中国古代纺织业，纺起源于旧石器时代的制绳，至新石器时代已有陶纺轮；织起源于编席和结网，至河姆渡文化已有原始腰机。纺轮由轮盘和轮杆组成，使用时，在轮杆底拴纱，然后将纺轮下垂，并且转动轮杆。由于轮盘较重，能使纤维拉直，加上旋转时所产生的力偶，可以将纤维捻成麻花状。腰机已经有了上下开启织口，左右穿引纬纱，前后打紧纬密等 3 个运动方向。中国的机具纺织，就是从这两件工具开始的，中国古代号称“丝绸之国”，在纺织业中，丝织最为发达。丝织的原料是蚕丝。纺织之前，先要经过一道缫丝工艺，把蚕儿吐丝作茧的丝穿引出来。商代缫丝已用热釜技术，西周发展为丝框缫丝，汉代又发明了缫车。缫丝用水影响丝的品质，关系极大，如著名的“辑里丝”，就是取浙江湖州南浔穿珠湾之水缫成，丝质坚韧，丝色晶莹，向称上品。

战国织绣工艺比奴隶社会的商周时期有了显著发展。产地普遍、品种增多，比较注重染色、纹饰的美术效果。当时山东一带的“齐纨鲁缟”是“冠带衣履天下”的著名产品。织绣作品上的织花图案大多是排列规则的散点菱形图案,菱形单位有粗有细,有大有小,有疏有密,有的复杂,有的简单。汉代织绣的品种和质量有较大发展。当地缯帛是丝织品的总称,但细分之则有:纨、绮、缣、绨、绅、缦、縈、素、练、绫、绢、缟、罗、锦、纱、绣……名目不同说明织染加工技法有别,因而品质和工艺效果也各有差异。汉代织绣工艺实物资料中最有代表性的是湖南长沙马王堆汉墓出土的完整的衣被、袜鞋、手套、整幅或不整幅的丝帛,以及其他各种杂用的织物。这百数十件丝织品,仅凭视觉能够识别的颜色有一二十种之多,如朱红、深红、绛紫、墨绿、棕、黄、青、褐、灰、白、黑等等。

封建社会前期飞跃发展的织绣工艺,在新的历史条件下继续发展。从东汉开始著名的蜀锦,三国时得到更大的发展。成都大量织造经线起花的彩锦,色泽美丽,花纹新颖,织造技艺相当成熟。南北朝丝织物中出现了纬线起花锦。纬线起花工艺,最早发现于东汉西北兄弟民族的毛织物中,有别于中原地区经线起花的传统技艺。丝织物运用纬线起花,较经线起花织机复杂,但操作方便,能织出比经锦更繁复的花纹和宽幅的作品。唐代纬锦十分流行,这是中国织绣工艺文化的一大发展。此时的图案纹样,风格别致。花鸟、联珠团花和缠枝纹样的新创造,丰富了西汉以来固有的装饰传统,为唐代瑰丽生动的织锦纹样开辟了新路。

唐代丝织图案,有其独特风格。大千世界中的千事万物都可在唐丝织纹样中得到反映,其中尤以花鸟为主要的装饰题材更为可观:鸟兽成双,左右对称;联珠团花,花团锦簇;缠枝花卉,柔婉多姿;配色敷彩,多样大胆。同时因受佛教艺术的影响,新奇富丽的宝相花、莲花图案也广泛流行。显然,唐代锦纹在我国丝织图案史上开创了新面貌,给后代以深远的影响。唐丝织产地遍布全国,花色品种极为丰富。仅“绫”一类,著名的就有:定州“两窠绫”,幽州“范阳绫”,滑州“方纹绫”,兖州“镜花绫”,青州“仙纹绫”,越州“异纹吴绫”、“单纹吴绫”、“盘条绫”和“缭绫”等。据《新唐书·地理志》载,江南东道(今江浙一带)各州所产又有水纹绫、鱼口绫、绣叶绫、花纹绫、鸟眼绫、绯绫、白编绫、文绫、交梭绫和十样花纹等许多品种,其中以缭绫尤为精美。

两宋的丝织工艺在唐的基础上大有长进。北宋时,开封、洛阳、益州、梓州和湖州等地都设有大规模丝织作坊。南宋以苏州、杭州和成都锦院最为著名。院内织机各有数百台,工匠达数千人之多。花色品种更是丰富多彩,仅彩锦一类,北宋已有 40 多种,南宋发展达百余种之多。锦是多色的多重织物(现称为缎子),锦质地厚重,是丝绸中上上绝品。宋时花纹比唐更为丰

富，如集写生花卉和几何花纹为一体的“八达晕”锦，金地另五彩的“百花攒龙”锦等，提花精确，锦面平整细密，色调变唐的鲜明华丽而为淡雅柔和，表现出宋代织锦的特有风貌。宋许多珍贵织物常大量加织金线，这种织金锦，至元、明、清各代更为盛行。宋爱好书画、玩赏工艺之风大盛，促使缂丝工艺得到更快发展。缂丝是织物中最高级的一种，采用“通经断纬”织法，先挂好经线，然后将许多不同色彩的纬线根据图样用小梭子缀织上去，织造极为费工。宋缂丝技术能“随心所欲作花鸟禽兽状”，能将绘画艺术巧妙地复制出来，画中的水墨晕色也能如实织出，充分表现出宋缂丝工艺文化的卓越超群。

印染工艺发展到封建社会中期，蜡缬、夹缬以及北朝的绞缬三种染色技术十分流行，并且兴起了许多染缬。汉代只能蜡缬单纯的蓝底白花，晋能用十种彩色，唐蜡缬五彩花绢和大件屏风。唐人能用高级丝质材料，精心加工，制成精美的图案。刺绣工艺发展也快。魏晋时能用锁绣法绣出复杂花鸟画。唐有刺绣佛像和佛经的习惯。宋代刺绣，题材相应扩大，针法多，绣法新颖。唐新创有直针、贴绢、堆绫和缀珠等技艺。在绫罗上用金银两色刺绣和描花，是当时的一种流行装饰，缀金钱、金片的技艺已很高。铺绒绣技法已能表现颜色的退晕和晕染的敷彩效果。宋绣更加达到无施不巧的地步，针法创造有滚针、旋针、反戗，其他如丁线绣、网绣、纳纱绣、打子、戳纱、刻鳞和锁边等。宋代许多匠师创造的丰富多样的刺绣技艺，给元明清刺绣工艺的发展开辟了道路。

有悠久传统的丝织业，元明清在生产规模、技艺上均有巨大成就。全国设有许多官营织局，民营作坊各地皆是。明代有了机户出资、织工出力的生产方式。清道光时，南京一地仅缎机一种，就有 5 万多张。元代崇尚加金织物，明清更是产生了花饰众多、辉煌华丽的加金丝织品。元明清丝织品在艺术上的巨大成就，表现在纹样取材广泛、配色丰富明快、组织紧凑活泼、花色品种多样。明代装裱大藏经封面的丝织品花色就有千种之多。清代可织出幅面近三米宽的名色绢。

元明清的印染技艺日益提高，《天工开物》“彰施篇”中记载当时染制的颜色竟达 40 种。毛织、刺绣、缂丝工艺亦取得很大成就。明代毛织工艺开始由甘肃而陕西等地渐次传入中原地区。到清代除边远兄弟民族地区仍多织毡毯、氆氇之类生活用品外，北京织造地毯技巧形成独特风格，并逐步推广至天津等地，大量外销，闻名于世界。刺绣工艺有专门追求书画效果，以名家手笔为蓝本的“绣画”和“绣字”；有依照刺绣本身处理素材的传统技法，专制作日常服饰用品，花纹由织造者自身描绘或剪样照绣。绣法各具特色，而尤以苏绣、广绣、蜀绣较为著名，最负盛名的是明代始创的“顾绣”（源于顾名世家女眷之手）。“顾绣”色彩和谐，针法多样，行针平匀。元明缂丝仍用宋代通经断纬法。清代可制作大幅的书画，有长宽将近两丈的作品，墨彩生动，使原作大为增辉。

思考与练习

1. 中国古代建筑有哪些主要的类型？各有什么代表性作品？
2. 私家园林和皇家园林在风格上有什么不同？
3. 简述中国陶瓷工艺的发展历程。
4. 简述中国髹漆工艺的发展历程。
5. 简述中国织绣工艺的发展历程。

延伸阅读与参考书目

梁思成:《图像中国建筑史》，天津:百花文艺出版社，2001 年。

刘敦桢等:《中国古代建筑史》，北京:中国建筑工业出版社，1984 年。

刘敦桢等:《苏州古典园林》，北京:中国建筑工业出版社，2005 年。

周维权:《中国古典园林史》，北京:清华大学出版社，2008 年。

尚刚:《天工开物:中国工艺美术史》，北京:三联出版社，2007 年。

第十三章　艺术文化(下)

书法,是中国传统的艺术之一。中国画或称国画,是具有悠久的历史与优良传统的中华民族的艺术。中国音乐、舞蹈等,也具有东方民族的气质与韵致。书画、音乐、舞蹈等与其他艺术门类,共同组成了中华民族的艺术宝库,展示了中国文化中独有的艺术境界,给人以独特的艺术享受。

第一节　书画艺术文化

书法是富有民族特色的艺术。汉字经书法制作,成为世界最完整优美的文字。"书法"一词最早出现在汉代,广为流行则在唐代。书法,指书写文字的方法(法规、法式)。在日本,叫作"书道"。作为艺术形式之一的书法,在传递思想或信息的基础上,还要通过汉字书写的形式美来表现书写者的情趣、气质或个性,其价值取向远远超过了汉字的实用意义。

世界各国的绘画体系基本上可分为两类:从古埃及、波斯、印度和中国等东方文明古国发展起来的称东方绘画;以欧洲为中心,从古希腊、古罗马发展起来的称为西方绘画。国画又称为中国画,是东方绘画的主体。中国画是用毛笔、墨和专用颜料,在特制的宣纸和绢上作画。国画与西洋画在艺术特质上有明显不同,中国注重神似写意,在世界画坛上独树一帜。

我国的书画艺术具有鲜明的民族特色和深厚的传统。传世最早的两幅楚国帛画,其笔墨之简洁,神情之生动,已达到较高水平。长沙马王堆出土的西汉初轪侯家族墓的帛画和仪仗图,造型技巧更趋完美,构图井然有序,想象力丰富。特别是漆棺上的彩绘,流云、走兽、人物的飞动,更使人难以相信2000多年前的绘画技巧已达到如此生动欲活的艺术境界!楚国的帛书和湖北云梦城关睡虎地秦墓竹简,是夏、商、周三代金文和石鼓文以后发现的墨迹真品,虽然出自书吏,其形体结构自有法度,为后来的隶书开辟了先河。

两汉书体普遍使用隶书,随后出现了章书。就总的书法造型基础而言,一直到三国时期才开始向新的书体蜕变。至于绘画作品,仅见之于墓葬壁画,以仪仗、宴饮为题材,人物画为主,车马为辅,大都是线描填彩,也偶有用笔墨彩色涂抹成形的。

一、魏晋南北朝书画艺术

西晋是中国画的成熟时代。东晋之后,相继出现了顾恺之、戴逵、陆探微、张僧繇等,北方亦出现杨子华、曹仲达、田僧亮诸大家。最著名的绘画家是顾恺之,他才思敏捷,匠心独到,人称画绝、才绝、痴绝。《洛神赋图卷》是顾氏根据曹植名篇《洛神赋》作的一卷连环画。作品栩栩如生地刻画洛阳河中的水神宓妃(甄妃的化身)的气韵。顾氏通过对画中人物性格和表情的刻画,成功地传达了曹植对甄妃蕴积已久的爱慕之意。人物仙女画卷《列女仁智图》与《女史箴图》同属儒家思想支配下的作品,技法古朴,其中仕女形象近《女史箴图》,线描敷彩稍觉浮薄,顾氏原作久已散佚,今天看到的忠实于原作的古人摹本,已实属难能可贵。

图 13－1　[晋]顾恺之《洛神赋图卷》

魏晋南北朝的书法较绘画更臻成熟。此时是中国书法艺术鼎盛的时代,书体的变化从篆、隶、章、草蜕变出来,形成了真、行、今草书体。据历代文献所载,魏晋南北朝知名书法家,远远超过画家的人数。钟繇(151 年—230 年),三国魏人,专工正隶、行字,尤长于正隶。钟繇是我国书法艺术变革中的关键人物。他顺应时代潮流而进,其书法史上的功绩,与王羲之父子

有异曲同工之处。其书法特点是瘦劲，传世的铭石书《受禅表碑》《上尊号碑》最妙。皇象，三国吴广陵江都（今扬州市）人。工篆、隶，尤精章草，有一代绝手之称。卫夫人（李矩之妻，名铄），唐张怀瓘《书断》列她的隶书为妙品，并评其书法为“婉然芳树，穆若清风”。古代书家称“书圣”的有好几位，最后只有王羲之的书圣桂冠一直保持不坠，足见其书法风貌。其子王献之擅长各种书体，尤精行草书，与其父并称二王。王羲之的《兰亭序》《快雪时晴帖》《十七帖》《姨母帖》《初月帖》《上虞帖》《曹娥碑》，王献之《鸭头丸帖》《廿九日帖》《中秋帖》；王珣《伯远帖》，羊欣《暮春帖》，王僧虔《舍人帖》等书法作品皆有名气。其中《快雪时晴帖》《中秋帖》《伯远帖》被乾隆皇帝收藏，认为是三件希世之物，名其藏室为“三希堂”。东晋南朝书画理论研究亦有不少著述：顾恺之《魏晋胜流画赞》《论画》《画云台山记》三篇画论，宗炳《画山水序》，王微《叙画》，姚最《续画品》，卫恒《四体书势》，羊欣《采古来能书人名》等。

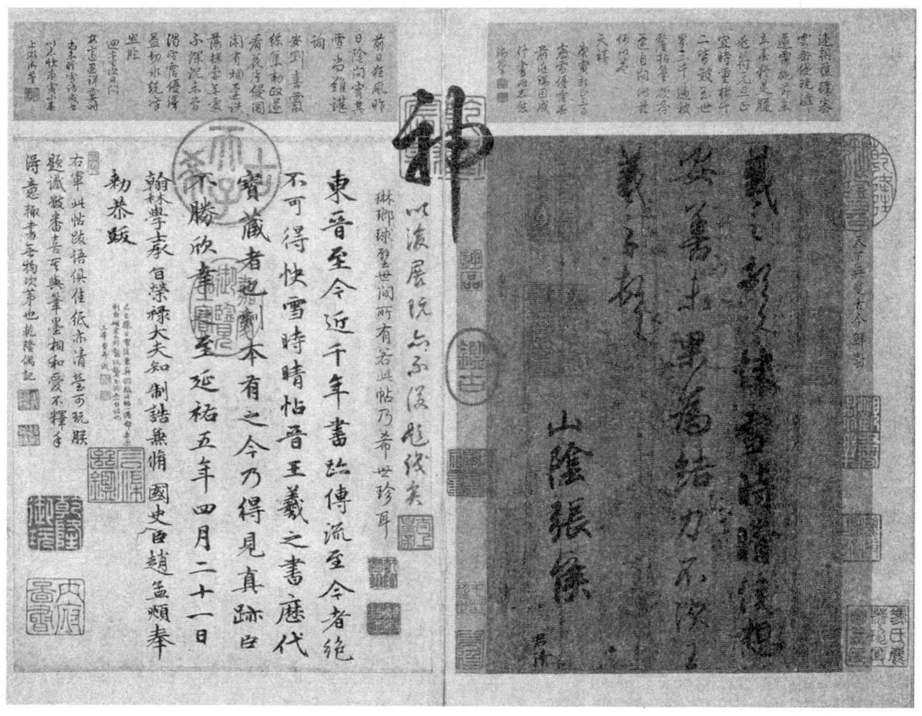

图 13－2 ［晋］王羲之《快雪时晴贴》

南齐谢赫，是我国早期杰出的肖像画家，更是一位绘画评论家。其撰著的《画品》一书是现存最早的论画、品评的文献。他第一次较为系统地为民族绘画史提供了自三国以来至南齐以前 27 位杰出画家，评定其品级，指出各位画家的特点和不足之处，为后世留下了极为宝贵的精神财富。

二、隋唐五代书画艺术

隋代书画，继往开来，酝酿着新风格的出现。初唐书画承袭隋风，颇尚法度，但渐呈新貌。至盛唐则完成了风格的转变。此时，各科画家与各体书家先后涌现，风格趋向健美飞动。以吴道子为代表的人物画(含宗教画)与山水画，以张旭、颜真卿为代表的草书、真书及行书，呈现了唐代书画灿烂辉煌的卓越成就。中晚唐的书画又有了新的变异，流风遗韵，波及五代。自隋建国伊始，即造妙楷台与宝迹台庋藏书法名画，唐代官私收藏更蔚然成风，进而推动了书法名画的模拓复制，促进了书画史论的整理与著述，为后世的研究保存了珍贵的原作、摹本和文献。

唐代人物画表现出两种风格：以阎立本为首的中原作风，继承了北朝杨子华与南朝张僧繇的传统，能正确把握人物的准确造型和气质风度，用笔圆劲，赋色沉着典雅，单纯而不单调，富有概括性。而以尉迟乙僧为代表的边

图 13 - 3　[唐]阎立本《步辇图》

陲作风，则描形饶于变化，具有凹凸感，用笔紧劲屈曲、设色浓厚鲜明。吴道子则将人物宗教画推进到更具表现力，也更生动感人的新境地。他一生在京洛画寺观壁画300余幅，变相人物，千变万化，奇踪异状，无有同者，他运用具有明快节奏和丰富表现力的“莼菜条”线，成功地画出高低深斜、卷褶飘动之势，使人物产生“天衣飞扬，满壁风动”的效果，世称“吴装”、“吴家样”。周昉善于画天王和菩萨，尤其将观音描绘在水月清幽的环境中，创造了“水月观音”这一具有鲜明民族特点的宗教画新样式，一直为后代沿袭。周昉的宗教画风格被称为“周家样”。

隋唐时代，中国山水画已经成熟。展子虔《游春图》，反映了隋代或初唐青绿山水画的面目。他直接开启了唐代画家李思训、李昭道父子金碧山水的先河，因而被后世誉为唐画之祖。吴道子进而发展了简练而又写实的山水画法，所画山水“怪石崩滩，若可扪酌”。李思训、李昭道父子将青绿山水画提高到新的阶段，史称“大李将军”、“小李将军”。山水田园诗人王维的水墨山水画亦为人称许，他以文人的观念作画，诗、书、画三者融合，被公推为文人画的始祖。

隋唐五代书家辈出，名作如雨后春笋。隋代的智永，名法极，是王羲之的七世孙，活动于陈隋间，在山阴永欣寺为僧，人称“永禅师”。他擅长于真书与草书，相传曾手写《真草千字文》800多本，分送浙东各寺。初唐三家之一的欧阳询(557年—641年)的书法，亦以真书为最，法度严谨，雄深雅健，以险峭取胜。虞世南(558年—638年)擅真、行二体，真书体方笔圆、外柔内刚，笔致圆融遒丽；其行书遒媚不凡，筋力稍宽。褚遂良(596年—659年)，在唐初三家中是后起之秀，字清劲秀颖又内含筋骨，在笔法上有新的创造。用笔纤瘦、结字疏通，又自别为一家。

盛唐时期的书法风格由初唐方整劲健趋向雄浑肥厚。这时及以后出现了张旭、怀素、颜真卿、柳公权等著名书法家。

张旭，字伯高，吴(苏州)人，官至金吾长史，世称“张长史”。书擅真草，又以草书闻名，有“草圣”之称。张旭的真书端正谨严、应规入矩，出入欧、虞，继承颇多。其草书极富创造精神，纵逸飞动，穷天地事物之变，发喜愕忧愉之情，宛转顿挫、刚柔博大、激情充溢而不失矩度。相传他往往大醉之后呼喊狂走，而后落笔，故被称为“张颠”。其草书与李白诗歌、裴旻的剑舞，号为“三绝”。传世墨迹有《古诗四帖》、正书石刻《郎官石柱记》等。

怀素(725年—785年)，字藏真，俗姓钱，长沙人。幼时家贫，学书刻苦，蕉叶代纸，废笔成塚，后曾问学于颜真卿，间接悟张旭笔法，以草书名世，其字如惊蛇走虺,张风狂雨。怀素的传世名作墨迹有《论书帖》《苦笋帖》《自叙帖》《小草千字文》《食鱼帖》等,仅存刻本者有《藏真帖》《圣母帖》等。

颜真卿(709 年—785 年),字清臣,京兆万年(今陕西省西安市)人,曾任平原太守,世称"颜平原"。官至吏部尚书,太子太师,封鲁郡公,人又称之为"颜鲁公"。他为官忠直义烈,积极抗击安禄山叛乱,维护国家统一,后被劝降叛臣李希烈所害。他是一位勇于革新的书法家。他的书法多用中锋,结体丰茂,庄重奇伟,称颜体。颜真卿作品极多,碑刻尤其多,亦有墨迹传世。颜氏真书多存碑刻,著名者有《多宝塔碑》《鲜于氏离堆记》《郭家庙碑》《麻姑仙坛记》《中兴颂》《元次山碑》《宋璟碑》《颜氏家庙碑》等。《祭侄季明文稿》为草稿性质的遗迹,书写自然,颇有神韵。

柳公权(778 年—865 年),字诚悬,京兆华原(今陕西省耀县)人。他在穆宗、敬宗、文宗三朝侍书禁中,官至太子少师,世称"柳少师"。他的书法以楷书最著,与颜真卿齐名,人称颜柳。与颜真卿书法的筋力丰满相比,柳公权的书法骨力劲健,所以又有"颜筋柳骨"的称谓。其真书碑刻依刻石先后主要有:《金刚经碑》《李晟碑》《冯宿碑》《符璘碑》《玄秘塔碑》《神策军碑》《刘沔碑》《高元裕碑》等。其中最著名的有《金刚经》《玄秘塔碑》《神笔军碑》三种。

三、两宋书画艺术

五代时,西蜀和南唐已设立画院,南唐画院待诏顾闳中的《韩熙载夜宴图》,是他的传世代表作品。北宋在王朝建立的初期,即在宫廷中设立了"翰林图画院"。画院至宋徽宗时日趋完备,将"画学"正式纳入科举考试之中,招揽天下画家。加之徽宗本身也是一名书画家,使得这一时期的画院创作最为繁荣,是我国历史上宫廷绘画最兴盛的时期。北宋画坛的山水画创作成就最为辉煌突出,画史称"宋人格法"。最有代表性的山水画理论著作是郭熙的《林泉高致》。山水画家及其作品主要有:李成《寒林平野图》、范宽《溪山行旅图》、燕文贵《溪山楼观图》、许道宁《秋江渔艇图》,郭熙《窠石平远图》是愈老愈壮的印证。文人画家及其作品有:米芾(1051 年—1107 年),徽宗召为书画学博士,曾官礼部员外郎,人称"米南宫",为人癫狂放达,冠服效唐人,而好洁成癖,世有"米颠"称。他以大笔触的水墨表现自然山川的烟云风雨变化,人称"米点山水"。米友仁,米芾之长子。其父子人称"大小二米"。"小米"承家法独创"米家山水"新画法。友仁作画的风气酷肖其父,点滴烟云,草草而成,而不失天真。此外,王诜的水墨青绿山水画,惠崇、赵令

穰的湖山水景画均有名。郭忠恕以长于画楼台而闻名于世，为中国画做出了特殊贡献。王希孟的《千里江山图》是中国山水画中不朽的杰作，可惜画成后年轻早逝，仅20余岁。

“李、刘、马、夏”号为南宋四大画家。李唐擅长于山水、人物故事画。山水取法荆浩、范宽而有变化，开南宋一代山水画新风，其《万壑松风图》笔墨爽健，气势磅礴。刘松年，其画风与李唐一脉相承，《四景山水图》精细秀润。马远吸收李唐画法而独树一帜，对南宋后期院画影响很大。山水画往往取自然山水之一角，人称“马一角”，水墨俱下，见棱见角，《踏歌图》劲健简洁。夏圭画风与马远极为相近，画史多以“马、夏”并称。《溪山清远图》以坚挺峭秀的笔法描绘出江南清幽秀美的景色。南宋四大家代表了南宋山水画的新风格。其山水以大笔触简括的水墨为主，而南宋仍有一些山水画家继续着李（成）、郭（熙）的传统，如朱锐、赵伯驹等。

两宋以花鸟画著称的画家有：黄居宷、崔白、赵昌、易元吉和文人苏轼、文同、杨无咎、赵佶（徽宗）、李迪等。两宋的人物画家中，武守元、李公麟《五马图》均有名。尤其是张择端《清明上河图》在艺术手法和处理上，具有高度的成就，内容上真实反映了当时城市社会各个生活面，具有重要的历史文献价值，是一幅写实主义的伟大作品。

宋初书法家首推李建中，大为黄庭坚所推崇，以为其书“丰肌而神气清秀”。其《土母帖》用笔结体端庄稳重、秀润丰腴，是一件精诣之作。北宋后期是宋代书法的成熟期，其标志是“苏（轼）、黄（庭坚）、米（芾）、蔡（襄）”四大家的出现。蔡襄（1012年—1067年），工于楷、行、草书，得颜真卿书法的端庄稳健，下开苏轼、黄庭坚、米芾等新风。苏轼居“宋四大家”之首，他书写时达到物我两忘、得心应手的境地。其最著名的墨迹代表是《黄州寒食诗帖》，用笔浑厚遒逸，跌宕多变，感情随笔尖自然流出，内容与艺术形式完美统一，令人感叹不已。其《前赤壁赋》笔致圆润丰腴，朴拙厚实。黄庭坚（1045年—1105年）广泛吸收前人成果，独创自家书风，名盖当时和后世，评价极高。其大字行书《松风阁诗》等，结字内紧外松，笔法圆润，出笔长而遒劲有力，一波三折，气势开张，昂藏有态。小字行书圆转流畅，沉静典雅。草书雄放瑰奇，笔势飘动隽逸。米芾能写篆、隶、楷、行、草诸体，以行书成就最高。他的《苕溪诗帖》和《蜀素帖》书于同一年，笔法丰润，瘦不露骨，肥不剩肉。结字多倚斜倾侧，于险劲中追求平夷，通篇变化有配，天真自然，是米芾中年得意作品。

四、元代书画艺术

元代文人画占据画坛主流。此时，画坛上名家辈出，其中以赵孟頫和号称“元四家”的黄公望、吴镇、倪瓒、王蒙最负盛名。赵孟頫(1254 年—1322 年)，字子昂，号松雪，湖州(今浙江湖州市)人。生前“披遇五朝，官居一品，名满天下”。他博学多才，诗、书、画、乐无不精通，而以书画为最。其《幼舆丘壑图》古朴雅拙，《鹊华秋色图》师承董源，是融水墨山水与青绿山水为一体的杰作。《山村图》意境清旷深远，多用枯笔皴点，为典型的文人水墨画杰作。赵孟頫是唐宋之后擅画人物鞍马的名家，《人骑图》较多唐风，《红衣罗汉图》凝重浓丽，《秋郊饮马图》色不掩笔，苍劲中含秀逸，浓郁中显清丽，自成一家风貌。赵氏又是画竹石和花鸟的高手，《秀石疏林图》用飞白笔法画巨石，使石有尖硬质感；用圆劲笔法画古木，表现树木挺劲的枝杆；用峭利的笔法画竹叶，表现了竹的潇洒。这就充分施展了书法笔墨在绘画中的效用。

图 13-4　[元]黄公望《富春山居图·剩山图》

元代中后期，黄公望、王蒙、吴镇、倪瓒四家，在山水画创作上贡献较大，被誉为“元季四大家”。“元四家”在赵孟頫的影响下，开创了一代新风，形成了以“文人画”为主派的山水画派，对明清画坛影响极大。黄公望(1269 年—1354 年)皈依全真教，寄情山水。最著名的水墨画《富春山居图》是其历经四年的得意之作，采用传统的“三远”并用构图法，山石多用披麻皴干笔皴擦，极少渲染，似平实奇。《丹崖玉树图》笔法松秀，设色轻淡而气势雄浑。吴镇(1280 年—1354 年)终其一生闭门隐居，自有一种深厚苍郁之气，其绘画题材大多渔父、古木竹石之类，《渔父图》凝练坚实，水墨圆浑苍润。王蒙

(? —1385 年)是元代具有创造性的山水画大家。喜用枯笔干皴,多用解索皴、牛毛皴或细笔短皴,有时兼用小斧劈皴。其特点是布局充满,结构复杂,层次繁密,笔法苍秀,表现山水的蓊郁深秀、深厚华滋的风貌,大多以隐居为主题。《太白山图》细劲繁密,典雅明丽;《青卞隐居图》是水墨山水画"天下第一"的杰作,格调苍浑秀逸。倪瓒(1301 年—1374 年)画竹自称"逸笔草草,不求形似","聊写胸中逸气"。其《渔庄秋霁图》画面辽阔旷远,中右方以小楷长题连接两段式章法,全图书画浑然一体,这是绘画章法上的一大发明创新。

元代书法艺术直接受北宋及金影响,士大夫都学苏、黄、米、蔡四大家。赵孟频、鲜于枢被称为元代书法的"巨擘"。赵孟频竭力提倡直接取资晋唐,主张作书要有古意,反对"近体"即南宋书风。借鉴古书,不囿于某体某派,取资广博,转益多师,兼擅篆籀、分隶、楷、行、草,"遂以书名天下"。他一生作品颇丰,墨迹大多为行书、楷书和草书。《洛神赋》《前、后赤壁赋》《万寿曲》《酒德颂》《烟江叠嶂诗》等出神入化,遒劲姿媚。晚年书大楷《福神观记》等端庄肃穆,雄遒苍健。其书法既有广博深邃的传统基础,又有鲜明的时代特色和个人风貌,而使他成为宋以后一位承前启后的卓然大家。鲜于枢(1257 年—1302 年)书法与赵孟频齐名,精于楷书、行书和草书。其书多用中锋回腕,笔法婉转遒劲,气势雄伟跌宕,草书最为突出,颇受赵孟频推崇。鲜于枢的小楷书《老子道德经》上卷,字体结构严谨,笔画端丽遒劲,风格娴雅,深得虞、褚神髓,实为小楷书精品;大楷《御史箴》体势规整,偶带行笔,雄健恢宏;行草书《王荆公杂诗卷》,用笔中锋内敛,圆润遒劲,不失雄肆之姿。

五、明代书画艺术

明代书法,师承元人,以草书、楷书成就较大。宋克、宋广、宋璲和沈度、沈粲史称"三宋"、"二沈",形成"台阁体",风格圆润平整。明代宣德到成化年间,盛行草书。陈献章的草书,多用特制的茅草笔书写,风格苍劲挺拔,别具一格。张骏的草书,挥洒自如,纵横奔放,突破成法,被称为"狂草"。明成化到嘉靖间,是明代书法艺术的兴盛期,文人书画家云集苏州,形成了以祝允明、文徵明、王宠为代表的吴门派书法,而文、祝、王又号称"吴中三大家",其书法上追晋唐,一变"台阁体"风貌,自成风格。晚明董其昌、邢侗、张瑞图、米万钟为四大名家,而以董为最,其平淡古朴之风,开一代书风,对于明末至清的书坛影响巨大。邢侗草书圆转朴厚,有"南董北邢"之称。张瑞图行草书劲健新奇,米万钟行书出自朱氏家学,笔锋宛转流畅。明末黄道周、

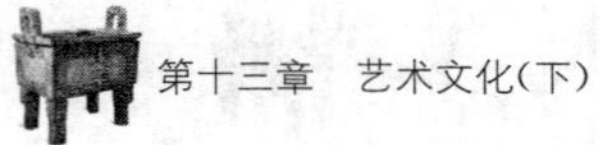

倪元璐以行草书笔法写隶书，又以古草体写草书，风格独特。赵宧光等以草书笔法写篆书，称为“草篆”，各自独成一家，代表明末一时书风。

明代画风迭变，画派繁兴。在艺术流派方面，涌现出众多的以地区为中心或以风格相区别的绘画派系。在师承方面，主要有师承南宋院体风格的宫廷绘画和浙派，以及发展文人画传统的吴门派和松江派等两大派系。戴进(1388 年—1462 年)，钱塘(今浙江省杭州市)人。早年画风劲秀，中、晚年趋于豪放，苍健挺拔，早年多方笔，晚年则笔多圆劲。《罗汉像》为粗笔水墨，下笔粗犷充沛；《春山积翠图》笔墨劲爽，略带写意笔法；《南屏雅集图》是他晚年之作，用笔圆劲，格调苍老。吴伟(1459 年—1509 年)，他擅长人物画、山水画，劲健豪放的画风与戴进相同，因而被称为浙派健将。但他的笔墨更加迅疾酣畅，自成一派，由于他是江夏人，便有“江夏派”之称。明代前期以浙派为画坛主力，明中期以沈周、文徵明、唐寅、仇英最负盛名，史称“吴门四家”。他们开创的画派被称为“吴门派”或“吴派”。沈周(1427 年—1509 年)，吴门画派创始人，以山水画著称，花鸟画亦有较深造诣，并能画人物画。《仿董巨山水图》笔法圆润，墨气厚重，潇洒灵活；《东庄图》文雅劲健；《沧洲趣图》笔墨间疏苍劲，格调雄健开阔；《荷花》笔墨厚重泼辣。文徵明(1470 年—1559 年)，各科画无一不工，其晚年有粗细两种风格，愈晚愈工。《江南春图》疏朗明媚；《兰竹》笔墨潇洒，风姿绰约。唐寅(1470 年—1523 年)，性格狂放不羁，才气横溢，行笔秀润缜密，具潇洒清逸的韵致，在“吴门派”画家中独树一帜。《王蜀宫妓图》作铁线描，细致工整；《风木图》简括苍秀；《落霞孤鹜图》宏伟雄健，线条变幻流畅，风格潇洒苍秀。仇英的人物、山水、走兽、界画等俱能，功力精湛。其青绿界画《莲溪渔隐图》含蓄爽朗清新；《柳下眠琴图》文雅秀逸。此外，董其昌的《昼锦堂图》，气韵淡雅秀逸；而徐渭《牡丹蕉石图》，邵弥《划开众皴图》，蓝瑛《江皋话古图》，陈洪绶《女仙图》等影响都很大。

六、清代书画艺术

清代是“书道中兴”一代。清初是帖学的天下，中期兴起碑学，晚期则更盛碑学，一改书法衰微之况。清初不少遗民隐迹山林，寄情翰墨，涌现出如傅山、朱耷、石涛等个性独特的书家。傅山追求“宁拙毋巧，宁丑毋媚”的趣味，草书纵横跌宕，真率拙朴；朱耷行草融汇篆书之法，运笔细匀圆劲，斜正错落有致；石涛在行楷书中参以隶法，字体凝重倚侧；王铎行草书纵而能敛，苍郁雄畅，均为宗法晋唐法帖而生的独特风貌。康熙皇帝酷爱董其昌书法，

出现如沈荃、笪重光、姜宸英等一大批追踪董学之子。乾隆酷爱赵孟頫书法，朝野风气为之一变，由崇尚疏淡的董学转为圆腴的赵字。张照、董诰、汪由敦等人追学董书。承绪帖学著名者有：翁方纲、刘墉、永瑆、铁保（号称“北方四大家”）和南方的梁同书、王文治、汪士鋐、姚鼐等。“扬州八怪”敢破帖学樊篱，力图从汉隶中吸取营养，将绘画用笔融入书法，使靡弱的帖书法得以宽其气和强其骨。黄慎的草书，汪士慎的隶书，高凤翰的左手书，突破旧规，自成一格；郑燮的行楷参以隶法，自称“六分半书”；金农隶书横粗竖细，凝重拙朴，被称为“漆书”。乾嘉金石考据学勃兴，书法转向碑学，阮元《北碑南帖论》、包世臣《艺舟双楫》等碑学理论著作有巨大影响。嘉道时，终于形成了碑学蓬勃发展的书道中兴局面，涌现出邓石如、伊秉绶、丁敬、黄易、包世臣、陈鸿寿等一批书法名家。尤其是邓石如将四体书法互参互融，碑帖兼乐，誉为“国朝第一”。晚清书坛是碑学的天下，康有为《广艺舟双楫》总结了碑学理论和实践，力推北碑，尊魏卑唐。何绍基和赵之谦最负盛名，早师颜体，后深研北碑，吸取茂密雄强之气，终于脱颖而出，成为一代大家。

清代绘画呈现出特定的时代风貌，山水画勃兴，水墨写意法盛行，文人画呈现出崇古与创新的两种趋势。清初，“四王”和吴历、恽寿平号称画坛“六大家”。王时敏（1592 年—1680 年）为“四王”之首，他隐居不仕清，工诗，其画擅长山水，富于收藏，精研宋元名迹，摹古不遗余力。75 岁作《仙女楼阁图轴》，勾线空灵，苍老清润，其山水画开创“娄东派”。王鉴（1598 年—1677 年），“娄东派”首领之一，山水多仿古，专心于“元四家”，运笔沉着，用墨浓润，风格沉雅。擅画青绿山水，色彩浓丽清润。《夏山图轴》将石绿、淡赭、润墨融和为一体，产生“设色相和”、艳不伤雅的艺术效果。王翚（1632 年—1717 年）是“四王”中技法较全面、成就较突出的名家。融南北诸家之长，画风清丽工秀，明快生动，被誉为“海内第一”。《康熙南巡图卷》为清代手卷画的鸿篇。王原祁（1642 年—1715 年）笔墨生拙，韵味醇厚。他喜用干笔积墨法，连皴带染，由淡而浓，由疏而密的反复皴擦法，使画面融和厚重，素有“笔端金刚杵”之称，指其用笔浑厚沉雄、墨色元气淋漓。除“四王”外，吴历（1632 年—1718 年）所作《横山晴霭图》风格沉郁，苍浑滋润，老辣拙朴，浑厚凝重。恽寿平（1633 年—1690 年）用笔古拙，气厚力沉，继承发展北宋徐崇嗣“没骨法”，创造出生动形象、色彩明媚、笔调简洁的新画风，一时风从甚众，形成“常州派”。

石涛、朱耷、石谿、渐江，合称清初四僧。“四僧”创作各具特色。石涛善用墨法，运笔灵活，构图新奇，讲求气势，《搜尽奇峰打草稿》为师造化之佳构。朱耷(1626年—1705年),号八大山人。其画大多缘物抒情,象征寓意,将物象人格化,以寄情感,画鱼鸟作“白眼向人”状。《山水轴》枯索凄凉,其鸟上大下小,岌岌可危,多栖一足,悬一足。其作品到达“笔简形赋”、“形神毕具”的境地。石谿(1612年—?),清初与石涛并称“二石”。石谿的山水画不宗一家,戛然自玄,景色郁勃新奇,构图大胆新颖,笔墨纵肆多变,格调昂扬雄奇,是清初最富有创造性的画家。渐江(1610年—1664年),其山水画构图简洁,丘壑奇崛,境界荒寂,富有清新、静穆之致。清初一批遗民画家聚集南京,龚贤、樊圻、高岑、邹喆、吴宏、叶欣、胡慥、谢荪时称“金陵八家”,尤其是龚贤《千岩万壑图卷》,是“奇”与“安”、“实”与“幻”的和谐统一,继承发展了宋人“积墨法”。清中期,扬州画派繁盛,八怪成就为最。郑燮(1693年—1765年),号板桥。他擅长水墨写意,提出“眼中”、“胸中”、“手中”三阶段创作方法,强调表现“真性情”、“真意气”,竹品人品融一,所绘墨竹挺劲孤直,具“倔强不驯之气”。主张“意在笔先”,思想深邃,耐人寻味。金农(1687年—1764年)被称为“八怪”之首,虽50岁学画,因博学多才,书法根底深厚,终成名家。尤工墨梅,“涉笔即古,脱尽画家习气”,参以古拙的金石笔意,质朴苍老。其山水笔墨稚拙,造境别致,独具画外之趣。李鲜的《土墙蝶花图轴》,黄慎的《漱石捧砚图》,汪士慎的《墨梅图轴》,李方膺的《风竹图轴》,高翔的《山水轴》,罗聘的《鬼趣图卷》等皆为传世名作。扬州画家中,华嵒、高凤翰、闵贞、边寿民等名声亦不小。自1840年鸦片战争后,“海派”画家应运而生,赵之谦《柏树图轴》、虚谷《菊鹤图轴》、任熊《自画像轴》、任颐《杜鹃双鹊图轴》、吴昌硕《天竺图轴》等海派作品独具特色。晚清时,苏六朋、苏长春、居巢、居廉(“二居”)、高剑父、高奇峰、陈树人等“岭南画派”的作品亦别具一格。

第二节　音乐舞蹈艺术文化

一、先秦音乐舞蹈

自西周初年(公元前11世纪)至战国末年(公元前3世纪)的上古时代,以汉族音乐为主体,包括少数民族音乐的中国音乐传统已经形成,以后又随着时代而不断发展演进。商代后期人们已掌握了12律的乐律知识。公元

前6世纪的周景王时已有12律和五声、七声的名称①。“五声”、“七声”也称“五音”、“七音”。五声音阶在传统音乐中占有主导地位。古代还按制造乐器的质料将乐器分为八类，即金、石、丝、竹、匏、土、革、木，称为“八音”②。现将声律对应关系制成下列对应表(表13-1)：

表13-1　声律对应关系表

十二律	黄钟	大吕	太簇	夹钟	姑洗	仲吕	蕤宾	林钟	夷则	南吕	无射	应钟
五　声	宫		商		角			徵		羽		
七　声	宫		商		角		变徵	徵		羽		变宫
现代阶名	C		D		E		F	G		A		B
现代唱名	do		re		mi		fa	sol		la		si

中国舞蹈历史悠久，规模宏大。最初，舞蹈与音乐密不可分，融为一体，二者都是原始人类对劳动生活的艺术再现或仿效。乐舞艺术文化孕育并诞生于原始社会时期。石器时代，中华民族在开辟草莽过程中，创造出原始舞蹈。人们把劳动的愉快、丰收的喜悦、节日的欢乐、祈祷的虔诚、愤怒的谴斥、灾病的忧伤、爱和恨的倾诉，往往通过有节奏的动作表现出来，这便是原始舞蹈。周朝建立，周公制礼作乐，乐舞的祭祀和教化功能强化，相应建立宫廷雅舞体系。雅舞是古代帝王祭祀天地、祖先，及朝贺、宴享时所用的乐舞，分为文舞和武舞。文舞歌颂君王以德服天下，如《云门》《咸池》《大韶》《大夏》；武舞表示国力的强盛，如《大濩》《大武》。文舞执籥(乐器)和翟(鸟羽)，武舞执干(盾牌)和戚(斧钺)，故两者又统称为“干羽舞”。以上合称“六舞”，“六舞”是周代雅乐的典型代表，除供统治者娱乐外，主要还在于配合奴隶制的礼制，维护森严的等级制度。

二、秦汉魏晋南北朝音乐舞蹈

秦朝设立过音乐机构“乐府”。汉承秦制，朝廷也有乐府。至汉武帝时，“乃立乐府，采诗夜诵，有赵、代、秦、楚之讴”③。乐府的乐歌大致可分为“鼓吹曲”和“相和歌”两大类。鼓吹曲用于效庙祭祀、军队、仪仗、典礼中，是一

① 《国语·周语》。

② 《周礼·春官》。

③ 《汉书·礼乐志》。

种节奏明朗的乐曲，其中吸收了北部和西部少数民族的乐歌。相和歌，源出于各地流行的民歌，即“街陌谣讴”，其中大概也有少数民族乐歌。这种“街陌谣讴”往往采用互相唱和的形式，一个领唱、大伙帮腔。这便是相和歌的名由。南北朝时，南方各地不断涌现新乐曲，而记载下来的主要是“江南吴歌”和“荆楚西曲”。吴歌即今江苏一带民歌，产生中心为建康(南京)。西曲歌出于荆(江陵)、郢(武昌)、樊(襄樊)、邓(邓县)之间。西曲分布在今湖北、江西、四川北部、河南一带，绝大部分与楚声有关。

百戏是汉魏晋南北朝乐舞的特有形式。“百戏”是指音乐、舞蹈、杂技、武术、歌唱、滑稽、幻术等众多艺术门类综合起来进行表演的一种艺术样式。百戏起源于上古时代蚩尤以角抵与黄帝相斗的角抵戏。秦代时角抵戏广泛流行，并已进入宫廷表演的行列，又逐步扩大为一种综合性竞技戏乐形式。两汉时，角抵戏进一步发展为“百戏”。这种综合性乐舞表演广泛流行于社会各阶层。由于百戏内容丰富、形式多样，兼容并蓄各种艺术技巧，因而统治者常用来显示天下太平，与民同乐，或用来招待四夷之宾及国外使节。汉武帝时代，宫中经常举行百戏表演，特别是张骞通西域后，西域各国的使节络绎不绝至汉，武帝为显示汉之富强，多次举办规模盛大的百技联欢。

“长袖舞”是中国最具代表性的传统舞蹈种类之一，也是汉代最普及的舞蹈之一。汉初戚夫人所擅的“翘袖折腰”舞就是“长袖舞”。汉代舞蹈有较强的时代感和审美追求，它情感热烈，意态舒昂，轻灵飘逸，雄健有力，显示出乐观向上、爽朗明快的特色。

三、隋唐音乐舞蹈

隋唐时期是中国乐舞艺术文化史上的鼎盛时期。隋唐两代的太常寺，是乐舞艺术的政府主管机构，负责宫廷乐舞的编排演出，统领乐舞艺人，定期考核乐舞艺人。隋初，宫廷宴乐置七部伎(又称“七部乐”)，一是国伎(即西凉伎，出于河西地区)，二是清商伎，三是高丽伎(朝鲜)，四是天竺伎(古印度)，五是安国伎(中亚布哈拉)，六是龟兹伎，七是文康伎(即礼毕)；又杂有疏勒、扶南(柬埔寨)、康国、百济(在今朝鲜)、突厥(中国北部民族)、新罗(在今朝鲜)、倭国(在今日本)等伎。隋炀帝时又加以调整，定为九部，即清乐(清商伎)、西凉、龟兹、天竺、康国、疏勒、安国、高丽、礼毕。唐前期100多年间，继承和发扬南朝和北朝的文化传统，民间音乐活动繁盛。唐初沿用隋九部乐，唐太宗贞观年间增为十部，将隋九部乐中的“礼毕”删去，外增加燕乐(宴乐)和高昌乐。这十部原是按乐种、地区或国别分的，各具民族、地区或

外来音乐的特点，但后来逐渐被“坐部伎”（堂上坐演）和“立部伎”（堂下站演）所代替。唐乐曲按曲式结构分为两大类：一是杂曲子（短小的独立曲），二是大曲（多乐章的结构固定的大型套曲）。大曲都和舞蹈结合，其曲式结构既继承了相和大曲，又借鉴了西域大曲。唐人依照杂曲子节拍，填写长短句体的歌词，形成“曲子词”（即“词”）；用杂曲子与散文（骈文）交错的形式讲唱故事，形成“变文”；用杂曲子和舞蹈结合，演唱故事，形成“歌舞戏”。唐代已有了后世流行较广的“工尺谱”。所有谱字：上、尺、工、凡、六、五、乙等，相当于现行音乐的 do、re、mi、fa、sol、la、si 七音。应用时变化较为复杂。敦煌石窟发现的唐人曲谱，是现在所见我国保存的最早的工尺谱。唐代中国音乐十分发达，大量传入日本等邻国，传出的音乐，被周边国家称为“唐乐”。《阳关曲》（又名《渭城曲》）和《霓裳羽衣曲》为唐音乐之最，其曲均有舞蹈相伴。《阳关曲》的乐曲以唐代大诗人王维《送元二使安西》诗所谱写。其曲有“三叠”，即反复叠唱三遍歌词，通过反复演唱，融诗与音乐为一体，增强艺术感染力。那平缓如歌的行板，时而低吟时而激越的旋律，让人感到浓郁如诗的惜别情意。《霓裳羽衣曲》传为开元中西凉节度使杨敬述所献，初名《婆罗门曲》，后经唐玄宗润色并制歌词，改用此名。该曲结构严谨，分为以乐器演奏为主的散序、抒情的慢板歌唱并配有舞蹈的序，以及快速舞曲配有伴唱的破三大段，每一段又由若干小乐段组成。演奏时，舞者着典雅绚丽的舞衣，曳裙飞带，环佩叮当，舞姿似轻盈飞雪，白云舒卷，风格娇美似虹霓映空，淡雅如月光泻地。《霓裳羽衣曲》有独舞、双人舞，甚至可以数百名宫女齐舞，场面盛大，为中外叹为观止。民间艺人公孙大娘所跳的《剑器舞》，深受时人所喜爱；还有颂扬秦王李世民赫赫武功的《破阵乐舞》，名闻中外；中亚传来的《柘枝舞》《胡旋舞》《胡腾舞》等，令人叹为奇观。

四、宋元明清音乐舞蹈

宋代音乐在唐音乐基础之上有新进展。唐及其以前，搜集整理和传播民间音乐的工作，主要掌握在官府艺人手中，而宋则主要掌握在民间艺人的手里。两宋虽也建教坊，然规模远不及唐，但汴京临安的民间艺人活跃，组成自己的团体，有固定的表演场所“瓦子”（“瓦肆”）。元世祖灭南宋后，将南宋朝廷的乐工、乐器运到大都（北京）。元代音乐仍然以中原和江南地区的民间音乐为主。当时由于一些民族的迁徙流动，北方和西部诸民族的音乐亦不断传入中原，同时大批外国人迁入中国，带来了他们国家的音乐文化，使中原音乐面貌为之一新。宋元乐曲，在旋律曲式和组合方面都有较大的发展变化，因而配合乐曲的歌词也呈现出丰富多彩的形式，按曲式即歌词体裁分为如下几种：① 词和散曲。新乐曲增多，旧乐曲变化，导致宋代的词调猛增，但民间曲词很少存世，大量作品出自文人之手。南宋初年词人姜夔(号白石道人)有 17 首工尺谱传世。金元时期的"散曲"，是针对杂剧而言，分为小令(配合只曲)和套数(同一宫调的若干只曲组成的套曲)。② 鼓子词([散文]+[词]+[散文]+[词]……)。这是唐代变文基础上发展起来的一种叙事词，用歌词和散文相间的形式叙述故事。③ 唱赚。是一种组曲，分"缠令"和"缠达"两类。有引子、尾声者为"缠令"；引子后，只以两腔互迎、循环间用者为"缠达"。④ 大曲词。现存宋代大曲词 3 套，即董颖《道周薄媚》(西子词)、曾布《水调歌头》(冯燕传)和史浩《采莲》(寿乡词)。这三则大曲歌词内容分别描写西施、侠客冯燕的故事以及对仙境的幻想。大曲本来都有舞蹈，但歌唱故事时，原来的舞蹈已不适用，大概只用大曲的音乐。在大曲的基础上，宋代又产生了规模更大的队舞。⑤ 诸宫调。是一种结构复杂的乐曲组合形式，适合于文学的说唱体裁。《西厢记诸宫调》所采用的乐曲可分为三类：一是只曲；二是只曲加尾；三是缠令。每类乐曲属于一个调性，而各类乐曲的调性不同，所以称为诸宫调。诸宫调是根据剧情设计音乐布局的，根据这种布局安排乐曲，又根据乐曲填写歌词。⑥ 杂剧。宋代的音乐文化已经取得了一定成就，经过整理综合，水到渠成，戏剧产生了。元杂剧是在诸宫调以及乐曲结合的金院本、宋杂剧的基础上产生的，也采用了一些传统乐曲，而采用最多的是当时北方通行的歌曲。元杂剧是多层次的各种曲式的综合体。⑦ 南戏。北宋末、南宋初年兴起的"南戏"是以温州为中心的南方民间乐曲和歌谣，突破了杂剧的形式，有所发展。南戏原在南方流行，后传入大都，并采用"南北合套"形式，使音乐更丰富。

元代舞蹈保持着蒙古族舞蹈的传统，有浓厚的宗教色彩，《查玛舞》(跳神)在民间代代相传，宫廷的《十六天魔舞》充满了神秘的气氛；同时，元舞又沿着宋舞的发展趋势，继续向戏曲靠拢。在宋元的市井勾栏中，很少看到盛唐那样的气势壮阔、精美绝伦的舞蹈——古代舞蹈艺术文化走过了它的黄金时代。

明初崇奉理学的朱元璋并不轻视乐舞，他曾亲临戟门，挑选乐舞生进行培训，开国后又设立礼、乐二局管理乐舞，但目的是用乐舞颂扬君德，显示君主的威仪，强化朝廷的统治。礼教的严酷统治，迫使妇女不能参加民间舞蹈活动，致使舞蹈艺术逐渐衰落。

清王朝对民间乐舞更是横加干涉，曾多次下令禁毁小戏和歌舞。民间

歌舞小戏，被统治者和道学家们视为淫邪，用法律干预和舆论控制的专政手段加以禁锢，使得汉族民间舞蹈从此一蹶不振。外域少数民族和周边国家的乐舞艺术更被视为异怪文化，被摒弃于国门之外。

如上所述，宋元音乐的七种曲式，有时可以互相借鉴和融通的。实质上，宋元音乐发展过程，是一个开放系统，古今中外的音乐在这里得到了进一步的融和与再生。明朝南戏发展出传奇，传奇标志着中国戏曲建立了较为完整的演剧系统。明代中后期，诞生了一批传奇作家和作品，尤其是诞生了"东方莎士比亚"汤显祖，使剧坛面貌为之一新。传奇创作的繁荣，推动了剧作理论的研究和探索，主音律的"吴江派"与主才情的"临川派"都各执一端，标新立异，客观上推动了传奇的中兴局面。传奇的音乐到明代形成了众多的声腔剧种，流传较广，影响较大的有海盐腔、余姚腔、弋阳腔、青阳腔和昆腔五种。明中叶后，昆腔和弋阳腔兴盛，成为全国性的两大声腔剧种，共同主宰着戏剧舞台。昆腔产生于江苏昆山一带，形成于元末明初。明中叶之前昆腔改革之后，昆腔才走向全国并占据了戏曲舞台的霸主地位。魏良辅等借鉴了北曲南戏的艺术成果，从演唱、伴奏两方面改革昆腔。其演唱借鉴海盐、弋阳两腔长处，发挥昆腔本身流转悠远的特点，建立了"细腻水靡、一字数转、清柔婉折、圆润流畅"的新声——水磨调。

弋阳腔于元末形成于江西弋阳，明初已很流行，明中叶后，弋阳腔流布地域范围扩大，它和各地方艺术融合，促进了各地民间戏曲的兴盛和发展。从康熙末到乾隆中叶，各种地方戏品种繁多，梆子腔、乱弹腔、秦腔、襄阳腔、楚腔、吹腔、安庆梆子、二簧调、罗罗腔、弦索腔、唢呐腔、柳子腔等，各派声腔盛繁一时。相对于正宗高雅的"雅部"——昆腔，当时士大夫将这些地方戏种杂乱腔调鄙视为"花部"、"乱弹"。谁知正是这些"花部"和"乱弹"的皮簧，最终却取代了昆腔"雅部"。乾隆末到道光初年，曾出现"花雅之争"。先是弋阳腔与北京方言结合的京腔向昆腔挑战，继而秦腔入京与昆腔争雄，最后四大徽班进京压倒昆腔，京剧于是形成。

京剧是中国 360 多种戏曲中流行最广、影响最大、表演艺术最成熟的一个剧种，堪称中国戏曲艺术一绝，公认为"中国第一腔"。京剧的名称早在 20 世纪初叶的上海报刊上出现，随后传到北京，逐渐扩散到全国各地。京剧初名皮簧、京调。因北京历史上曾名北平，故又称平剧，也有称国戏或大戏的。京剧是在徽班进京的基础上逐渐演变而成的。1790 年，高朗亭率扬州三庆徽班进京，为乾隆 80 诞辰祝寿演出。新奇的剧目、唱腔和表演，使京城观众为之倾倒，他们从此被挽留在北京。不久，四喜、春台、和春三个徽班也相继进京,形成18世纪末有名的"四大徽班"。这是京剧形成的第一阶段。其实,"四大徽班"进京之前,并非只唱徽调(二簧),还兼唱昆曲、吹腔、拔子、梆子等调。清同治、光绪年间,京剧日益繁盛,并不断完善,终于成为唱腔优美、行当齐全的著名剧种。京剧的唱腔属于板腔体,主要曲调是西皮和二簧,伴奏乐器主要是京胡、月琴、南弦、章皮鼓、大锣、小锣六件,对六件都精通的称"六场通透"。唱、念、做、打是京剧表演最重要的手段。唱是唱腔;念是念白(二者在京剧中举足轻重);做是舞台形体动作的泛称,通过手、眼、身、步来表现人物的形象和气质;打是传统武术的舞蹈化,用以表演战斗等场景。这些规范化了的表演手段,都各自有"程式"。程式是把来源于生活的动作经过提炼、加工、美化和规范了的舞台动作。程式的运用,使京剧表演具备了虚实结合、形神兼备的艺术效果。京剧行当(即角色)分为生(小生、老生、武生)、旦(青衣、花旦、武旦、刀马旦、老旦)、净(花脸)、丑(小花脸,分为小丑、武丑)。

思考与练习

1. 魏晋南北朝有哪些重要的书法家和作品?
2. 隋唐五代有哪些重要的画家与作品?
3. 两宋书画艺术有什么特点?
4. 明代绘画有哪些重要的流派?
5. 何谓"百戏"? 何谓"十部乐"?
6. 京剧是如何产生的? 有什么特点?

延伸阅读与参考书目

俞剑华:《中国绘画史》,南京:东南大学出版社,2009年。
丛文俊、华人德等:《中国书法史》,南京:江苏教育出版社,2002年。
杨荫浏:《中国古代音乐史稿》,北京:人民音乐出版社,1981年。
周贻白:《中国戏剧史长编》,北京:人民文学出版社,1960年。

第十四章　服饰和饮食文化①

服饰与饮食，兼具物质和精神的双重文化特征。我国素以“衣冠王国”、“烹饪王国”、“美食王国”著称于世，服饰之道、饮食之道从不同的方面体现了中国文化内涵的丰富多彩、博大精深。

第一节　服饰文化

服饰，是文化构成的一个缩影。上下5000年间中华民族的文明发展史，形成了中国服饰多彩多姿的特征。中国古代以“衣”作为各类服饰的统称，可分为头衣（即冠帽）、体衣（即蔽体之衣，包括衣和裳）、胫衣（即裤子）、足衣（即鞋袜）、寝衣（即被衾）。此处侧重介绍衣裳和冠帽。

一、衣裳的历代演变

体衣包括平常所说的衣和裳，是服饰及其民俗文化中最重要的部分。衣（上衣）又有长短之分，一般短而及腰者为短襦，长及膝者为长襦，类似后来的短褂和长褂。与短褂相对的是长衣，古称“深衣”。深衣是将上衣与下衣（裳）连为一体，长及踝部，即后来的袍子。在穿着习惯上，短衣为平民所穿，袍子为上层阶级的常服，平民阶级的礼服。上衣构成，分衣领、衣襟、后身、衣袖、腰带等。衣襟又称“衽”，古代将前襟向左开称为左衽，认为是异服，即蛮夷之服。衣袖是上衣的主要部件，古代衣袖较长，垂臂手不会露出。下衣，古代有裳、绔（袴）、裤之分。裳指裙子，裙子是古代男女都可穿的下装。绔即当今裤子，古代的裤子无前后裆，很像套裤，只有两条裤筒。这种裤子叫“穿绔”，通行名称叫“裈”。

周代战士穿战甲，多以犀牛皮、鲨鱼皮为之，上施彩绘。有“练甲”（绢帛加绵纳成）和青铜甲之分。褐，短衣也，用兽毛或粗麻编织而成，是古代一种

① 此章参考谭家健主编《中国文化史概要》（高等教育出版社，1997年），陶文台著《中国烹饪史略》（江苏科技出版社，1983年）及《中国大百科全书》中的有关部分等。

粗劣服装，为贫贱之人服之。用麻布或葛布制成的衣服则称布衣，布衣是普通老百姓所常穿。汉代男子的服装式样，主要有曲裾和直裾。从东汉开始，上层的袍服转入制度化，史书常列“舆服”一门予以记载。缊袍本为贫贱者所服，而到了秦汉时代，精制长衣却也称为袍了。汉代以袍为贵，颜色有限。唐以后，只有皇帝才可以服黄袍。与袍形制略同的有禅衣，禅衣也用作官员朝服，但只能穿在袍服之内。西汉时期，铁制铠甲已经成为军队的主要装备。甲，通常以铁片制成鱼鳞或柳叶形状，然后连缀而成，披于肩膊者叫掩膊，当胸者叫胸甲或胸铠，贴于两腕、垂于两腿之外叫“裙”。除甲外，当时军事服装还有缇色的絮衣和红色的裤子。武士穿上这些服装时，常喜袒肩，后世称偏护一方为“左袒”即源于这种穿着习惯。汉代命妇的礼服是曲裾深衣，通身紧窄，长可曳地，下摆呈喇叭形，行不露足；衣袖有宽、窄两式，袖口大多镶边；如穿几件衣服，每层领子必露于外，最多达三重以上，故称“三重衣”；又有绕膝深衣，宽袖紧身，衣服绕至臀部，然后用绸带系束；下摆大多宽敞，以便举足行步；在衣的领、袖及襟边都钉有相同质料制成的衣边；有的绘有精美的纹样，富有浓厚的时代色彩。

图 14－1　马王堆一号汉墓帛画中的贵族妇女与侍女的服饰

到了晋代，士大夫通行喝酒吃药，药为五石散，吃了以后，皮肉发烧，不能穿窄衣，所以穿的衣服便都宽大起来。太康（280 年—289 年）中，天下以毡为绡头和络带、袴口，这是取胡服之装饰，反映了汉族与少数民族服装上的交流。当时由于少数民族入居中原，胡服成为社会上普遍流行的服装式样，胡服中窄袖、紧身、圆领、开衩的因素也被中原民族吸收到固有的服饰中来。另一方面，北魏孝文帝令群臣皆服汉魏衣冠，传统的冕服衣裳仍然被保

存了下来。魏晋时武士的胄甲，有筒袖铠、两铛铠和明光铠。明光铠腹背皆装有金属圆护，这种铠甲到了北朝末年，使用相当广泛。当时流行袴褶服，袴褶是上身穿褶、下身穿袴的一种服式，外罩袍服，下面大袴口加缚，袍服一脱，即可作战，唐人谓之“临戎之服”。其束腰，多用皮革，贵者缕饰金银。后来袴褶发展成为民间的便服，很常见。隋代男子穿盆领大袖袍，裲裆衫，其衫为前后两片，质以布帛，肩部以皮制褡袢联缀，腰间用皮带系扎，“今俗谓之背心”[①]。妇女以短襦长裙为特征，裙腰系得较高，给人以俏丽修长之感。

唐代士人以襕衫为上服，颜色也有等级：一为黄，二为黑，三为纁，四为绿，五为紫；庶人穿白色。从此，品色衣一直是中国官服制度上的一大特色。当时男子公服为圆领袍，官员还有鱼符，鱼符以袋盛装，三品以上袋饰以金，五品以上袋饰以银，称为“鱼袋”。唐代的将帅袍服，绣以狮、虎纹章；武士的胄甲，有金属、皮革、绢帛等多种。中、晚唐以后胄甲兜鍪护耳翻转上翘，甲身连成一体，背、胸两甲用皮革相接，胸、腰各系一带，腰带上半露出护脐的圆镜，已趋向五代两宋的形制。唐代妇女多着由衫、帔、裙 3 件组合的服装。衫袖阔大，盖承魏晋定制。“帔，披也，披之肩背，不及下也”[②]，与传统戏剧服装的“帔”是两回事。唐代妇女所穿半臂，又称“半袖”，一般为短袖，长与腰齐，是从短襦演变而来的，多用对襟，穿时在胸前结带，也有少数套衫式的，穿时从头顶套下，领口宽大，呈袒胸状。半臂下摆可以显现在外，也可束于裙腰之内，半臂必须内衬短襦，不能单独使用。以纱罗作衣料，是唐代女服的重要特征。尤其是不着内衣，仅以轻纱蔽体的装束，更是非常的创举，反映了唐人思想的开放。唐代安乐公主的“百鸟裙”，其制作工艺精美，在历史上十分罕见。这一珍贵的服饰，虽然谈不上普及于广大妇女，但在上层妇女中间，着之者一时大有人在。至于小家碧玉，则以颜色和式样取胜，比较典型的是穿石榴裙(红裙)。唐人小说中的李娃、霍小玉等，就常穿这种裙子。白居易《卢侍御小妓乞诗，座上留赠》诗中写道：“郁金香汗裛歌巾，山石榴花染舞裙。”万楚《五日观妓》诗中也写道：“眉黛夺得萱草色，红裙妒杀石榴花。”《红楼梦》里也有关于石榴裙的大段描写。所谓“拜倒石榴裙下”，则成为一句成语。可见这种裙子一直流传至今。

宋代服饰，颇显多样化趋势，各行业的人都有不同的穿着打扮。宋代官服为圆领大袖袍，凡是有资格穿紫、绯色公服的官，都佩金银装饰的鱼袋。

---

① 王先谦《释名疏证补》。

② 《释名·释衣服》。

这鱼袋是承唐代而来的，但袋里没有鱼符。如官职较低而又有特殊情况需要佩挂鱼袋时，必须先借用紫、绯之服，时称“借紫”和“借绯”。宋代妇女穿窄袖对襟背子，下穿长裙。背子，也称“褙子”，以直领对襟为多，中间不施衿纽，袖有宽、窄两式，平时多用窄袖，长度过膝，另在左右腋下开有长衩。

元代男子穿窄袖大襟长袍，女子袍式宽大而长。元以前服饰的材料，一直以丝、麻、皮、毛为主，元代全面推广种植棉花，棉纺技术也有所提高，从此棉布的使用便日益普遍。

明代服饰，远承唐制。官员穿盘领袍，在胸背缀有象征不同的官阶纹饰的补子，用来区分官品，使人一目了然。儒生多穿直裰，又称“直身”，为一种黑边蓝袍。明代妇女的服装，基本上还是上衣下裙，惟衣裙的长短随时而有变化。明代妇女常佩比肩，无领袖、对襟，样式较后来的马甲为长。当时后宫女眷的礼服，主要是凤冠霞帔，这种服饰美如彩霞。

图 14－2　明朝各类人物的服饰（明刻《御世仁风》等插图）

清代的官服为马褂长袍，袍用“马蹄袖”。马褂，长不掩脚，袖仅过肘，本来是满洲贵族的马上装束，康熙以后日趋普遍，一般民众也多有服者。但宫

廷中黄马褂加身，始终是一件大事。清代妇女服饰，礼服有披风，大袖对襟，长可及膝。满族喜罩马甲，流行上下连裳的旗袍，初为直通式，腰部无曲线，下摆和袖口较大，后逐渐演变，翻出各种花样。汉族妇女仍沿明代旧制，以上身着袄、衫，下身束裙为主，裙色尚红，到后期流行下身不束裙而只着裤子，南方妇女多着裙，北方妇女则扎裤脚。咸丰、同治年间流行"鱼鳞百褶裙"，上面打满细裥，将其轻轻掰开，每道细裥中间，都有丝线交叉串连，形似鱼鳞，当时很为妇女们所喜爱。

二、冠帽的历代演变

头衣，是古代称谓，即冠帽。"帽子"概念产生较晚，且多用于男性。头衣又称"元衣"。元，头也。《仪礼·士冠礼》："令月吉日始加元服。""加元服"即古代男子成年时行冠礼的习俗。古代男女皆披发不剪，身体发肤，受之父母，不能毁伤。商代男子发式为梳辫为主，也有用束发器将头发束拢，形如巾冠；妇女辫发式样，与男子大同小异，大多卷曲垂肩。西周因之，后世逐渐演进。中国古代贵族与平民的头衣区别十分严格，且标志着不同年龄和身份。如前所述，贵族戴冠、弁、冕，平民戴帻。《礼记·典礼上》："男子二十，冠而字。""冠字"是古老的习俗，男子二十谓之成年，于是"始加元服"，行加冠之礼。届时把头发束于头顶，盘成发髻，用缅将发髻包住，然后加冠。这时还要另起一别名，以示区分。女子成年不加冠，只有笄簪固定发髻。平民百姓不戴冠，发髻上覆以巾，一直盖住前额，这就是帻。和帻相连的，还有帕头、幞头、角巾等，都是常人头服。

汉代冠式，都作前高后低倾向前状，文官所戴叫进贤冠，武官所戴叫武弁大冠。冠内都要衬帻，帻的形式大体与帽相类，卑贱者只能戴帻。魏晋以来，风行裹头，开始以两角向后裹，后来又裁成四方，两个巾角向前系往发鬟，另两个巾角向后系结下垂，称为"幞头"。幞头的脚用铜、铁撑起，称为"硬脚幞头"。到唐代，幞头重系前后，以像两仪(阴、阳)，两边各为3撮，以像三才(天、地、人)。唐代女子常戴从西域传来的胡帽。胡帽为一种浑脱帽，多用较厚的锦缎制成，也有用鸟毛、羊毛制成的，帽子顶部略成尖形，周身织有花纹，有的还镶嵌各种珠宝。开元(713年—741年)初，从驾宫女骑在马上戴着胡帽，靓妆露面，士庶纷纷效仿。北宋末年，比较流行的是一种方顶重檐的帽子，称为"东坡巾"。当时所谓"貂蝉笼巾"，以藤为之，外涂以漆，呈正方形，左右各用细藤丝饰以貂尾。戴时加在梁冠上，为最高官职专用头饰。宋代礼服仍用冠冕，一般公服则多戴漆纱幞头，幞脚平展很长，据说是为了防止臣僚们在朝仪时窃窃私语。宋代女子的盖头方五尺，以皂罗制成，可直接戴在头上，遮住颜面；也可将其系于冠上，以挡风尘侵染。在成婚时，以此蒙面，由男家派人轻轻揭去，此俗后来演进为揭红盖头。元代男子戴瓦楞帽，以藤篾制成瓦楞形头盔，或方或圆，顶上饰有宝珠。明代承唐制，士庶皆束发于顶，官员戴乌纱帽。明代男子遮阳帽，多为尖顶，四周有宽阔的边檐，形似斗笠。明代妇女多梳桃心髻，将头发梳成扁圆形状，在发髻顶部饰以宝石制成的花朵。后来又将发髻梳高，以金银丝挽结，远远望去，如男子戴乌纱帽，顶上也有珠翠装点。清代皇帝和官员，夏天戴蔽沿的凉帽，初尚扁而大，后尚高而小，质用藤、竹篾或麦秸，外裹绫罗，多用白色，也有用湖色或黄色的；冬天戴折沿的暖帽，圆形，多用皮制，也有用呢制、缎制和布制的，以黑色为多，中间还装有红色小帽。凉帽和暖帽的顶部，都饰有区别官品的重要标志——顶戴花翎。顶珠一品用红宝石，二品用珊瑚，三品用蓝宝石，四品用青金石，五品用水晶，六品用砗磲，七品用素金，八品用阴纹镂花金，九品用阳文镂花金。无顶珠者，即无品级。除了顶珠，有特殊功勋者，皇帝还赏以用孔雀毛做成的花翎，插在帽上垂向后方，有"单眼"、"双眼"、"三眼"之分，以"三眼"为最名贵。又有蓝翎，以鹖羽为之，为下级官员所戴。礼服冠也是凉帽和暖帽，较公服冠高耸，顶子也有不同。清代无论士庶，皆剃发梳辫，便服为长衫，戴瓜皮帽。清代妇女发式，满族叉子头，又称"两把头"，高髻，梳时将发平分两把，并在脑后垂下一绺头发，修成两个尖角，名谓"燕尾"；汉族"平三套"，取式于苏州，又称"苏州撅"，即平髻。

头衣种类繁多，是服饰民俗的很重要组成部分，它除了覆盖、保护头部的功用外，还有特殊的文化内涵。

第二节　饮 食 文 化

饮食文化是以食品的生产、加工为物质基础，糅合人类精神文明而体现出来的一种特定的文化，是人类文化发展的一种标志。饮食文化在中国文化史上占有重要的篇章。

一、饮食民俗的形成

饮食，包括食物和饮料。饮食加工、制作及食用的风俗习惯丰富多彩。民以食为天，饮食是人的生命的第一需要，随着社会生产力的发展，经济生活和文化生活的不断改善，吃的技巧、吃的文化和风俗也不断丰富起来。如

果追溯历史，饮食习俗同样十分古老。它最初是怎样形成的，虽无可考，但原始社会发展史告诉我们，火的发现与利用对人类文明，包括饮食习惯的形成，有着决定性的影响。在火尚未利用之前，人类是“食草木之实，鸟兽之肉，饮其血，茹其毛”。随着火的利用，这种“茹毛饮血”生活方式才渐渐得到改变。可见，从饮食习俗的产生、发展来看，经历了生食、熟食、烹饪三个阶段。只要考察中国各民族的饮食习俗，不难发现上述习俗在民间仍有传承关系。

生食，指植物的果实、兽肉、鲜鱼等，均不用火烤，稍加处理，直接食用。赫哲族“吃生鱼块”往往将鱼肉从骨上剔下两块，切成连接的鱼丝，然后从鱼皮上片下来，拌上用开水烫过的土豆丝、绿豆芽，蘸上辣椒油、酱油、醋、食盐等佐料来吃。每逢客人到来，常以生鱼片招待为敬。这些便是古老的生食习俗的“遗留”结果。腌制生鱼、生肉，是古老生食习俗的变异。在我国各民族中，用腌制法保存肉食，是普遍风俗，显然它是生食古俗的一种变异传承。

熟食，分烤食和煮食(蒸食)。当火被利用后，首先盛行起来的是烤制食品，生食习俗被取而代之。然生食习俗并未绝迹，而是以另一方式传承下来。至今仍有些民族在烤肉或煮肉时，并不将其完全烤(煮)熟，肉尚带有血丝时即取而食之。烤是最古老的食俗，方法多种多样。古代用烧红的石片、石块烤肉吃更香。用泥将兽肉密封，放入火中，泥干肉熟，味香可口。

烹调，是在熟食基础上发展起来的。我国在世界上被誉为“烹饪王国”。中餐和西餐比，制作方法和风味完全不同。中餐的煎、炒、烹、煮、蒸、烧、烤方法有几十种。甜、酸、咸、辣等各种调味品不下百种，加上各地区、各民族独特的烹调技艺，极大地丰富了人们的饮食文化生活。

饮料的制作和品饮习俗，同样十分古老。动物的奶汁，既是食物，又是饮料。我国北方的牧业民族至今还有奶食习俗，如蒙古族的白食习俗，就以奶为主。鲜奶、酸奶、马(牛)奶酒，是自饮和招待客人的上好饮料。除奶制饮料外，人们还发明其他饮料。其中酒便是最早发明的饮料之一。起初作酒的原料是植物的块茎和果实。农业兴起后，用谷物酿酒。商周时代，谷物酿酒相当普遍，当时已发明用由谷物制成的含有丰富发酵微生物的“曲”来酿酒。用“曲”酿酒，可以使“糖化”和“酒精发酵”两个化学过程连续交替进行。这叫复式酵法，为中国所首创。绍兴黄酒的生产，相传始于夏少康时期。少康一说就是杜康，历来被奉为酒的鼻祖。后世流传许多名酒，皆托于杜康所制，也有以杜康为酒的代称者。中国古代白酒的香型很多，有清香型、浓香型、酱香型、蜜香型。清香型清香纯正，诸味协调，醇甜柔和，余味爽净，亦称“汾香”；浓香型浓香沉郁，绵柔甘冽，味净余长，饮后尤香，亦称“卢香”；酱香型酱香突出，幽雅细致，柔和醇厚，回味悠远，亦称“茅香”；蜜香型蜜香清芳，入口柔绵，落口甘冽，回味怡畅，亦称“半香”。清香型的山西杏花村汾酒、陕西柳林镇西凤酒，浓香型的四川泸州老窖特曲、贵州茅台酒、宜宾五粮液、绵竹剑南春、安徽亳县古井贡酒、江苏泗洪洋河大曲等，知名度都很高。

茶也是人类欢迎的饮料。中国在远古时代，把茶叶称为“荼”，是以生叶蒸服，只当作药材使用。茶叶味清香浓，可解热止渴，这种功能在不断的医药实践中，终于为人民所共识。唐代文人学士遂饮茶成癖，纷纷以茶作为咏诗作赋的题材。茶圣陆羽的《茶经》认为，煎茶用的水，以山水为上，江水居中，井水最下。又认为煮茶只可三沸，否则便老不可饮；饮时要趁热连饮，冷饮则香味淡薄。宋代特别讲究品味茶叶的清香，饮茶直接用焙干的茶叶煎煮，不再另加调料。明代发明炒青制茶，茶叶已改为开水冲泡饮用，这是饮茶史上一大进步。清代饮茶盛况空前，茶叶成为家家户户“开门七件事”之一，大凡应酬、交际、送礼都离不开茶。古人还把“受茶”当作男女订婚之礼，茶在中国民俗中不是一般饮料，而含有更广泛的文化内涵。

饮食民俗的形成、发展和传承，在人民生活中有着特殊的意义。当我们把饮食民俗作为传承已久的文化现象来对待时，便会发现它的研究领域是十分广泛的。合理的饮食结构和优良的饮食习惯，既有营养学的价值，又有美学的价值。

二、饮食的结构和类型

饮食结构是指日常生活中一日三餐的主食、菜肴和饮料的搭配，即配餐方式。饮食结构是一个复杂问题。某地区某民族饮食结构的形成，常与该地区的经济发展、生产方式有关，或者说受到经济条件和生产方式的制约。可见，任何饮食结构，都带有明显的地区性和民族性。

中国古代很早就实行三餐制。从结构内容上说，是以植物性食料为主，主食是五谷，辅食是瓜菜、禽蛋、肉类、果品，此外还食用菌类、藻类和花卉。在饮食方式上，采取聚食，又从聚食衍化出筵宴。中国古代以谷粒制成的食品，主要是饭和粥。中国古代饭、粥有用单一的谷物制成的，也有用多种原料合在一起制作的。周秦以来用菰实制成的雕胡饭，芳香甘滑，为饭中上品。南宋后，因菰菜被改良成不结实的茭白，才终于失传。唐代的团油饭，成分有虾、鱼、鹅、牛、羊肉和粉、蕉子、姜桂、盐、豉等10余种。至于粥，仅

《本草纲目》就列有“赤豆粥”等50多种。《燕京岁时记》记载“腊八粥”的配方：“黄米、白米、江米、小米、菱角米、栗子、红豇豆、去皮枣泥等，合水煮熟，外用染红桃仁、杏仁、瓜子、花生、榛穰、松子及白糖、红糖、琐琐葡萄，以作点染。”这种“腊八粥”宋代已流行开来。

饭、粥外，还有糗，用炒熟的米、麦制成，也叫“糇粮”，粉状，犹今之炒米粉、炒麦粉，食用时往往用水浆调和，称为“寒粥”或“糗饭”。糒，用蒸熟的米、麦制成，《说文·米部》谓之“干饭”。糗和糒，大多用于旅途和行军。粽子与纪念屈原相关。魏晋时，人们煮食用菰叶包黏米、栗子、枣子及其他佐食裹成的粽子。南北朝时吃了端午粽，还吃夏至粽。后世江浙一带吃粽子之风盛行。可用糯米蒸制出各种糕，如榆钱糕、太阳糕、乳糕、糖糕、肉丝糕等。古人九月九日吃重阳糕，寓“步步皆高”之意。

中国菜肴，口味精美。《周礼·天官·膳夫》郑玄所注的“八珍”为淳熬、淳毋、炮豚、炮牂、捣珍、渍、熬、肝膋，即8种珍贵的食物。后世八珍成了8种珍贵食品的代称，所指又有所不同。元代陶宗仪《南村辍耕录》认为：“所谓八珍，则醍醐、麆沆、野驼蹄、鹿唇、驼乳麋、天鹅炙、紫玉浆、玄玉浆也。玄玉浆即马奶子。”明代张九韶《群书拾唾》则认为八珍乃指龙肝、凤髓、豹胎、鲤尾、鸮炙、猩唇、熊掌、酥酪蝉等。中国古代关于菜肴的掌故很多，如西汉的“五侯鲭”，晋张翰的“莼鲈之思”，隋朝的“镂金龙凤蟹”等，名扬天下。

用来配制菜肴的原料主要有蔬菜、鱼肉、禽蛋、调味品4类。这四种原料合理的搭配和烹制，产生了我国丰富多彩的烹调艺术，形成了不同的菜系。这些菜系主要是由民间风味发展起来的特定菜肴，它们各自争奇斗艳。

京菜，主要由北京风味和原山东菜构成，以烤、爆、炸、熘、炒见长，兼用烧、烩等法，选料广泛，刀法精细，造型美观，主咸，有“国菜”之誉。传统品种有烤鸭、涮羊肉等。还有多种仿膳菜，也属于京菜。京菜中的全羊席，盖承隋唐宫廷“浑羊殁忽”而来，浑羊即整羊，殁忽即宴席。京菜在元代蔚为大观，清代登峰造极。

鲁菜，主要由济南菜和胶东菜组成。济南菜擅长爆、烧、炒、炸，以清、鲜、脆、嫩著称，特别讲究清汤和奶汤的调剂。胶东菜擅长爆、炸、扒、蒸，以鲜为尚，偏重清淡。鲁菜传统品种有九转大肠、油焖鱼、煎白条鱼饼、清氽赤鳞鱼、德州扒鸡、韭菜炒海肠子、福山烧小鸡、泰安三美、烤雏鸡、糖醋黄河鲤鱼等。历史上，鲁菜一直是“北菜”、“北食”的主角，元、明、清三代均为御膳支柱。

苏菜，主要由南京菜、扬州菜、苏州菜组成，以炖、焖、蒸、烧、炒见长，重视调汤,浓而不腻,淡而不薄。南京菜口味醇和、玲珑细巧;扬州菜清淡适口,刀工精细;苏州菜口味趋淡,清雅多姿。苏菜传统品种有烤方、水晶肴蹄、清炖蟹粉狮子头、金陵丸子、白汁鼋菜、黄泥煨鸡、盐水鸭、金香饼、鸡汤煮干丝、肉酿生麸、凤尾虾、无锡肉骨头、沛县狗肉等。苏菜在唐宋时,已与浙菜齐名,同为南食的领袖菜。

浙菜,主要由杭州菜、绍兴菜、宁波菜组成。杭州菜擅长爆、炒、烩、炸,工艺精细,清鲜爽脆;绍兴菜擅长烹饪河鲜家禽,入口香酥绵糯,汤味浓重,富有乡村特色;宁波菜擅长蒸、烤、炖、制海鲜,鲜咸合一,讲究嫩、软、滑。浙菜传统品种有东坡肉、西湖醋鱼、宋嫂鱼羹、清汤越鸡、霉干菜焖肉、花生肚、丝瓜卤蒸黄鱼、西湖莼菜汤、油焖春笋、湖式剪羊肉、三丝拌蛏、绍兴腐乳、平湖糟蛋、金华火腿等。浙菜已有2000多年历史,宋代在南食中居首要地位。

徽菜,主要由皖南菜、沿江菜、沿淮菜组成。重火、重油、重酱色,多用砂锅木炭煨炖,善于烹制山珍野味。皖南菜芡大油重,朴素实惠;沿江菜多烟熏,讲究刀工,注重形色;沿淮菜咸中带酸,汤汁浓重。徽菜传统品种有无为熏鸭、符离集烧鸡、徽州丸子、毛峰熏鲥鱼、腌鲜鳜鱼、清蒸鹰鱼、奶汁肥王鱼、蜂窝豆腐、定远桥尾等。徽菜起于汉唐,兴于宋元,盛于明清。

川菜,以成都菜为正宗,擅长小煎小炒、干烧、干煸,调味多用辣椒、胡椒、花椒和鲜姜。传统品种有回锅肉、鳝肉丝、水煮牛肉、清蒸江团、干煸鱿鱼丝、怪味鸡块、涪陵榨菜等。川菜在汉魏六朝间,即不失浓厚的地方特色。

粤菜,主要由广州菜、潮州菜、东江菜组成。广州菜以爆、炒见长,配料多,善变化,讲究鲜、嫩、爽、滑;潮州菜以海味和汤菜见长,刀工细、口味纯;江东菜以煎、炸、烧、烩见长,尤其是对蛇的制作,更有独到之处。粤菜传统品种有:豹狸烩三蛇、菊花龙虎凤、蛇菜、片皮乳猪、潮州冻肉、东江盐鸡、满坛香、鼎湖上素、大良炒牛奶等。粤菜源于西汉,宋末王室南逃,众多御厨聚集羊城,给粤菜的改革带来机遇,后西餐涌入,益发推动粤菜发展,遂有"吃在广州"之说。

清真菜,即回族菜,流行于全国各地,所用肉类原料以牛、羊、鸡、鸭为主,擅长熘、炒、爆、涮,习用植物油、盐、醋、糖调味。清鲜脆嫩、酥烂浓香。尤善烹制羊肉。其实京菜全羊席,虽遥承隋唐之传统,实为清真菜。京菜集北方满、蒙、回、汉各菜系之大成,京菜与清真菜互相渗透,你我难分难解。

除以上菜系之外,还有以辣味和烟熏腊肉著称的湘菜,以汁浓、芡稠、口重、味纯著称的鄂菜,以清汤、干炸、爆炒、偏重酸辣著称的闽菜,以直接继承汉唐风味著称的陕菜,以小吃著称的豫菜等等,都是脍炙人口的驰名中外的

名菜。素菜是中国别具一格的品种，原料大多为豆制品，花样众多，在烹饪王国中亦可独占一角。素菜的特点是：为寺院所创，执鼎者多为僧厨；忌用动物性原料和韭、葱、蒜等，全系素食；多借用荤菜菜名，仿制荤菜菜形。传统品种“鼎湖上素”也是素菜的看家品种，罗汉斋、素鱼翅、酿扒竹笋、八宝鸡、糖醋鱼、炒毛蟹、油炸虾等象形菜，孔雀、凤凰等花色冷盘，皆为历久不衰的名菜。

三、古代筵宴与名厨

上古人们衣不蔽体、食不果腹，故无筵席可言。随着产品的积余，酋长或首领把祭品分给部族人食用，家长把祭祖的食物分给亲属食用，称之为“纳福”，这便是筵席的雏形。一个部落举行重大的集会、典礼，会后要聚餐，这便是一种宴会。筵席二字均指铺在地上的坐具。筵用粗料所编，席用细料织之，席四周还缀以锦。商周设席等级森严。寻常人家，婚嫁喜庆，款待宾客，则一筵一席足矣。筵宴始于夏。虞舜时的“养老宴”是中国最古老的狗肉席。古代筵宴不断变化，向着方便进食的趋势发展。开始时，大家席地而坐，上至天子，下至庶民，一概如此。在筵席边列案，位高者或年长者可凭食几而食。有的筵宴只能站着进食，奴婢臣仆把盏献食。隋唐一改周秦两汉南北朝筵席法，将席面由地面升高，食者升坐椅凳，凭桌而食。唐玄宗时有了交椅，时称“逍遥座”。五代时有了木椅，椅背上有靠背椅单，原来作席用的虎皮之类，成了太师椅靠背的垫单，食案不再列席，多用作献食捧盘，铺地的筵席成了围桌的桌帏，遂将草编制品变成布制品。五代时贵家饮宴，实行一人一桌一椅的一席制，直到明代，缙绅宴饮，仍循此制。唐宋亦有十多人围大方桌宴饮的。八仙桌出现较晚，大约在明清之际。清代康乾盛世出现团桌，又称团圆桌。乾嘉后，酒楼饭馆逐步使用圆桌。古代筵席规格不一，等级有高低之分，规模有大小之别，大抵同与宴者身份地位有关。古代庙堂庆典祭祀之礼筵，自《周礼》问世之后，历来大同小异。秦汉以后直至明清，基本沿袭周礼，具体菜肴略有改变。祭祖先的筵席食品多用死者生前爱食之物。生人礼筵，尤其是贵族之家典礼性的筵宴十分奢侈浪费。南宋张俊接待宋高宗的筵席计有250件肴馔，宋高宗每样尝一口，也会撑破肚皮。满汉全席也相当靡费，数量惊人，进食过程之长（分几天才能吃完），为历史所罕见。朝廷宴请蕃使的筵席，自汉代至明清一直未停，乾嘉盛世最为可观。

唐代开科取士，殿试新科进士，以后要赐宴，即所谓“琼林宴”。各地乡试新中举人，称“鹿鸣宴”。周代三年举行一次“乡饮酒”礼，宴请贤能、乡大夫、州长习射者、党正蜡祭者。专职的酒保大约至迟在商代初年就有了。唐宋后的服务员在堂口，里里外外跑，故称“跑堂的”。《东京梦华录》所载那位臂上能叠20只碗的服务员，技艺之高超，至今仍令人称道。殷商时祭祀，有“乐之阕”，进食奏乐。周代饮宴时，钟鼓齐鸣，其乐融融，气氛热烈，情绪高涨，进食者食欲大振。筵席常“以乐侑食”。明代皇上进御膳，有规定的乐章。民间饮食所奏之乐往往以箸击节，击缶为乐讴歌土风小调者，亦是乐事。茶馆酒楼歌伎或江湖卖唱之人所唱，一般为当时流行之辞曲，如初唐流行王昌龄、王之涣的诗，中唐流行白居易《长恨歌》《琵琶行》；北宋流行苏东坡《念奴娇・赤壁怀古》《水调歌头・中秋词》等等。古代席间作乐，还包括猜拳、行酒令之类。据《曲谱》载：“《抛球乐》者，酒筵中抛球为令，其所唱之辞也。”此与后世抽牙牌行酒令或击鼓传花行酒令皆同出一辙。猜拳之戏，始于唐代。据《胜饮篇》载：“唐皇甫嵩手势酒令，五指与手掌指节有名，通呼五指曰五峰。则知豁拳之戏其来已久。”今人豁拳(划拳)，则称五指为五福。

古代名宴繁多，大致分为四类：一是朝廷举办的盛大宴会，如喜庆加冕、册封、庆功、祝捷、祝圣寿、点元、大节日等赐宴，所谓“琼林宴”、“鹿鸣宴”等等。二是臣僚接驾举办的宴会，它专为皇帝而设，有邀宠之意，故大多尽全力为之，竭奢侈之能事。三是官僚缙绅士大夫们的社交宴会。这类宴会有在官衙内举办的，也有在私宅内办的，还有在酒楼办的，名目最多。四是民间社交宴会，有依时令而设的“争春宴”、“避暑宴”，因地而举的“鸿门宴”、“曲江之宴”，因物而举的“凌虚宴”(最早的独味素宴)、“樱桃宴”、“红云宴”(红熟荔枝宴)、“钱龙宴”(以钱穿龙作宴帘)、“飞英会宴”等等。还有因喜庆婚寿、接风洗尘、科举得中的各种大宴，以及士大夫中流行的“文会”等。此外，还有“船宴”，即旅游筵宴。宋代西湖饮宴游船很大，苏州、扬州的船宴亦很有名。身处舟中，饱览沿途风光，尝遍江南佳肴，颇富朵颐之福。清代最有名的筵席是“满汉全席”，它集山珍海味、奇珍异食于一席，奢侈豪华简直登峰造极也。综上所述，筵宴是一个国家在一定时期经济、政治、文化发展的产物，也是一个民族烹饪水平的重要标志。中国古代筵宴遗产，是中华民族古老文化宝库的一部分珍藏，是由广大厨师、服务人员和主管饮食人员(如尚膳、尚食等人)以及热心研讨饮食的历代知识分子共同创造的。

中国烹饪技艺之花百世常开，与历代厨师的创造性劳动和辛勤的汗水浇灌是分不开的。上古的“圣人”中有几代是因改善百姓饮食有关联而一跃成为“圣人”的。燧人氏火上炙肉，算是中国第一位荤菜制作的发明大师。

庖牺氏、神农氏均为一代名厨。黄帝既是中国古代的大政治家、大军事家，也是我国烹饪的大发明家，他制作釜甑，教百姓"蒸谷为饭"、"烹谷为粥"。从他开始，才有既用火又用水的名副其实的烹饪。彭铿是尧时一位著名的职业厨师，民间有"彭祖活到八百八"的传说。这是后人重视饮食而希冀延年益寿的一种美好愿望而已，其真实性不一定可靠。中国历史上第一位有年代可查的厨师是夏代第六代君主少康，少康即杜康，他是一位"厨师国王"。商汤时的伊尹是一位"烹调之圣"，他为了接近汤，陈说自己的治国之策，背着玉制的鼎，抱了砧板，烧制了一只"鹄羹"(大雁之羹)，还做了一味鲼鲗酱献给商汤，因而有机会与商汤交谈，他以烹饪之术比喻治国之道，商汤顿悟，当即命其为宰相。人们称伊尹为"厨师宰相"。第二位宰相厨师便是周代的开国之勋姜尚(即太公吕望)。中国历代著名厨师繁多，例如春秋末吴国太湖老厨师太和公(炙鱼能手)，汉代的浊氏(香肚的发明者)、张氏(卖浆类饮料)等。又如清朝乾嘉之际苏州做熏鱼的孙春阳，扬州做炸鸡的田雁门，做"十样猪头"的江郑堂，做拌鲟鳇的汪南溪，做梨丝炒肉的施胖子，做全羊的张四回子，做东鳌饼的江文，做什锦豆腐羹的文思和尚，做马鞍桥的小山和尚，芜湖做豆腐皮的敬修和尚，晚清时天津做狗不理包子的高贵友，河南做道口烧鸡的张炳，御膳房的抓炒王王玉山，山东做宫保鸡丁的周进臣和刘桂祥等等，都名噪一时。

中国古代烹饪理论书籍颇丰。商汤时伊尹《本味篇》是中国烹饪理论的开山鼻祖。《礼记・内则》是中国烹饪理论的奠基石。中国烹饪理论奠基人是贾思勰，他的《齐民要术》当推中国古老的食品科学大全。元代是烹饪理论的成熟期。清代袁枚所著《随园食单》是一部划时代的烹饪论著，各种烹饪经验兼收并蓄，各地风味特点汇融一册，理论与操作实践融为一书。鼎中之变，精微难言，袁枚以他的生花之笔，把厨师只能意会不能言传的经验整理成系统的理论，为中国烹饪理论和实践做出了贡献。

思考与练习

1. 唐朝士人如何用颜色区分等级?
2. 明清时期的官服有什么变化?
3. 中国古代是如何用冠帽区别身份、年龄的?
4. 中国有哪些主要的菜系?

延伸阅读与参考书目

沈从文:《中国服饰史》,西安:陕西师范大学出版社,2004年。

王仁湘:《饮食与中国文化》,北京:人民出版社,1994年。

王学泰:《华夏饮食文化》,北京:中华书局,1993年。

第十五章　礼俗文化[①]

礼俗，即礼仪与风俗。中国历来被称为“礼仪之邦”，强调待人以礼和礼尚往来等。风俗，是指历代相沿积久而成的风尚、习俗。中国素有“美教化，移风俗”的传统。礼俗具有很强的民族性、区域性和传承性，深入地了解中国礼俗，可以更好地把握中国文化的特征。

第一节　古代称谓

一、古代亲属关系与“五服”

由于中国古代是宗法制社会，所以很注意分辨亲属关系的亲疏远近。所谓“九族”、“三党”、“五服”就是常见的亲属关系概念。“九族”分纵向、横向两种解释：一是指本身以上的父、祖、曾祖、高祖和以下的子、孙、曾孙、玄孙共计九代；二是父族四、母族三、妻族二，合为“九族”，分开来就是“三党”。“五服”是基于亲疏远近的不同而规定的不同丧服标准。

在九族亲属中，不管何人死去，与之有亲属关系的要有不同时间不同服装的丧礼。这种丧礼分为五类，叫作“五服”。其中第二类又分四个等级，所以又称“五服八等”。第一类：斩衰(cuī)。以粗麻布为衣，不缝边，手执粗竹杖(俗称哭丧棒)，脚穿草鞋，服丧期三年。这是最重的丧礼，通常适用于子女为父母(包括继母、嫡母)，妻妾为夫。第二类，齐衰(zī cuī)。具体分为四等：① 齐衰杖期(jī)。粗麻衣缝边，执削杖，服丧一年。适用于夫为妻、嫡子为庶母。② 齐衰不杖期。除手不执杖外，其余同上。适用于孙为祖父母，侄为伯叔父母，已出嫁女为父母，男子为兄弟。③ 齐衰五月。适用于曾孙为曾祖父母。④ 齐衰三月。适用于玄孙为高祖父母。第三类：大功。衣用

① 此章参考张文勋等著《民族文化学》(中国社会科学出版社，1998 年)，韩省之主编《称谓大辞典》(新世界出版社，1991 年)，陶之璠著《民俗学概论》(中央民族学院出版社，1987 年)，阴法鲁、许树安主编《中国古代文化史》(北京大学出版社，第一册，1989 年；第二、三册，1991 年)，徐华龙、吴菊芬编《中国民间风俗传说》(云南人民出版社，1985 年)等。

熟麻布，色白，丧期九月。适用于已婚姑、已婚姐妹、堂兄弟、已婚女为伯叔父母及兄弟。第四类：小功。衣用较粗熟布，丧期五月。适用于伯祖、叔祖、堂伯叔父、从堂兄弟。第五类：缌麻。衣用精细熟麻布，丧期三月。适用于外祖父母、岳父母、表兄弟。同一高祖的子孙，有互相服丧的规定。亲属关系超过五代，不再为之服丧，叫作出服，或出五服。近代有些地区，同姓可以结婚，但必须出五服才行，以防血统太近。五服八等的丧制十分烦琐。主要目的是区别血缘关系的亲疏远近。其中还有关于已嫁、未嫁、改嫁、过继、有子、无子、嫡出、庶出等等分别，带有明显的重男轻女色彩。早在战国时期，墨子对这一套烦琐礼制就十分讨厌，连孔门弟子也认为三年之丧太久。后来实际上也难于严格遵守。三年之丧实际上改为 27 个月。上述丧服的等级差别，表明父系、母系有别，亲疏有别，男女有别，嫡庶有别，这分明带上了浓厚的宗法制度的色彩。

二、古代姓名字号

姓起源于母系社会，姓是一门母系氏族或部落的标志，所以“姓”字从“女”加“生”。“生”表示所从生，生而只知母不知其父，故从“女”。远古的大姓，如姜、姚、姬、姒、妫等，都从“女”。由于古代同姓不婚，所以娶妻必先知其姓。可见姓的最初作用是代表氏族并区别婚姻。某个大姓后代繁衍多了，于是又派生出若干家庭，赐以支姓，这个支姓便是“氏”。随着母系社会发展为父系社会，姓氏便由女性中心发展为男性中心。随着阶级和国家的产生，姓氏的确立逐渐和宗法制相联系。天子封子弟为诸侯，诸侯再分封子弟为卿大夫，都要赐“氏”，亦即新的家族称号。商人的祖先是子姓，后来又分为宗氏、殷氏、来氏等；鲁人的祖先是姬姓，后又分为孟氏、仲氏、季氏。可见“氏”是用来代表家族和分辨贵贱的。先秦时期，天子有姓而无氏，诸侯、卿大夫有姓有氏，平民、奴隶无姓无氏，只有名。汉以后，姓氏逐渐合一，统称为姓或姓氏，平民亦开始有姓（日本平民至近代才有姓）。姓氏名称的来源不一，大致有以下情况：一是以动物为姓，马、牛、羊、龙、熊、鹿……可能姓就是该氏族的图腾；二是以封国封地为姓，虞、夏、高、周、齐、鲁、吴、楚、宋、卫、韩、赵、魏、燕、秦、陈、蔡、薛、滕等即是；三是以官职为姓，司徒、司马、司空、上官、侯、尉、帅等；四是以职业为姓，贾、陶、车、裘、巫、史、祝等；五是以祖先爵位或谥号为姓，公孙、王孙、文、武、穆、庄等；六是以居住地方特征为姓，东郭、南宫、西门、江、池、杨、柳、李、林等；七是以少数民族的复姓的音译为姓，独孤、呼延、慕容、贺兰、尉迟、长孙等。古代汉族也有复姓，如端木、夏

侯、诸葛、欧阳等，后代有简化为单姓，亦有不简化者。古代亦可以改姓，一是少数民族受汉族影响而改姓，如北魏鲜卑族拓跋氏改姓元；二是皇帝为笼络少数民族或奖励功臣而赐姓，如汉末赐南迁匈奴族姓刘（刘渊、刘聪），唐末赐沙陀族姓李（李克用、李存勖[xù]），唐初功臣徐勣赐姓李，明末郑成功赐姓朱；三是因避祸害而改姓，如汉代韩信之后改姓何，明初黄之澄之后改姓田；四是未成年子女随母改嫁而改姓，成年后也可以再用原姓，如范仲淹小时随母改嫁姓朱，后恢复姓范（这叫“归宗”）；五是女子未嫁用父姓，出嫁后增加夫姓，如张王氏、李赵氏、刘王立明……和尚不用俗姓，只用法名，名前往往冠以“释”字，也可以不加。道士一般用俗姓。中国的姓远不止“百家姓”。清人张澍研究，得姓 5000 余个。《中国人名大辞典》统计为 4129 个，最新统计有 5000 多个姓。

古人生三月而命名，男子年 20 行冠礼而后取字，女子年 15 行笄礼而后取字。正式命名之前有乳名，又叫小名。如曹操小名阿瞒，刘禅小名阿斗，刘裕小名寄奴。正式命名多有祝愿和纪念意义。鲁国叔孙克敌，获长狄乔如，因名其子为乔如。郑庄公因寤生而得名。皇帝亦赐名他人，如杨国忠本名钊，朱全忠本名温。多子女命名时讲究排行。先秦时分为伯仲叔季，即老大老二老三老末，如伯夷、叔齐、仲由、季礼等名就是排行名。朱元璋为朱棣子孙规定的字派为“高瞻祁见祐，厚载翊常由……”清王室自康熙起辈分字为：玄、胤、弘、颙、旻、奕、载、溥。代表辈分的字，双名通常在中间，如张学良、张学思、张学铭；也有放在第三字的，如宋庆龄、宋霭龄、宋美龄。如果是单名，则用偏旁表示同辈，如苏轼、苏辙，又如贾赦、贾政、贾敬，贾珍、贾琏、贾珠、贾环，贾蓉、贾兰、贾芸、贾蔷。女子可用男子相同的字辈，也可用其他字排行。有的家族，除规定同一字辈外，还要求第三字用同一偏旁，例如明代皇族，泰昌帝朱常洛，其弟福王朱常洵，均用三点水旁。实际上，有时命名只有半个字的选择余地，故而不得不用怪字僻字。

古人的字是名的补充解释，常与乳名相表里，所以叫作“表”字。名与字大多有联系。孔子弟子冉耕，字伯牛，牛可耕田；孔子之子孔鲤，字伯鱼，鲤属鱼类；苏轼字子瞻，轼是车前横木，乘车人可凭轼而瞻望；苏辙字子由，辙是车印，是驾车人所遵由的轨迹；陆机字士衡，机衡乃北斗二星名；曾巩字子固，巩与固同义；唐寅字伯虎，取寅属虎之义。也有名与字义相反的，如管同，字异之；韩愈，字退之，愈与退反义；朱熹，字元晦，熹是光明，晦是黑暗。有的名与字皆取自古书上某句话，如钱谦益，字受之，取自《尚书》：“满招损，谦受益”。一般人只用一名一字，也有一名二字，如蒲松龄，字留仙，又字剑

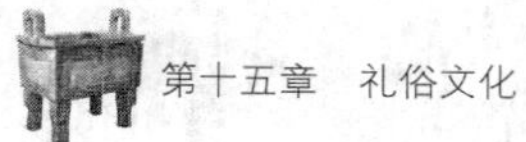

臣。还有三字的。

古人的号，又称别名，是一种固定的别名。名和字通常由长辈所定，号则由本人决定，往往表示自己的兴趣爱好或住所特征，通常爱用别号的多是文化人。如陶渊明自号五柳先生，杜甫号少陵野老，李白号青莲居士，苏轼号东坡居士，欧阳修号六一居士。"六一"意思是：一万卷书，一千卷古金石文，一张琴，一局棋，一壶酒，加上本人一老翁。有的别号有特殊含义，宋末元初郑思肖号木穴国人，木穴合写即宋字，表示不忘故国。明末清初朱耷(dā)号八大山人，八大连写似哭似笑，表示哭笑不得。

代称是死后由他人所拟，或习惯性称呼。代称往往有以下6种情况。一是以籍贯或任职地区作代称，如韩昌黎、柳河东、张江陵(籍贯)、吕衡州、贾长沙(任职地区)。习惯上由某人使用某地作为代称成为专有名词后，其他人就不能再用。二是以官职或封爵为代称，如嵇中散、马伏波、王右丞、韩吏部、杜工部、蔡中郎、班定远、沈隐侯、王荆公……倘若一个人担任多种官职者，只取其中最高者为代称，而不能随意取用其他官职。三是谥号，即贵族死后由帝王按其功德而赐予的美称。先秦周卿大夫死后由诸侯赐谥，如赵文子、韩献子、臧文仲、孟武伯等。唐后直至清末，规定三品以下无谥，三品以上大臣由朝廷赐谥。如韩文公、范文正公、苏文忠公、包孝肃公、岳武穆公、左忠毅公、纪文达公、左文襄公、彭刚直公等。文臣多用"文"字，武臣多用"武"字，以"文正"为最荣耀。也有处士而由门人私谥的，如陶潜谥靖节先生，王通谥文中子。四是尊称，死后由弟子或后人拟定，如周濂溪、吕东莱、陆象山、归震川、王船山、黄梨洲、顾亭林等(以上多为地名之后加先生)。五是以数字为名号，以叔伯兄弟辈大排行为序，多盛行于唐，如元九(稹)、李十二(白)、白二十二(居易)、刘二十九(禹锡)、高三十五(适)等即是，宋代也有秦七(观)、黄九(庭坚)，后来沿袭者稀少。六是几个人合用的特称，同姓并称如：大小戴、大小阮、大小谢、大小杜、二陆、二程、三张、三苏、三袁；异姓并称如：孔孟、老庄、班马、王谢、李杜、韩柳、元白、程朱、陆王、顾黄王、曾左彭胡等，皆属习惯性称呼，约定俗成后不能移作他用。

古人自称往往表现出自谦或自卑。先秦时期，男子对高贵者皆自称臣或仆，后来只有官吏对帝王称臣，清代大臣对皇帝自称奴才。官场中，下属对上司自称卑职。老百姓在地方官面前自称小民、小人、鄙人、不才。仆是古代平辈的自谦称。对年长者自称晚生、后辈，对年轻者自称老朽、愚。写信给别人时，自署用名，不用字号。古代称呼他人，一般不直呼其姓名。通常平辈称字或号，下级对上司称大人。晚辈对长辈或称亲属关系(叔、伯、

爷、舅），或称某老、某爷、某翁。长辈称晚辈用“尔”、“汝”，自称“吾”、“我”。古代简称男性年长者为“丈”，称平辈为“子”。“子”是后人对古之有学问者的简称。“公”、“君”、“先生”，可用于长辈或平辈，可以单用，也可与姓连用。这几个称谓使用时间最长，尤其是先生，口头及书面皆适用。“足下”多用于平辈，“阁下”多用于对有地位者的简称。

古代帝王的称号更复杂。夏商周三代中国最高统治者皆称王。战国时期，各国诸侯先后称王。当时人们传说，远古帝王有三皇五帝，比王更尊贵。于是秦王政统一中国后，不满足于称王，而改称皇帝，同时规定自己是始皇帝，儿子是二皇帝，孙子是三皇帝，如此以至无穷。然而事与愿违，不过二世而亡国。但以后，中国历代最高统治者都称皇帝。为区别他朝，每一新王朝开始建立时，都须确立国号，宋以前的国号皆以地为名，元明清三代则用象征意义的字。每个王朝的第一代新皇帝即位后，为同前代皇帝相区别，须有自己的称号或标志，所以第一件事便是建新的年号。中国历史上首先使用年号的是汉武帝，第一年号是建元，其元年相当于公元前 140 年。每任新皇帝即位均用新年号，叫作改元，有的皇帝在位时改元多次。汉武帝在位 54 年，改元 11 次。武则天称帝后在位 15 年，改元 14 次。明清两代一个皇帝只用一个年号（个别除外），这样，年号即等于帝号，如洪武、永乐、正德、万历、崇祯、康熙、乾隆、道光、咸丰等都是年号与帝号相同。皇帝在位时，群臣要为皇帝上尊号。如武则天称大周皇帝后，加尊号曰“圣神皇帝”，三年后又加“金乾”二字，次年又加“越古”二字。年号和尊号是皇帝在位时就有的，而谥号和庙号则是死后才有的称号。谥号起于西周。周初的文、武、成、康诸王都有谥号。汉以后，后妃也有谥号，最初用一二字，后代越来越长。如慈禧太后那拉氏的谥号长达 18 字：“孝钦慈禧端佑康颐昭豫庄诚寿恭仁献熙显皇后”，其中最主要的是前四字，故那拉氏又简称孝钦后或慈禧太后。西太后则是俗称。

庙号是和宗法祭祀制度相联系的一种称号。皇帝死后，根据他在皇族中的世系，奉入太庙祭祀，追尊为某祖某宗，以显扬其在皇族世系中的地位。所谓庙号即已故皇帝在太庙中的称号。这种办法始于殷代，如殷王太甲称太宗，太戊称中宗，武丁称高宗等。汉承其制，尊刘邦为“太祖高皇帝”，太祖即庙号，高皇帝之高即谥号，后来简称为汉高祖。历代皇帝各有陵墓，多有陵号，如汉武帝的茂陵，唐太宗的昭陵，唐高宗的乾陵，明代的孝陵、长陵、景陵、泰陵、定陵等。陵号有时也用来代指过世皇帝，一般用于本朝。

避讳是中国封建社会一种特有的历史文化现象。臣民对于帝王、长官、父祖及古圣贤之名，不但不能直呼，而且对其中某个字在说话和写字时，也不能直接使用，须通过多种方法变通回避，这叫作避讳。避讳是封建礼制的重要内容之一，如果违犯了避讳规定，就是大不敬，轻则受处分，重则充军杀头。避讳起源于周，汉以后渐趋完备，唐宋以后更加严密。避讳的对象有四种：一是国讳，即当代皇帝及本朝历代皇帝之名，有时甚至包括皇后之名，在外交场合，互相尊重对方国讳，是重要的礼节之一。二是圣讳，即孔子孟子之名，金代甚至包括周公之名，宋代讳皇帝之名。三是家讳，即父母、祖父母之名，与他人交往时，应避对方家讳，否则便失礼。四是宪讳，下属不得直接使用长官本人及其父祖之名。这一条虽无明文规定，但在官场流行。避讳方法有以下几种：一是改用同义字或同音字。如汉武帝名彻，蒯彻改为蒯通；汉文帝名恒，恒山改常山；汉宣帝名洵，荀卿（荀子）改孙卿；唐太宗李世民，民改人；唐高宗李治，治改理。二是加减字的笔画。孔子名丘，改为丘或邱；康熙帝名玄烨，玄改为з；宋太祖名匡胤，胤改为胤。三是换成同义词或近义词。吕后名雉，雉改称野鸡；李渊祖父名虎，虎改称猛兽；隋文帝祖父名忠，改侍中为侍内，中书为内史。四是以“某”或“囗”回避。读至应讳之字时改念作“某”，如孔某、孟某。写字时则空格或写作“囗”。五是以近音代读。如林黛玉之母贾敏，凡遇敏字黛玉皆读作“密”。此外，还可以将平声读作上声，去声读作入声。避讳使语言文字严重混乱，妨碍其交际工具的作用，古代有识之士如颜之推、韩愈早就表示不满。辛亥革命后即被废除。

第二节　古代礼仪

中国历来是“礼仪之邦”。礼仪在中国社会的政治文化生活中占有极其重要的地位。礼仪的起源，可追溯到遥远的过去，当中华民族的历史掀开第一页时，它就应运而生了。由儒家学者整理成书的礼学专著“三礼”——《周礼》《仪礼》《礼记》，记录、保存了许多周代的礼仪，在汉以后的2000多年中，一直被人们称为“礼经”。

一、吉礼

吉礼为五礼之冠，主要是对天神、地祇、人鬼的祭祀典礼。后世从这三类中又衍生出许多项目，可分为天、地、宗、庙四类。

先谈祀天。在殷商甲骨文中，天神是“帝”（或称“上帝”），他主宰自然和下国，日、月、风、雨是其臣工使者。祭祀上帝要杀死或烧死俘虏和牲畜作为

祭品。周代以“天”代“上帝”，天帝人格化，周王自称“天子”。周代祭天的正祭是每年冬至，在国都南郊圜丘举行，称为“郊祀”。秦以冬十月为年首，祭天在十月举行。汉高祖祭祀天地由祠官负责，实行三年一郊之礼（武帝始），每三年轮祭天、地、五畤（五方帝）一遍。隋唐与东汉相似。唐代祀天一年四次。宋代祭祀时举行特赦仪式，且要到景灵宫祖宗神像前行“恭谢礼”。元初蒙古民族行拜天礼。明洪武十年（1377 年），改变圜丘礼制，定每年孟春正月合祀天地于南郊，建大祀殿，以圜形大屋覆盖祭坛。明成祖迁都北京后，永乐十八年（1420 年）建成大祀殿，合祀天地。清代基本沿袭明制。世祖（顺治）定都北京后，恢复修建正阳门南天坛多种配套建筑，后经乾隆改修，成为今天所见到的天坛古建筑群。它包括圜丘、大享殿、皇穹宇、丘极殿、斋宫、井亭、宰牲亭等。清人祭天除采用汉制外，还保留了本民族入关前“谒庙”之礼，入关后改称“祭堂子”。

祈谷，郊祀后稷，以祈农事。梁武帝前，将祭天与祈谷混为一谈。梁武帝天监三年（504 年），将二者加以区分。唐的祈谷礼与祭天相仿。明嘉靖年间定孟春上辛在大祀殿行祈谷礼。清祈谷礼仿明制。乾隆时，将大享殿更名为祈年殿，以合祈谷之义。大雩，即求雨之祭。在无风旱灾害发生时是例行之祭，于仲夏举行；在大旱发生时则无论夏秋，随时举行。远古时已有对土地的崇拜，大地生长五谷，养育万物，犹如慈母，故有“父天而母地”之说。祭地的正祭是每年夏至之日，在国都北郊水泽之中的方丘上举行祭典。还要行“四望”之礼。“四望”是望祭天下名山大川之神。泰山的天地祭祀叫“封禅”。古人筑社稷坛祭社稷，社为土神，稷为谷神。

宗庙是祖先的亡灵寄居之所。周代天子有七庙：三昭三穆与太祖之庙合而为七。父曰昭，子曰穆。诸侯五庙，大夫三庙，士一庙。天子、诸侯宗庙的正祭，春曰祠，夏曰礿（yáo），秋曰尝，冬曰烝（zhēng），均在四季的孟月举行，加上腊祭，每岁五祀。先前庶士、庶人不得立庙。南宋实施祠堂制，普通平民有祭祖的自由。中国古代祭祀项目甚多，列入国家祀典的有：祀先代帝王、祀先圣先师、藉田与享祀先农之礼、亲桑与享祀先蚕之礼、享先医、五祀（祭门、户、井、灶、中霤）、高禖（méi）（乞子之礼）、傩（nuó）（驱除疾疫之礼）、蜡（zhà）腊（祭百神）等。宋代以十二月戌日为腊日，建蜡百神坛，同日祭社稷，享宗庙。

二、嘉礼

嘉礼是和合人际关系，沟通、联络感情的礼仪。主要内容有：饮食之礼、婚冠之礼、宾射之礼、飨燕之礼、脤(shèn)膰(fán)之礼、庆贺之礼。后代嘉礼有不少变化。古人飨燕、饮食有一定的礼节。古时飨燕是有区别的。飨礼在太庙举行，烹太牢以饮宾客，但并不真吃真喝；燕礼在寝宫举行，烹狗而食，主宾献酒行礼后即可开怀畅饮，一醉方休。饮食之礼，是族宴，逢祭而宴或以时而宴。冠礼(笄礼)是成人礼，是给跨入成年人行列的男子加冠的礼仪。男子 20 岁加冠。冠礼要为冠者加三冠：黑麻布的缁布冠、白鹿皮的皮弁、玄冠。天子、诸侯的冠礼主要不同的是加四冠，于“三加”外还要加“玄冕”。后世不少朝代的皇帝冠礼只用“一加”。古时女子十五而笄，女子在 15 岁许嫁之时举行笄礼，结发加笄，也要取“字”。射礼有四种：一是大射(天子的祭前之射)，二是宾射(诸侯朝天子或诸侯相会之射)，三是燕射(燕息之射)，四是乡射(荐贤举士之射)。射礼前后，常有燕饮，乡射礼常与乡饮同时举行。两汉时军内设秋射比试之法。唐代在射宫举行射礼，每年三月三、九月九两次。与射礼相仿的是投壶之礼：以箭矢投入壶中为胜，只不过是将弯弓换成投壶。乡饮酒礼是敬贤尊老之礼。汉代常与郡县学校祀先圣先师之礼同时举行。明洪武初规定每年孟春正月及孟冬十月举行乡饮酒礼。清沿明制，帝王庆贺之礼较隆重，帝王即位改元，均要举行祭天地神灵之礼；朝礼比较严肃，古礼百官入朝要“趋”，即快步疾走，表虔敬之礼。各朝代朝拜时间、对象、礼仪略有不同。

三、宾礼

宾礼是接待宾客之礼。一是朝觐之礼，此礼用意在于明君臣之义，通上下之情。二是会同之礼。朝觐是天子个别接见一方一服来朝诸侯，会同则是四方齐会，六服皆来，既可在京师，亦可在别处，甚至可以在王国境外。如明代设会同四夷馆，负责接待藩国及外邦使节。此外，还有诸侯聘于天子之礼、诸侯遣使交聘之礼等。

历代相见礼略有不同。宋以前各朝礼书无相见礼。宋太祖乾德二年(964 年)，始定内外群臣相见之礼，如下级见上级，按照职位品级分别行礼，如在途中相遇，下级官员或“敛马侧立”，等候其通过，或“引避”，或分路而行。如参见上级，或在堂上列拜，受参者答拜，或拜于庭中，或拜于阶上。通常下级官员参见上级官员要趋而过庭。诸司使、副使以及通事舍人等小官吏通报姓名拜见宰相、枢密使等大官时，大官不须答拜。同级则对拜行礼。

四、军礼

军礼是师旅操演、征伐之礼。军队出征，有天子亲征与命将出征之不同。军队出征前有许多祭祀活动，主要是祭天、祭地、告庙和祭军神。祭祀完毕出征军队要有誓师典礼，一般是将出征目的、意义告知将士，揭敌人之罪恶，严明纪律与作风。誓师实质上是战前动员和教育。军队获胜而归时，高奏凯乐，高唱凯歌。天子亲征凯旋，大臣皆出城迎接，有时远至数十里之外。凯旋后要在太庙、太社告奠天地祖先，并有献俘之礼，此礼历代大致沿用，只是细节略有不同。诸侯或将帅统领在前方获胜，向天子或大国报告消息叫献捷。战争结束，天子要宴享功臣，论功行赏，这种礼仪叫"饮至"。论功行赏礼仪最隆重者为历代定封开国功臣。军队打败仗称为"师不功"或"军有忧"，军队回国则以丧礼迎接。国君身穿丧服，头戴丧冠，失声痛哭，并且吊死问伤，慰劳将士。古代天子检阅军队称为"亲讲武"。汉武帝开凿昆明池以训练水师，这是凿池肄习水师之始。唐代"亲讲武"之仪于仲冬之月在都门外举行。明中期后，大阅讲武成为空谈。清初定三年一举大阅，康熙帝又创"会阅"典礼。上古田猎是一项具有军事意义的生产活动，并与祭祀有关。田猎的作用一是为田除害，保护农作物不受禽兽的糟蹋；二是供给宗庙祭祀；三是为了驱驰车马、弯弓骑射、兴师动众，进行军事训练。周代田猎分春蒐、夏苗、秋弥、冬狩。金、元田猎之风更盛，国家设"打捕鹰坊"，专司田猎。清代从康熙起通过行猎而笼络融洽各民族关系。

五、凶礼

凶礼是哀悯吊唁忧患之礼。其内容有：以丧礼哀死亡，以荒礼哀凶札，以吊礼哀祸灾，以禬礼哀围败，以恤礼哀寇乱。丧礼是与殡殓死者、举办丧事、居丧祭奠有关的种种仪式礼节。丧礼在古代是重要的凶礼之一，后代尤为重视。古人把办理亲人尤其是父母的丧事看作极为重要的大事，很早就形成了一套严格的丧礼制度。同样是死，说法就有尊卑之别：天子曰崩，诸侯曰薨，大夫曰卒，士曰不禄，庶人曰死。从初丧到终丧之序，其丧礼如下：病危之人要居正寝、正室，死前家属守在床边，断气后诸子、兄弟、亲戚、侍者皆哭。招魂后给死者穿衣，叫"复"。复后把死者遗体安放在正寝南窗下的床上，用角柶(sì)插放死者上下齿间，把口撑开以便日后饭含，叫楔齿。然后缀足、帐殓，在死者东侧安放"倒头饭"。发讣告、讣文，长子或长孙、长重孙主丧。吊唁后铭旌(上书"某某之柩")，后掘坎为灶，把洗米水烧热，为死者洁身、整容。沐浴后饭含，即把珠、玉、米、贝等物放入死者口中。以一块木牌置于堂前庭中充当神主牌位（叫“设重”），设燎燃烛。以上仪节要在初终后一天内完成。死后第二天，正式穿入棺寿衣（叫“小殓”），后用衾裹尸，用绞布收束。第三天为“大殓”，举行入棺仪式，抬入棺木后，主丧者及其妻子擗踊痛哭。奉尸入棺，盖棺。宾客向死者行礼，主人答拜，妇女在帷内痛哭。因大小殓时，丧主夫妇要哭声不断，故可由人代哭。出殡之后，按规矩穿丧服（详情见前“五服”），要朝夕哭、朝夕奠。筮宅卜日后迁柩（把灵柩用灵车迁入祖庙停放）祖奠，下葬之日柩车启行，前往墓地（叫“发引”即“出殡”），由丧主领头，边行边哭。下葬后，主人回到殡所，升堂而哭（叫“反哭”），设祭安慰彷徨失依的鬼魂（叫“虞祭”）。受佛教影响，要“做七”，即死后每逢七天做一次佛事，设斋祭奠。佛家认为：人生 49 天后魄生，人死 49 天后魄散。断七（第 49 天）卒哭。卒哭后次日，神主牌位归座祖庙后，仍奉神主归家。若居父母之丧则服三年孝，满一年为小祥之祭，满二年作大祥之祭，大祥后神主正式迁入祖庙。大祥之祭在死者死亡第 25 个月举行，祭后除丧服，后每逢忌日（父母去世的周年纪念日叫“忌日”）禁饮酒作乐。历代帝王的丧礼要比平民百姓复杂得多。

荒礼，指自然灾害引起歉收、损失和饥馑后，国家为救荒而采取的政治礼仪措施。荒礼内容有十二项：一是散利，即通过周（无偿）、贷、粜，给灾民救济；二是薄征，即减、免、缓征租赋；三是给饥寒所迫犯罪人缓刑、减刑；四是减免徭役（叫“弛力”）；五是对灾民开放山泽园囿，让人采摘果蔬、捕猎渔樵，以为生计；六是“去幾”，即废除水陆商人的关卡税；七是省礼，即减省庆贺、祭祀典礼；八是杀哀，即制止葬礼大操大办；九是蕃乐，即停止、罢除演奏音乐等娱乐活动；十是从简结婚；十一是索鬼神（祭祀鬼神），旧时认为灾祸是由于祭祀时激怒鬼神；十二是除盗贼，用以保持社会安定。

札礼的“札”是指疫疠疾病，即流行性传染病。札礼最紧迫的问题是葬死救病。如汉平帝元始二年（2 年）因干旱蝗灾，疾疫流行，国家腾出府邸房舍安置病人，并派医生治疗，病死者赐钱安葬。

第三节 婚姻礼俗

在人类社会的三大生产中，婚姻是实现人类自身生产的唯一方式，是社会伦理关系的实体。由于人类自身生产使人类的生命得到延续，从而形成各种人际关系以及社会文化心理和礼俗。

一、上古原始社会的婚姻礼俗

血族婚(即族内婚),是原始人类的第一个婚姻形式。在氏族内排斥父子辈之间的通婚,只允许同辈男女(兄弟姊妹)的婚配关系。这种婚俗遗迹在有些民族的称谓中尚有保留。亚血族婚(族外婚),是继血族婚之后出现的婚姻形式。本氏族的兄弟或姊妹则在本氏族中的女子或男子中寻找配偶。这样,父亲为集体父辈,母亲为集体母辈,成为共夫或共妻。亚血族婚"民知其母,不知其父"。后来亚血族婚的配偶范围逐渐缩小,异姓的同辈男女在或长或短的时期内对偶同居,便成为对偶婚。其间,与长姊配偶的男性有权把达到一定年龄的姊妹也娶为妻,这叫作"妻姊妹婚"。对偶婚的男女分别在自己母系氏族内生活,成年男子到异姓女子氏族过着"暮合朝离"的同居生活,两性的结合并不固定,知其母不知其父的情况仍然存在。世系仍按母系计算。女子在家庭和社会中享有崇高地位。中华民族是炎黄子孙,炎帝母亲姒"游华阳,有神龙首,感生炎帝"。黄帝母亲附宝"见大电绕北斗枢星,感而怀孕",生黄帝。这是古人为避"私生子"之嫌而编造的神话,却真实地反映了"知母不知父"的时代特点。中国古代母系氏族社会向父系氏族社会转变,相传完成于虞舜、夏禹之际。一夫一妻制产生了爱情的萌芽,同时夫妻共同经营的家庭经济,使个体家庭从母系氏族中分离出来,成为现实,这种经济生活带来了爱情的自私性和排他性。婚姻的"婚"即黄昏之"昏",封建时代"娶妻以昏时","姻"同"因",友爱亲也。婚姻的含义就是男女在黄昏时约会结成亲密的伴侣。此时的男女结合从妻居逐渐变为从夫居,家长由女性变为男性。

二、奴隶制的婚姻礼俗

奴隶制贵族保留了群婚中有利于男性的内容,把它变成一夫多妻制。而受压迫和剥削的劳动群众的家庭,则在男女共同劳动的生活中保留了原始社会所有的平等、质朴和亲睦的美德。中国古代奴隶制社会有两种特殊的婚姻形式:一是"烝"、"报"婚(亦称"转房制"或"收继制"),父亲死后,儿子可以娶庶母,叫作"烝";兄、叔死后,弟弟或侄儿可以娶寡嫂或婶母,叫作"报"。"烝"、"报"原为祭祀名,因实行收继时要祭祀祖先以期在心灵上得到安慰。超出这种情况的两性关系,称为"通",或"傍淫"。"烝"、"报"婚是符合当时社会道德规范的婚姻形式,而"通"则被视为"淫乱",要受到社会舆论的谴责。二是"媵"、"妾"制婚,这是周代宗法制度实行的一夫多妻制的变相形式，也可称为嫡、妾制。妻分嫡、妾，其所生子女亦有嫡、庶之别。“媵”、“妾”制使贵族男子在娶嫡妻时，还可以得到若干个陪嫁的妾、媵。妹随姊、侄女随姑同嫁一个丈夫的媵制，是上古亚血族婚的遗俗和当时一夫多妻婚在奴隶制下结合的产物。媵妾制到封建社会亦有不同程度的表现。媵制的姊、姑出嫁后是嫡妻，随她们陪嫁的娣、侄处于从属地位。此外还有奴婢陪嫁。有时贵族男子宠幸“妾”，使妻子受冷落，从而产生了强烈的嫉妒。媵、妾制在秦汉后变成封建帝王的后妃制。汉武帝时，后宫中从皇后、夫人以下分为 14 个等级。隋炀帝的后宫除皇后外，另有 3 夫人、9 嫔、20 世妇、78 女御。

三、封建制的聘娶婚及其仪式

春秋时期到秦王朝，婚姻制度主流向一夫一妻制过渡。当时以“男女有别”、“夫妇有别”等反对“烝”、“报”婚，巩固一夫一妻制家庭。在封建婚姻中，聘礼和媒人占有极为重要的地位。聘娶婚是以家长买卖、包办儿女婚姻为特点的婚姻制度，也称“买卖婚”或“包办婚”。媒人分官媒和私媒，由媒人从中撮合的婚姻中，由于说谎骗财而酿成许多弊病。关于婚龄，先秦时发生过一场争论，儒家主张晚婚，墨家主张早婚。儒家主张男 30 岁，女 20 岁结婚；墨家则提倡男 20 岁，女 15 岁而婚。聘娶婚的仪式有所谓的“六礼”：纳采（送礼求婚）、问名（询问女方名字和出生日期）、纳吉（送聘礼订婚）、纳征（送聘礼）、请期（议定婚期）、亲迎（新郎亲自迎娶）。还有新郎新娘的“拜堂”仪式：一拜天神地祇；二拜高堂；三是夫妻对拜。拜堂前，要给新娘却扇、去盖头。新婚夫妻牵“同心结”、入洞房，称“系指头”，宋代称“牵巾”，表示同心协力，永不分离。入洞房后，有“坐床”、“撒帐”仪式，从家属的长辈妇女中选一名双全女亲，一边将托盘中的枣、栗子、豆、花生、金钱等，撒掷帐内，一边吟唱“撒帐”诗。新郎新娘各剪下一绺头发，用彩线系在一起，当作信物，称为“合髻”。从新人入洞房到去烛礼成，宾客不分长幼，以争拾钱果相戏，专门给新娘出难题，称为“弄妇”或“闹房”。次日新婚夫妻拜见公婆后，整个婚礼便告结束。唐、宋、元各代略有不同。中国古代婚姻中，还有所谓的“七去”（或称“七出”）即封建时代男子休弃妻子的七种理由：“不顺父母去，无子去，淫去，妒去，有恶疾去，多言去，窃盗去。”[①]

① 《大戴礼记·本命》。

第四节 节 日 习 俗

中国悠久的历史使得节日内涵具有多层次叠积的丰富性。中国节日的特殊性一直为农业因素所制约。中国的气候特征决定了古代中国“春祈秋报”的节日模式。今日中国农民所遵从的节日框架,基本上是在宋代确立的。同时,宋代亦加速了节日的世俗化进程。佛道二教对中国节日文化有显著影响(道教节日有:上元、六月六、中元、下元;佛教节日有浴佛、盂兰盆、腊八等)。

春节。农历正月初一是古代的新年,又称新正,而今称之为春节。它作为古代官方法定岁首,是汉武帝时代编定的太初历所规定的。千百年来,春节成为一个送旧迎新的错综复杂的节日。古代春节可分为三部分:一是从腊日到除夕。腊月廿四祭祀灶神或更早些的腊八食粥,揭开了春节的序幕,人们开始准备食物和大扫除。蜡祭自大火星在西方天空消逝后,人们用田猎以祭祀诸神。各路诸侯派遣使者,头戴草笠,向天子的官员大罗氏贡献鸟兽。汉代的腊日定为冬至后第三个戌日。大傩仪是在年终举行的最隆重、涉及范围最广的驱除瘟神的巫术仪式。后来逐步被社火等其他娱神游行活动所取代。宋代习俗“打夜胡”(或称跳钟馗)是乞丐装成灶王或钟馗去乞钱,后世演变成除夕送财神的习俗。腊日原定于腊月八日,后定为腊月廿四日。“腊八”节要吃用八种食物做成的粥。腊月廿四,宋代称为交年节或小除,主要活动是祭灶。二是新年。晋朝开始除夕燃放爆竹迎新年,彻夜不停。春节活动丰富多彩:主要有扫尘、吃年夜饭、放爆竹、贴春联(即对联)、剪纸、挂年画、守岁(一家老小围坐吃团圆饭后等待新旧年的交接时刻)、拜年(相互走访祝贺春节)等。正月初一有各种禁忌,有趣的是禁用扫帚,以免把新的一年的好运扫走。三是元宵节。元宵节又名灯节,道教称为上元节。灯节是刀耕火种时期烧去田间草木并开始播种的原始生活习俗的高级转化形式。元宵舞龙灯和迎神巡游的场面十分可观。元宵舞狮则受佛教影响。舞狮有南北之分,北方是人与狮斗,南方为狮与狮斗。由于灯与“丁”音近,因此很早就有送灯或偷灯的祝愿生子的习俗。宋代猜灯谜成为观灯时的一项有趣的活动。猜谜活动有着非常古老的起源,并且在当时有着特殊的意义。

寒食节与清明节。寒食节与清明节,原本是毫不相干的,前者是有着远古生活遗迹的冷食与改火的节日,后者本是节气名称,唐宋时才正式成为一

图 15－1　南京夫子庙的元宵灯会

个以敬祖为中心的节日，并最终取代了寒食节。这种演变反映出节日习俗的存亡兴替。寒食节是载入官方祀典的改火仪式与实际的民间禁火寒食习俗的综合物。冷食习俗折射出先民曾经历过的食物匮乏阶段，改火仪式则标志着新耕作期的开始，两节时间紧密相连。东汉蔡邕《琴操》叙述了介子推火焚而死的事迹，遂使寒食节与禁火相联系。当初寒食曾长达一月，后固定三日，清明前一天（一说清明前二天）为寒食节。明清时，仍有寒食遗俗。唐宋以降，清明节逐渐代替了寒食节，并使之成为祭祖扫墓和郊野踏青的全国性节日。

端午节，它与夏至节有密切联系。夏至、冬至是太阳运行周期中重要的转折点。古代中国人认为，夏至是“阴阳争、死生分、血气散”的危机关头，人们要斋戒，采取动作以顺应阴气将升、万物萧条的自然秩序进程。后来，民间冷淡夏至，热心端午节。农历五月五日的端午节又称“端五”、“端阳”、“重五”等，也叫“天中节”。闻一多考证，端午节为祭龙节日。由于夏至的存在，整个农历五月都被看作不吉利的时期。端午节的主要目的是逐疫。但唐宋之后，龙舟竞渡习俗与之相结合，盛行于江南水乡，遂使端午节含义复杂化。龙舟竞渡是一种超民族、超地域的活动，很早就刻画在部落时代的铜鼓上。竞渡是赛龙神求雨的活动，后又加进了消灾、逐疫、乞福的多种含义，一起附着在端午节上。后来，由于战国时的爱国诗人屈原于公元前 278 年农历五月初五投汨罗江死后，楚国人用竹筒贮米投入水中，以示祭祀，随后形成了

端午节吃粽子的习俗。端午前后，湿热多雨，毒疫易传，这就形成了端午习俗中的另一个主题：避邪驱瘟、除虫灭害、保人安康，不乏科学道理。端午节有"吃五黄"（黄瓜、黄鳝、黄鱼、黄豆、鸡蛋黄）和喝"百草汤"（以菖蒲、艾叶或采百草树叶煎成的汤），因此端午还被视为采药节。当日采集和制作的草药疗效最佳，且百草均可作药。显然，端午节是一个含义复杂的综合性节日。

中秋节。农历八月十五日为中秋节，是我国民间的一个重大的传统节日。中秋节，又称仲秋节（仲秋之月中），此夜月亮最圆最亮，人们视之为团圆的象征。所以中秋节又称"团圆节"。中秋节的起源可能与古人对月亮的原始信仰相关。中国古代神话中有女娲捧月和嫦娥奔月的故事。秦汉前的礼仪中，已经有秋分夜天子到国都西郊月坛祭月的规定。从唐诗中发现，当时人们把嫦娥奔月神话故事与中秋赏月联系在一起了。宋代中秋赏月的节日活动场面十分盛大壮观。中秋节的习俗主要有祭月、赏月、吃月饼等。月神为太阴星云，又称为月姑或月宫姑娘。祭月时张挂木刻版印的"月光神"（即"月光纸"），上画有满月像，中有月光普照，菩萨坐于莲花上，下面是月宫桂殿，前有玉兔执杵而捣臼中仙药。祭时，人们在供案上摆应时瓜果和清茶、月饼、糖果等，点香跪拜月神，拜毕，焚月光纸、撤供，遂将祭品给家人分享。中秋赏月，以争上酒楼先睹为快自娱。

重阳节。九月季秋，中国南北方的农作物均已收获完毕，频繁的报赛活动也在九月告一段落，于是出现重阳节。重阳节是收获期的丰收节。"重阳"一词最早见于楚辞《远游》"集重阳入帝宫兮"一句诗中。汉代始称九月九日为"重阳节"。晋周处《风土记》记载了重阳节登高饮菊花酒、插带茱萸的风俗。唐代中叶，李泌奏请皇帝将中和节（二月一日）、上巳节、重阳节定为三大节日，重阳节渐渐成为深受民间重视的大节。重阳登高在魏晋很受帝王欣赏。宋武帝刘裕曾在重阳节登彭城（徐州）项羽戏马台。后世登高成为士大夫风流自赏的诗酒雅集，一般民众则把它当作宗教活动对待，在登高塔、登山入寺庙敬香之余，游赏秋景，敬神与娱己相融。据说当初登高是为了避害。据《续齐谐记》云，汉末道士费长房劝告桓景，在重阳带茱萸囊，携家人登山避难。但是，六朝至唐又有九月报赛社神的习俗，作为丰收节，重阳节是享用与馈赠食物的节日。少数地方以粽子相送，大多地区是以各种重阳糕独擅胜场。唐代的菊花糕很香。宋代的重阳糕里有枣、栗、石榴、银杏、松子肉等，上插小旗。明清时北方有枣糕，南方的糕更是色、香、味俱全，包含的辅料内容丰富多彩。北方枣糕主要用于相互赠送，尤其是对姻亲赠礼，故而人们又称重阳节为女儿节。南方糕除馈赠亲友外，米糕还用于祭祀祖先。重阳节有饮菊花酒的习俗，同时又有采集茱萸的习俗。菊花和茱萸一直被人们视为长寿和避邪的象征。后世重阳节又敷衍出“敬老寿眉”的内涵，其间折射出中华民族尊老敬老的传统美德，遂使重阳节增添了人文色彩。

思考与练习

1. 何谓“九族”、“三党”、“五服”？
2. “名”、“字”、“号”有什么区别？
3. 古代的代称可分为哪几种情形？
4. 简述避讳的对象与方法。
5. 何谓“五礼”？
6. 何谓聘娶婚中的“六礼”？
7. 中国古代有哪些重要的节日？分别有哪些习俗？

延伸阅读与参考书目

尚秉和：《历代社会风俗事物考》，《民国丛书》第一编，上海：上海书店，1989年。

杨树达：《汉代婚丧礼俗考》，《民国丛书》第一编，上海：上海书店，1989年。

陈顾远：《中国婚姻史》，《民国丛书》第三编，上海：上海书店，1991年。

邓子琴：《中国风俗史》，成都：巴蜀书社，1988年。

柳诒徵：《中国文化史》，北京：中国大百科全书出版社，1988年。

何炳棣：《原礼》，《二十一世纪》第11期，香港中文大学中国文化研究所，1992年。

第十六章　中国文化的基本精神[①]

“黄河之水天上来，奔流到海不复回！”[②]如同黄河那样源远流长、奔流不息的中国文化，在其形成、发展与升华之中孕育出的中华民族精神，也就是推动中华民族进步与中国社会发展的基本精神。关于中国文化的基本精神，有的认为主要指中华民族文化的精华，而将其局限性或糟粕等（如比较缺乏实证科学，比较缺乏民主传统，又如儒家思想中的“三纲五常”，道家思想中的“绝圣弃智”和宗教迷信等）排除在外；有的认为精华与糟粕交相杂陈。我们的看法倾向于前者。张岱年等在《中国文化与文化争论》[③]中指出：“文化的基本精神就是文化发展过程中的精微的内在动力，也即是指导民族文化不断前进的基本思想。”基于这种看法，我们认为中国文化的基本精神主要包括爱众为公、自强不息、厚德载物和求是务实四个方面。

第一节　爱众为公

中国文化的基本精神之一，是爱众为公，即博爱大众，天下为公。

先秦诸子中两大显学——儒家与墨家都提倡“爱众”。儒学创始人孔子曾经说过，“泛爱众，而亲仁”[④]，也就是说要博爱大众，亲近有仁德的人。他的弟子樊迟问什么是“仁”，孔子直截了当地回答：“爱人。”[⑤]孟子也说：“仁者爱人。”[⑥]以后，儒家学者在理论上对仁爱思想有了进一步升华。如唐代以复兴儒学为己任的韩愈在《原道》中说：“博爱之谓仁。”宋代著名的理学家张载

---

① 此章参考李宗桂著《中国文化概论》（中山大学出版社，1988 年），张岱年、程宜山著《中国文化与文化论争》（中国人民大学出版社，1998 年），商聚德等主编《中国传统文化导论》（河北大学出版社，1996 年），刘介民编著《中国传统文化精神》（暨南大学出版社，1997 年），罗国杰主编《中国传统道德》（规范卷与理论卷，中国人民大学出版社，1995 年）等。

② 李白《将进酒》，王琦注《李太白全集》卷三。

③ 中国人民大学出版社，1998 年版。

④ 《论语·学而》。

⑤ 《论语·颜渊》。

⑥ 《孟子·兼爱下》。

在《西铭》中提出“民，吾同胞；物，吾与也”的著名命题。意思是老百姓应视为我的同胞兄弟，万物应视为我的朋友。要求爱一切人如同同胞手足一样，并且进一步扩大到天下万物。墨家主张“兼爱”，所谓“若使天下兼相爱，爱人若爱其身”①。其兼爱的理想境界是“天下之人皆相爱，强不执（此处有威慑的意思）弱，众不劫寡，富不侮贫，贵不敖贱，诈不欺愚”②。

然而，儒、墨两家的“仁爱”思想是同中有异：墨家主张不分亲疏之爱，所谓“视人之国若视其国，视人之家若视其家，视人之身若视其身”③。而儒家则主张有差别之爱，分别亲疏远近，先从最亲近的人，即从自己的父母兄弟开始，逐步推广到其他人；而在不同的人际关系中，对待不同的人，仁爱也有不同的内容和不同的表现，如对父母要孝，对兄长要悌（敬爱兄长），而父母对子女则要慈爱，爱子必教，教子以道，等等。这就是所谓的“父义、母慈、兄友、弟共（同“恭”）、子孝”④。意思是为父应义，为母应慈爱，为兄应友爱，为弟应恭敬，为子应孝顺。其中，“孝”受到儒家特别的重视，“夫孝，天之经也，地之义也，民之行也”⑤。那么，何为“孝”呢？蔡元培说：“孝道多端，而其要有四：曰顺；曰爱；曰敬；曰报德。”⑥具体表现为必养且敬，以礼事亲，立身扬名，以

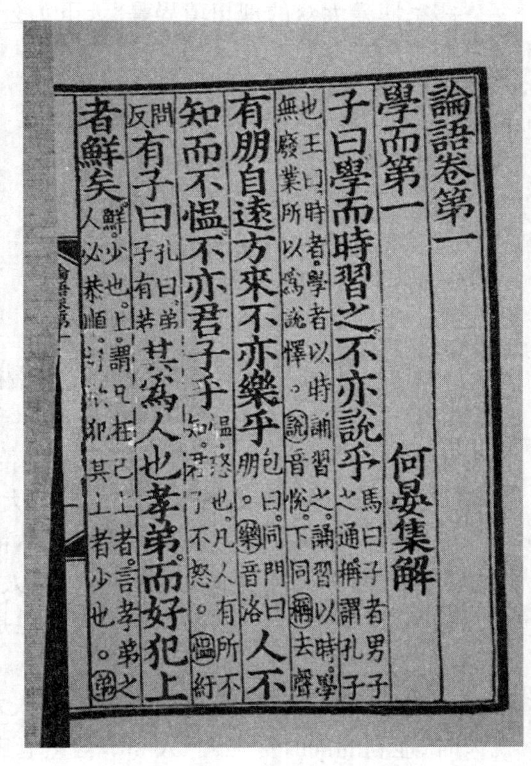
論語卷第一
學而第一　何晏集解
子曰學而時習之不亦說乎 馬曰子者男子之通稱謂孔子也王曰時者學者以時誦習之誦習以時學無廢業所以為說懌
有朋自遠方來不亦樂乎 包曰同門曰朋
人不知而不慍不亦君子乎 慍怒也凡人有所不知君子不怒
有子曰 孔曰弟子有若 其為人也孝弟而好犯上者鮮矣 鮮少也上謂凡在己上者言孝弟之人必恭順好欲犯其上者少也

图 16－1　宋本《论语》

① 《孟子·兼爱上》。
② 《墨子·兼爱中》。
③ 《墨子·兼爱中》。
④ 《左传·文公十八年》。
⑤ 《孝经·三才章》。
⑥ 《蔡元培全集》第二卷《中学修身教科书·子女》。高平叔编，中华书局，1984 年版。

显父母等等。仁爱精神再由血亲关系推而广之，诚如孟子所提倡的“老吾老以及人之老，幼吾幼以及人之幼”①。意思是尊敬我家里的长辈，从而推广到尊敬别人家里的长辈；爱护我家里的儿女，从而推广到别人家里的儿女。这种思想影响广泛，人们一直强调先人后己，助人为乐，乐善好施，救困扶贫，爱民抚众，济民利国等等。显然，博爱大众的精神有其丰富的内涵。

儒家博爱大众的理想境界是“天下为公”。《礼记·礼运》中描述了这种理想的蓝图：

> 大道之行也，天下为公，选贤与②能讲信修睦③。故人不独亲其亲，不独子其子。使老有所终④，壮有所用，幼有所长，矜⑤寡孤独废疾者，皆有所养。男有分，女有归。⑥ 货恶其弃于地也，不必藏于己；力恶其不出于身也，不必为己。⑦ 是故谋闭而不兴，⑧盗窃乱贼而不作。故外户而不闭，是谓大同。

这是一幅理想化了的传说中尧舜时代原始社会的图景，也是儒家政治理想的最高境界，突出地体现了一个“公”字：生产资料公有，物质分配公平，人的行为公正。“天下为公”，一直是儒家所宣传的理想社会，直至近世洪秀全、康有为、孙中山等都为实现“天下为公”的大同理想而奋斗。

无论是爱众，还是为公，都体现了群体精神。这与西方文化精神形成鲜明的对照。西方人较多地强调人与自然、人与社会、人与人之间的对立与冲突，因而侧重于个体与功利；而中国人往往是把世界看成一个动态平衡的整体，有所谓的“天人合一”说，认为人与自然、人与社会是一个整体，二者之间相互协调，和谐一致，因而往往强调人与人之间的亲和与协调（如孟子在重视天时、地利的同时更强调“人和”，当然老庄思想中也突出个体的精神自由即“逍遥”），倡导为社会、为民族、为国家、为人民的整体精神。可以说，中国

---

① 《孟子·梁惠王上》。

② 与：“举”的借字。

③ 讲信修睦：讲求诚信，致力友爱。

④ 老有所终：指老年人能安度终生。

⑤ 矜（guān 官）：通“鳏”。

⑥ 男有分，女有归：男子都有自己的职分，妇女都能出嫁，有自己的归宿。

⑦ 这两句的意思是：对于货财，只担心它废弃于地，不必都归于自己；对于劳力，只担心它不能发挥出来，不一定都是为了自己。

⑧ 谋闭而不兴：欺诈之谋不起。

文化的基本精神都是围绕着这种整体精神而展开的。先秦的《诗经·召南·采蘩》中说的"夙夜在公"，意思是说早晨与夜晚都从事公务。汉代贾谊在《治安策》中则提出："国耳忘家，公耳忘私。"明代吕坤也说："以至公无私之心，行正大光明之事。"[①]在中国历史上，一直弘扬着为社会、为民族、为国家、为人民的群体精神。先看以民为本、忧念苍生的精神。战国时代的孟子说："乐民之乐者，民亦乐其乐；忧民之忧者，民亦忧其忧。乐以天下，忧以天下，然而不王者，未之有也。"[②]与此一脉相承又有所发展的是宋代范仲淹提倡的"先天下之忧而忧，后天下之乐而乐"[③]。唐代诗人杜甫则是从自己的《茅屋为秋风所破歌》中的具体事件引发出哀悯苍生、舍己为人的精神："安得广厦千万间，大庇天下寒士俱欢颜！风雨不动安如山。呜呼！何时眼前突兀见此屋，吾庐独破受冻死亦足！"[④]再看为民族、为国家的献身精神。战国时楚国诗人屈原不仅在《离骚》中表达了自己深沉执着的爱国情感，而且在《国殇》中歌颂了战士们为国献身的精神："带长剑兮挟秦弓，首身离兮心不惩[⑤]。诚既勇兮又以武，终刚强兮不可凌[⑥]。身既死兮神以灵，魂魄毅兮为鬼雄。[⑦]"西汉抗击匈奴的名将霍去病，常常身先士卒，屡建功勋，汉武帝要为他修治宅第，他说："匈奴不灭，无以家为也。"[⑧]同是西汉时期的苏武出使匈奴，不受利诱，不畏威逼，北海牧羊 19 年，以雪和旃毛为饮食，不为屈服，尽忠报国。东晋祖逖有志于恢复中原而致力于北伐，枕戈待旦，闻鸡起舞，曾中流击楫宣誓："祖逖不能清中原而复济者，有如大江！"[⑨]南宋抗金名将岳飞，背刺"尽（精）忠报国"四个大字而英勇转战，屡败金兵。同是南宋时期的诗人陆游，一生主张抗金，收复中原，临终前在写给儿子的绝笔诗《示儿》中表现了他这种至死不渝的信念："死去原知万事空，但悲不见九州同。王师北定中原日，家祭毋忘告乃翁！"宋末大臣文天祥矢志报国，被俘后宁死不

---

① 《呻吟语·应务篇》。

② 《孟子·梁惠王下》。

③ 《岳阳楼记》，《范文正公集》卷七。

④ 《茅屋为秋风所破歌》，仇兆鳌《杜诗详注》卷十。

⑤ 惩(chéng)：终止。

⑥ 诚：诚然。又以：又且。武：威武。

⑦ 神以灵：即神为灵。这两句的意思是：战士们虽然身死，但精神不会磨灭，英灵威武如昔，将永远是鬼中的英雄。

⑧ 《汉书·霍去病传》。

⑨ 《晋书·祖逖传》。

屈，从容赴难，留下了“人生自古谁无死，留取丹心照汗青”[①]的正气之歌。明代于谦是一位与岳飞齐名的民族英雄，当“土木堡之变”后，他挺身而出抗击入侵的瓦剌军，后来为国献身。他借物言志的《石灰吟》诗，是他为民族、为国家勇于牺牲的大无畏精神的生动写照：“千锤万击出深山，烈火焚烧若等闲。碎骨粉身全不怕，要留清白在人间。”鸦片战争时期的林则徐，虎门海滩销烟，抗击英国入侵，主张“苟利国家生死以，岂因祸福避趋之？”[②]意思是倘使有利于国家，我可以用生命作奉献，怎么能因是祸就避开，是福就争取呢？这不仅是他的自励，而且也展示了这位近代政治家为民族、为国家献身的英雄气概。

“大一统”，是中国传统的整体思想的一个重要方面。汉代董仲舒说：“《春秋》大一统者，天地之常经，古今之通谊也。”[③]在封建社会，维护“大一统”者往往将忠君与爱国联系在一起。而明末清初独具慧眼的思想家与爱国主义者顾炎武，鉴于明代朱姓王朝腐败而灭亡的教训，特别区分忠于一家一姓朝代与爱国、保天下的不同，区分“亡国”与“亡天下”的不同，他说：“有亡国，有亡天下，亡国与亡天下奚辨？曰易姓改号，谓之亡国；仁义充塞，而至于率兽食人，人将相食，谓之亡天下。”他认为：“保国者，其君其臣，肉食者谋之；保天下者，匹夫之贱，与有责焉耳矣。”[④]顾炎武所主张的“天下兴亡，匹夫有责”（梁启超概括）的爱国主义和整体主义思想，正是中国文化基本精神中的精华，正是爱国主义与整体主义，成为凝聚中华民族的强大力量。国家的统一，民族的团结，反对分裂，反对内战，成为几千年来各族人民的共同愿望，从而决定了中国历史发展的主流和方向。公元前221年，秦始皇统一六国，中国第一次出现大一统局面。从此以后，又经历了两千余年的王朝统治，尽管在此期间也曾出现过无数次严重的外扰，也曾经历了国家分裂和地区政权间对立的内患，但中华民族崇尚统一、反对分裂的传统文明是永强不息的，最终都依靠自己的力量，一次次地获得新的生机，使中华民族始终没有解体，没有屈服，傲然屹立在世界民族之林。

---

① 《过零丁洋》，《全宋诗》卷三五九八。

② 《赵戌登程口占示家人》。

③ 《汉书・董仲舒传》。

④ 《日知录・正始》。

第二节　自强不息

中国文化的基本精神之二，是自强不息。

“天行健，君子以自强不息。”[①]意思是：天道刚健，君子以天为法，所以自强不息。《周易》中有六十四卦，第一卦叫乾卦，它借用龙的变化表达变易、发展的观点。龙能隐能显，变化无端，能跃进深渊，也能腾飞升天，象征着刚健有为、自强不息的精神。在中华文化传统习俗中，龙是吉祥的象征，人们将中华民族称为“龙的传人”，将中华文化称为“龙的文化”。显然，刚健有为、自强不息是中国文化的基本精神之一。这种精神体现在许多先哲的言行之中。孔子“发愤忘食，乐而忘忧，不知老之将至”[②]；墨子主张兼爱，“摩顶放踵[③]，利天下为之”[④]，并且坚信“强必贵，不强必贱；强必荣，不强必辱，故不敢怠倦”[⑤]；老子虽然尚柔，但主张以“柔弱胜刚强”[⑥]，以迂回的方式自胜自立，“胜人者有力，自胜者强”[⑦]；法家主张法、术、势的强力作用，革旧图强，富国强兵，所谓“治国有器[⑧]，富国有事[⑨]，强国有数[⑩]，胜国有理，制天下有分”[⑪]。

自强不息的精神表现为勤勉。“民生在勤，勤则不匮”[⑫]，中国人特别提倡“勤勉”，如《尚书》中强调“克勤于邦”、“勤思劳体”等。《诗经·小雅·小明》中勉励说：“嗟尔君子，无恒安息。”汉代乐府诗《长歌行》中写道：“少壮不努力，老大徒伤悲。”唐代韩愈在《进学解》中倡导勤奋刻苦、持之以恒的精神：“业精于勤而荒于嬉，行成于思而毁于随。”民间也流传着不少劝人勤奋的谚语和格言：“黄金无种，偏生勤俭人家”；“一年之计在于春，一生之计在于勤”；等等。

---

① 《周易·乾·象传》。
② 《论语·述而》。
③ 摩顶放踵：摩秃头顶，走破脚跟。形容不辞劳苦。
④ 《孟子·尽心上》。
⑤ 《墨子·非命下》。
⑥ 《老子》三十六章。
⑦ 《老子》三十三章。
⑧ 器：武器，军备。
⑨ 事：生产。
⑩ 数：法则、定数。
⑪ 《管子·制分》。
⑫ 《左传·宣公十二年》。匮(kuì)：困乏。

自强不息的精神表现为人定胜天。战国时期的荀子认为“天”是自然现象，人们只要按自然规律办事，就可以“制天命而用之”[①]。也就是说人能够而且应该控制自然，利用自然，改造自然，因为人具有社会群体性和主观能动性，这就是“人强胜天”[②]、“人众胜天”[③]、“人定胜天”[④]。唐代刘禹锡继承并发扬了荀子等人的思想，在《天论》中强调“天与人交相胜，还相用”。也就是说天所能做到的，人固然有不能做到的；人所能做到的，天也有做不到的。天、人各有其特殊的功能胜过对方，但也各相利用。中国古代神话传说中的“盘古开天”、“女娲补天”、“后羿射日”、“大禹治水”以及寓言中的“愚公移山”等，都体现了战天斗地、人定胜天的精神。

自强不息的精神表现为革故鼎新。汤铭上说：“苟日新，日日新，又日新。”[⑤]意思是：假如今天洗掉污垢更新自身，那么就要天天清洗更新，每日不间断地清洗更新。此铭通过洗浴净身来勉励人们在个人品德、国家大政方面都要力求日新月异、除旧布新。《诗经・大雅・文王》中说：“周虽旧邦，其命维新。”意思是周朝虽然是一个旧的邦国，但它承受天命气象一新。《周易》是一部讲变易的书，其《系辞下》中说：“穷则变，变则通，通则久。”[⑥]《杂卦》中又说：“《革》，去故也。《鼎》，取新也。”[⑦]正是这种善于通变、革故鼎新的精神，使得“江山代有才人出，各领风骚数百年”[⑧]。从春秋时管仲辅佐齐桓公施行改革，到战国时秦孝公起用商鞅变法；从宋代王安石变法，到明代张居正以“一条鞭法”改革赋税制度；还有在科学技术上不断革新而曾以“四大发明”等众多科技创造闻名于世，都体现了中华民族革故鼎新的精神。

自强不息的精神表现为奋起抗争。“穷而后工”[⑨]，是说文人处境越困穷，诗就写得越好。“穷当益坚”[⑩]，是说大丈夫处境越困穷，意志应当越坚定。古往今来，中华民族有许多在逆境中奋争的志士仁人，如司马迁《报任

---

① 《荀子・天论》。

② 《逸周书・文传》。

③ 《史记・伍子胥传》。

④ 刘过《襄阳歌》。

⑤ 《礼记・大学》。

⑥ 穷则变，变则通，通则久：《易》道行不通时就变，变了就行得通，行得通就可以长久。

⑦ 这两句意思是：《革》卦是改去旧的。《鼎》卦是取得新的。

⑧ 赵翼《论诗》，《瓯北集》卷二十八。

⑨ 欧阳修《梅圣俞诗集序》，《欧阳文忠公集》（四部丛刊本）卷四十二。

⑩ 《后汉书・马援传》。

少卿书》中说："盖文王拘而演《周易》[①]；仲尼厄而作《春秋》[②]；屈原放逐，乃赋《离骚》[③]；左丘失明，厥有《国语》[④]；孙子膑脚，兵法修列[⑤]；不韦迁蜀，世传《吕览》[⑥]；韩非囚秦，《说难》、《孤愤》[⑦]；《诗》三百篇，大抵圣贤发愤之所为作也[⑧]。"还有越王勾践被吴国打败后而卧薪尝胆，终于报仇雪耻，并成为春秋"五霸"之一；西汉司马迁为申述李陵寡不敌众降匈奴之事而惨遭宫刑，但他刑后余生，发愤著书，终于完成了《史记》这部"史家之绝唱，无韵之《离骚》"(鲁迅评语)的不朽著作。这都反映了愈是遭受挫折，愈是奋起抗争的精神和坚韧不拔的意志。而面对外来侵略者，中国人民更是奋起反抗，不屈不挠。如宋代抗辽名将杨业以及其子杨延昭、其孙杨文广等"杨家将"，一门忠烈，前赴后继，保家卫国；明清之际的郑成功率众收复被荷兰殖民者盘踞近40年的台湾岛；鸦片战争时期，三元里人民奋起抗击英军入侵；中日甲午战争中，邓世昌为保护旗舰，下令已受重伤的致远舰向敌先锋舰猛冲，全舰250人中大部分壮烈牺牲，这都展示了中国人民不畏列强，反对侵略，奋起抗争，英勇献身的精神。

自强不息的精神还表现为一种人格理想，这就是孔子所说的"三军可夺帅也，匹夫不可夺志也"[⑨]。这就是孟子所提倡的"富贵不能淫，贫贱不能移，威武不能屈"[⑩]的"大丈夫"精神。晋、宋时代的著名诗人陶渊明正道直行，不慕荣利，愤然地说："我岂能为五斗米折腰向乡里小儿！"[⑪]唐代大诗人李白蔑视权贵，不为功名利禄所引诱，大声宣称："安能摧眉折腰事权贵，使我不得

---

① 盖：发语词。文王：即西伯姬昌，相传被商纣王囚于羑里时，他把伏羲所作的八卦推衍为六十四卦，著成《周易》，也叫《易经》。演：推广。

② 仲尼：孔丘，字仲尼。孔子周游列国，至陈蔡处境困厄，回鲁国后，鉴于自己政治主张的无法实现，就据鲁史修订《春秋》，反映春秋242年间的史事。

③ 屈原：名平，战国楚人。初受楚怀王重用，后遭谗放逐，写出伟大诗篇《离骚》。赋：铺叙。

④ 左丘：左丘明，春秋时鲁国人。失明：失去视力。厥：才。《国语》：是分国叙述西周至春秋周、鲁等八国贵族间言论的史书。

⑤ 孙子：孙膑，战国时齐人。膑脚：古代剔去膝盖骨的酷刑。修列：编写，论述。孙子著有《孙膑兵法》。

⑥ 不韦：吕不韦，任秦王嬴政的丞相。后因罪迁蜀，自杀身亡。《吕览》：即《吕氏春秋》，吕不韦任相时集合门客编写而成的一部杂家著作。

⑦ 韩非：韩国公子，战国末期法家的集大成者。著有《韩非子》。囚秦：韩非出使秦国，遭李斯诬陷，入狱自杀。《说难》、《孤愤》是他写于入秦前的名篇。

⑧ 《诗》三百篇：即《诗经》。发愤：抒发内心愤懑。

⑨ 《论语・子罕》。

⑩ 《孟子・滕文公下》。

⑪ 萧统《陶渊明传》。

开心颜!"[①]当然,正道直行、自胜自立的人格需要不断砥砺风节,善养浩然之气,诚如孟子所说,"天将降大任于是人也,必先苦其心志,劳其筋骨,饿其体肤,空乏其身,行拂乱其所为,所以动心忍性,增益其所不能。"[②]意思是:天将要把重大的任务落到某人身上,一定先要他的心意苦恼,使他的筋骨劳累,使他的肠胃饥饿,使他的身体空乏,违逆他的所做所为总让他不顺心,这样可以震动他的心意,磨炼并坚韧他的性情,增加他平时所没有的能力。正是在这种逆境与挫折中才能不断砥砺风节,不断培育与发扬自强不息、开拓进取的精神。

第三节　厚德载物

中国文化的基本精神之三,是厚德载物。

《周易·坤卦·象传》中说:"君子以厚德载物。"意思是君子以深厚的德泽来容纳人物。后来用以指道德高尚的人能承担重大任务。显然,"厚德载物"的内涵有二:一是指进德厚德,二是指兼容并蓄,而两者又是有机的统一。

中国传统文化中十分强调进德、厚德、明德,如《周易·乾卦》中说:"君子进德修业,欲及时也,故无咎。"意思是君子进德修业,要及时有所作为,所以无害。孔子也说:"为政以德,譬如北辰居其所而众星共(拱)之。"[③]意思是用道德来治理国政,自己便会像北极星一样,在一定的位置上,别的星辰都环绕着它。《庄子·天下篇》中说"圣人""以德为本"。《榖梁传·僖公十五年》中也说"德厚者流光"。"光",通"广",意思是德泽厚者影响深远。《大学》中说:"古人欲明明德(显明美德)于天下者,先治其国;欲治其国者,先齐其家;欲齐其家者,先修其身;欲修其身者,先正其心;欲正其心者,先诚其意;欲诚其意者,先致其知;致知在格物[④]。"这"格物、致知、诚意、正心、修身、齐家、治国、平天下"的一套理论,简而言之就是"厚德载物",或曰"内圣外王"。"内圣外王"一语出自《庄子·天下》篇,但它表达的主要是儒家的理想人格。"内圣",指主体内在的修养,对美德的把握,用《大学》中的话来说,也就是"致知、诚意、正心、修身";"外王",指将主体内在的修养所得,推广于社

---

① 《梦游天姥吟留别》,《李太白全集》卷十五。

② 《孟子·告子下》。

③ 《论语·为政》。

④ 致知在格物:推究事物的原理而获得知识。

会，用《大学》中的话来说，主要是“治国、平天下”。这主要针对为政者。为政者之德具体包括正身明法、勤政爱民、举贤任能等。同时，知识分子要讲“士德”，要求对所学得的知识，践履实行，加强自身修养；要有弘毅远大的志向，要有自己的气节；在国家、社会和民族的危难关头，应当“无求生以害仁，有杀身以成仁”①。民要讲“民德”，要求“民德归厚”②，要勤劳节俭，“农以耕桑为本，而勤俭又耕桑之本。”③商人要讲“商德”，要“义以生利，利以平民”④，要遵守“货真价实”、“忠诚守义”等商业道德，“以察尽财”⑤，就是说以自己明察智慧去赚钱。只有遵守以上商业道德的商人，才称得上“廉贾”、“诚贾”或“儒商”。为人师表者要讲“师德”，中国古代将“师”与天地君亲并举，所谓“天地君亲师”。师之地位崇高，决定了教师强烈的责任感和使命感，“教职，以安邦国，以宁万民，以怀⑥宾客。”⑦教师要“传道、授业、解惑”⑧，要为人师表，要博学知新，要因材施教，等等。从事文学、戏剧、音乐、绘画、书法、杂艺、舞蹈等艺术工作者要讲“艺德”，要“志于道，据于德，依于仁，游于艺”⑨；要德艺双馨，以诗歌等艺术“经夫妇，成孝敬，厚人伦，美教化，移风俗”⑩。医生要讲“医德”，要以传说中“尝百草之滋味”“以疗民疾”的神农、炎帝为榜样，视医为“仁术”，“以利济存心”⑪，救死扶伤。中华民族的传统道德教育特别强调从儿童抓起，“孟母三迁”、“断机教子”以及年仅四岁的孔融让梨等便是典范。“十年树木，百年树人”，青少年是修身进德的关键时期，“业精于勤而荒于嬉，行成于思而毁于随”⑫，青少年要不断地陶冶情操，砥砺道德，提高素养，成为德才兼备的一代新人。

厚德与宽容相互作用，所谓“君子尊贤而容众”⑬，“君子能则宽容，易直

① 《论语・卫灵公》。

② 《论语・学而》。厚：厚道，忠厚老实。

③ 方回《桐江续集・务本堂纪》。

④ 《左传・成公二年》。

⑤ 《荀子・荣辱》。

⑥ 怀：“安”的意思。

⑦ 《周礼・天官・小宰》。

⑧ 韩愈《师说》，《韩昌黎文集校注》卷一。

⑨ 《论语・述而》。

⑩ 《诗经・周南・关雎序》。

⑪ 叶天士《临证指南医案・华序》。

⑫ 韩愈《进学解》，《韩昌黎文集校注》卷一。

⑬ 《论语・子张》。

以开道(同“导”)人”[①]。还有一些成语、俗语,如“虚怀若谷”、“宽宏大量”、“腹中天地宽,常有渡船人”、“水至清则无鱼,人至察则无徒”、“宰相肚里能行船”等等,都是将宽容视为美德。战国时期文化学术上的“百家争鸣”与当时较为宽容的文化学术环境有关。《汉书·艺文志》中说:“时君世主,好恶殊方,是以九家之术蜂出并作,各引一端,崇其所善。”例如齐国稷下学宫,由于齐宣王等君王礼贤下士,对各派兼容并包,汇集了道、法、儒、名、兵、农、阴阳诸家之学,形成稷下学派,稷下成了诸子百家争鸣和思想交流的中心,促进了文化学术的发展和繁荣。又如自从两汉之际印度佛教传入中国,不断与中国本土文化融会贯通,在隋唐形成了天台宗(法华宗)、三论宗(法性宗)、唯识宗(法相宗或慈恩宗)、华严宗(法界宗或贤首宗)、密宗、净土宗、律宗、禅宗等中国化的佛教宗派。唐代是一个文化开放、兼容的时代,唐代统治者尊道、礼佛、崇儒,道教风行,佛教兴旺,儒学昌明,更是鼓励“三教”展开自由辩论,促成“三教合一”的文化氛围。国力强盛的唐朝将“厚德载物”的传统精神推向一个高峰。唐太宗李世民以虚怀纳谏著称于世,而魏徵等也敢于犯颜直谏,在君臣遇合之中施行仁义,实行轻徭薄赋、疏缓刑罚的政策,并且进行了一系列政治、军事改革,终于促成了社会安定、生产发展的升平景象,史称“贞观之治”。唐代对吐蕃、回鹘等胡夷文化表现出广收博采的恢宏气度,对胡乐、胡舞、胡服、胡食等广泛吸收,出现了“胡音胡骑与胡妆,五十年来竞纷泊”[②]的“胡风”盛行的局面。中外文化交流也达到高潮,不仅有玄奘西赴天竺求佛法,鉴真和尚东渡日本,而且吸引了日本、朝鲜等亚、非很多国家的使臣、留学生、商人与学问僧潮涌而来,真所谓“万国衣冠拜冕旒”[③]。尤其是唐朝前期全国统一、经济繁荣、文化昌盛,政治上出现了“贞观之治”、“开元盛世”,诗坛上出现了以李白、杜甫等为代表的“盛唐气象”,更是以“气蒸云梦泽,波撼岳阳城”[④]的宽大胸怀,“会当凌绝顶,一览众山小”[⑤]的远大眼光,“转益多师是汝师”[⑥]的兼容并包的伟大气魄引收外来文化,从而使中国成为亚、非各国经济、文化交流的桥梁和中转的枢纽,也成为当时

---

① 《荀子·不苟》。

② 元稹《法曲》,《全唐诗》卷四百一十九。

③ 王维《和贾至舍人早朝大明宫之作》,赵殿成《王右丞集笺注》卷十。“冕旒”,皇帝的礼冠,此代指皇帝。

④ 孟浩然《望洞庭湖赠张丞相》,《孟浩然集》(四部丛刊本)卷三。

⑤ 杜甫《望岳》,仇兆鳌《杜诗详注》卷六。

⑥ 杜甫《戏为六绝句》,仇兆鳌《杜诗详注》卷十一。

世界上最富庶、最文明的国家之一，领世界潮流之先。与此形成鲜明反照的是清朝中后期，统治者盲目自大，以天朝自居，实行闭关锁国的政策，才造成了中国的落后。正反两方面的经验告诉我们：海纳百川，有容乃大，只有发扬“厚德载物”的优良传统，坚持改革开放，不断综合创新，才能再造辉煌，强我中华，为世界文明做出更大的贡献。

第四节　求是务实

中国文化的基本精神之四，是求是务实。

先秦儒家学说的创始人孔子强调“知之为知之，不知为不知”[①]的实事求是的精神。他是一个注重实际的人，对于实际生活中无法验证的事情，他常常采取既不轻易肯定也不轻易否定的态度。例如，“子不语怪、力(暴力)、乱(叛乱)、神”[②]。又如，季路问服事鬼神的方法，孔子说：“未能事人，焉能事鬼？”[③]意思是说，活人还不能服事，怎么能去服事死人？孔子重视人事，不轻言怪异与鬼神，主张“言必有中”[④]，意思是一开口一定中肯。孔子还强调学以致用，经世致用，他说：“诵《诗》三百，授之以政，不达；使于四方，不能专对；虽多，亦奚以为？”[⑤]这就是说，熟读《诗经》三百篇，交给他以政治任务，却办不妥；叫他出使外国，又不能独立地去谈判酬酢。纵是读得多，又有什么用处呢？墨子也提倡“言必信，行必果”[⑥]，言行一致。法家也主张“循名实而定是非，因参验而审言辞”[⑦]。而汉初流行的黄老之学兼采儒、墨、名、法、阴阳诸家之长，主张在“究万物之情”的基础上，坚持“因物与合”[⑧]的思想路线。用我们今天的话来说，叫作一切从实际出发，因物变化，因时变化，因地变化。又强调“实中其声”，即言行一致。至于说“实事求是”一语，出自《汉书·河间献王传》。书中在称赞汉景帝的儿子刘德的治学态度时，说他“修学好古，实事求是”。千百年来，中国传统文化中“实事求是”精神经过长期积淀，具有丰富的内涵。

---

① 《论语·为政》。
② 《论语·述而》。
③ 《论语·先进》。
④ 《论语·先进》。
⑤ 《论语·子路》。
⑥ 《墨子·兼爱下》。
⑦ 《韩非子·奸劫弑臣》。
⑧ 司马谈《论六家之要指》，《史记》卷一百三十《太史公自序》。

求是务实的精神表现为言行一致。例如，战国时期的荀子重征验，贵实行，他说："不闻不若闻之，闻之不若见之，见之不若知之，知之不若行之。"[①]东汉王充著有一部《论衡》，其宗旨是"疾虚妄，归实诚"。也是东汉时的王符说："大人不华，君子务实。"[②]南宋朱熹认为知行不可偏废，他说："致知、力行，用功不可偏。"[③]明代王守仁偏重于道德践履上倡导"知行合一"，他说："我今说个知行合一，正要人晓得一念发动处，便即是行了。发动处有不善，就将这不善的念克倒了。须要彻根彻底，不使那一念不善潜伏在胸中。此是我立言宗旨。"[④]又说："知之真切笃实处，即是行；行之明觉精察处，即是知。"[⑤]而王廷相从突出社会实践的重要性上倡导"知行兼举"[⑥]，强调"于实践处用功，人事上体验"[⑦]。明清之际，中国古代唯物主义哲学的集大成者王夫之强调知与行相互凭借，相互资助，他说，"知行相资以为用"[⑧]；"力行而后知之真"[⑨]。在清代乾隆、嘉庆年间达于极盛的考据学——乾嘉学派，继承汉代经学家考据训诂的方法，学风平实、严谨，不尚空谈，无论是在经学、史学、音韵，还是在金石、地理、天文、历法、数学等方面，都取得了精湛的业绩。阮元总结了乾嘉学派的经验，标明其宗旨是"实事求是"。

求是务实的精神表现为经世致用。上文说到的乾嘉学派，由于它的鼎盛期处在统治阶级的思想禁锢之中，因而淡化了"经世致用"的精神。但是，经世致用，一直是中国文化的基本精神之一。先秦的孔子强调学以致用，经世致用，他认为："诗，可以兴，可以观，可以群，可以怨。迩之事父，远之事君。"[⑩]意思是说：读诗，可以培养联想力，可以提高观察力，可以锻炼合群性，可以学得讽刺方法。近呢，可以运用其中道理来侍奉父母；远呢，可以用来服侍君上。这是侧重以孝与忠来经世。荀子也说："道也者，治之经理（常法）也。"[⑪]他以隆礼重法而经世。中国第一部编年体史书《春秋》，以"信史"

---

① 《荀子·儒效》。
② 《潜夫论·叙录》。
③ 《朱子语类》卷九。
④ 《王阳明全集》卷三《传习录下》。
⑤ 《王阳明全集》卷二《传习录中》。
⑥ 王廷相《慎言》卷八《小宗篇》。
⑦ 王廷相《与薛君采二首》其二，《王氏家藏集》卷二十七。
⑧ 王夫之《礼记章句》卷三十一。
⑨ 王夫之《四书训义》卷十三。
⑩ 《论语·阳货》。
⑪ 《荀子·正名》。

正世风，救乱世。中国第一部纪传体通史《史记》，其宗旨是“究天人之际，通古今之变，成一家之言”①。所谓“究天人之际”，就是推究天象与人事之间的关系；所谓“通古今之变”，就是通晓古今史事的变化，以史为鉴，以史经世。北宋司马光编写《资治通鉴》，其目的在于使统治者从历代治乱兴亡中取得鉴戒。“资治”，也是“经世”的意思。这部编年通史注意突出经世的功能。又如，元代赵世延等编纂《经世大典》，明代陈子龙等编《明代经世文编》，清代贺长龄又辑《皇朝经世文编》等。明末，以顾宪成、高攀龙为代表的东林党人用一副对联展示了他们经世济民的崇高理想：“风声、雨声、读书声，声声入耳；家事、国事、天下事，事事关心。”

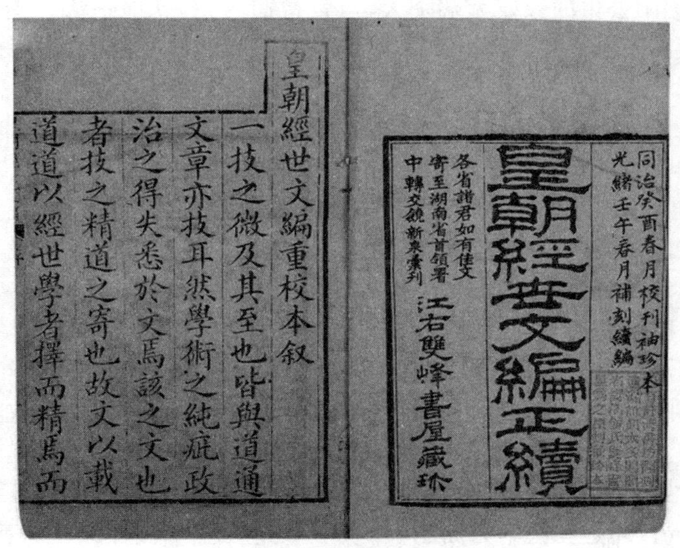
同治癸酉春月校刊袖珍本
光緒壬午春月補刻續編
皇朝經世文編正續
各省諸君如有佳文
寄至湖南省首領署
中轉交領新泉彙刊
江右雙峰書屋藏板

皇朝經世文編重校本敘
一技之微及其至也皆與道通
文章亦技耳然學術之純疵政
治之得失悉於文焉該之文也
者技之精道之寄也故文以載
道道以經世學者擇而精焉而

图 16－2　《皇朝经世文编》

求是务实的精神表现为信史直录，求实求真。秉笔直书，信史直录，是我国史学的一个优良传统，早在春秋时期就有两位史官“直书”的典型，一位是晋国的史官董狐。晋灵公想要杀大臣赵盾，赵盾便逃亡。有一天，他的弟弟赵穿杀死了晋灵公，赵盾在这时还没有逃出晋国的国境，又返回执政。史官董狐直书其事：“赵盾弑其君”，并在朝廷上展示。赵盾说：“不对。”董狐反驳说：“你是正卿，逃亡不出境，回来后又不讨贼，不是你是谁？”孔子赞美说：

① 司马迁《报任安书》。

"董狐,古之良史也。"[①]另一位是齐国的太史。当时,齐国的大夫崔杼杀掉了齐庄公,这在当时是大逆不道的,齐国太史便在"国史"中直书"崔杼弑其君",其中一个"弑"字含有贬斥的意思。因而,崔杼将这位史官杀掉了。而这位被杀史官的弟弟继承哥哥的事业,继续直书其事,又被杀了。另一位弟弟仍然如实书写,崔杼不得已"乃舍之"[②]。司马迁写《史记》,也是"不虚美,不隐恶",对于帝王如汉武帝刘彻的迷信求仙和贪功生事,将相大臣如公孙弘等人的巧诈逢迎,张汤、杜周等人的贪污残酷,以及王室子孙的荒淫乱伦等,都秉笔直书,加以深刻地讥讽和谴责。求是务实的精神还表现为直道而行,如敢于犯颜直谏的魏徵,刚正不阿的包拯、海瑞等。又如东汉董宣任洛阳令时,湖阳公主的家奴无端杀人,董宣智捕凶犯,就地正法。光武帝刘秀强迫董宣向湖阳公主谢罪,董宣誓不低头。光武帝见他铁骨铮铮,称之为"强项令"[③]。

求是务实的精神还渗透在科技文明之中。古代中国人创造出光辉灿烂的科技文明,也涌现出难以计数的科学家和技术发明家。英国著名的科学史家李约瑟说:"我们必须记住,在早些时候,中世纪时代,中国在几乎所有的科学技术领域,从制图学到化学炸药都遥遥领先于西方。从我们的文明开始到哥伦布时代,中国的科学技术常常为欧洲人所望尘莫及。"[④]在以往相当长的一段时期内,中国科学技术之所以在世界上处于领先地位,一个很重要的原因是注重实践,注重考察,充满着务实精神。无论是在农学方面的北魏贾思勰的《齐民要术》、元代王祯的《农书》、明代徐光启的《农政全书》,还是在数学方面的十进位制的发明、圆周率数据的精确计算;无论是在天文学方面的世界上最早的一次哈雷彗星记录(鲁文公十四年,公元前613年)、浑天仪的制造,还是在医学方面的《神农本草经》、《本草纲目》等专著;无论是在地理学方面的《水经注》、《徐霞客游记》,还是指南针、造纸术、印刷术、火药等四大发明;无论是在手工业方面的春秋末年齐国人的《考工记》、明末宋应星的《天工开物》,还是元代妇女黄道婆推广纺织技术,都体现了求实求真的科学精神。例如,明代医药学家李时珍编撰《本草纲目》,不仅参阅有关文献八百余种,而且翻山越岭,穷收博采,到处访问求教,亲服口尝,不断进行科学的观察与实验,纠正前人有关药物产地、品种、药效等方面的错误,历时

---

① 《左传·宣公二年》。

② 《左传·襄公二十五年》。

③ 见《后汉书·董宣传》。

④ 潘吉星主编《李约瑟文集》,第204页,辽宁科技出版社,1986年版。

27年而完成了明代一部集大成的药学巨著，收藏药物1892种，比前人增加374种。《本草纲目》在中国药学发展史上树立起一块丰碑，从17世纪起传到国外，已有日、英、法、德、俄、朝鲜以及拉丁文等多种文字的译本，显示了《本草纲目》在世界范围的巨大影响。

第五节　尚中贵和

中国文化的基本精神之五，是尚中贵和。

尚中，崇尚中和。《礼记·中庸》中说："喜怒哀乐之未发，谓之中；发而皆中节，谓之和。中也者，天下之大本也；和也者，天下之达道也。致中和，天地位焉，万物育焉。"喜怒哀乐是人的感情，当这些感情还没有表现出来之时，人的内心便处于虚静澹然，不偏不倚的境界；而喜怒哀乐等感情表现出来，都符合常理，中正和谐，这就是"和"。可以说，不偏不倚的"中"，是天下共同遵守的大道理。只要"致中和"，也就是只要达到"中和"的状态，便能天地各得其位，万物自然发育。《周易·乾·象》中说："保合大和，乃利贞。"保持极为和谐的状态，万物便得利而正中。中和，也是中庸的意思，前者侧重于性情，后者侧重于礼义。宋代的朱熹说："以性情言之，谓中和；以礼义言之，谓中庸，其实一也。以中对和而言，则中者体（事物的本体），和者用（外部作用），此是指已发（指喜怒哀乐等感情表现出来）、未发（指喜怒哀乐等感情没有表现出来）而言。"（《朱子语类》卷六十三）他又说："中庸，只是一个道理，以其不偏不倚，故曰'中'，以其不差异可常行，故谓之'庸'。"（《朱子语类》卷六十二）从思维方式与行为方式来说，"中"是不偏激。"过犹不及"（《论语·先进》）是说过分与达不到都是一样不好，都偏离了"中"。从社会意义来说，"中和"是人与人之间的团结和谐。"师克在和，不在众。"（《左传·桓公十一年》）军队克敌致胜在于军心上下一致，团结和谐，而不在兵多将广。因而说："夫仁者好合人（使人融洽），不仁者好离人。故君子居人间则治，小人居人间则乱。"（刘向《说苑·杂言》）从文化心态来说是"君子心和则气和，心正则气正"（张载《经学理窟·气质》）。中正和谐，关键在于心态的平和。

中和或曰中庸，是儒家提出的一条重要的伦理原则和基本道德规范。"子曰：'君子和而不同，小人同而不和。'"（《论语·子路》道德高尚的君子讲有原则的调和而不盲从附和，道德低下的小人盲从附和而不讲有原则的调和，这是将是否真正意义上的"和"视为区分君子与小人的标准之一。《周

易·坤·文言》中说："君子黄中(指内有美德)通理，正位居体。美在其中，而畅于四支(通"枝")，发于事业，美之至也。"一个有道德的人，应该处事中和，通情达理，应当使自己保持居"中"的内在美德，外用于治国、平天下的事业，达到"中和"之美的道德制高点。孔子及其弟子也认为："有子(孔子弟子，姓有，名若)曰：礼之用，和为贵。先王之道，斯(指"和")为美。小大由之，有所不行，知和而和，不以礼节之，亦不可行也。"(《论语·学而》)强调"礼"(社会的典章制度和道德规范)作用，在于使人的关系和谐为贵。显然，尚中贵和，是儒家的基本道德规范之一。

尚中贵和，也与"天人合一"紧密相关。中国传统文化中不仅儒家主张尚中贵和，道家等也是如此。道家创始人老子说："道生一，一生二，二生三，三生万物。万物负阴而抱阳，冲气以为和。"(《老子》四十二章)在老子心目中，"道"是独一无偶的，独一无偶的"道"禀赋阴阳二气，阴阳二气相交而成一种和谐的状态，万物都在这种状态中产生的。万物背阴而向阳，阴阳二气相互激荡而成新的和谐体。《易传·文言》中也有"与天地合其德"的思想："夫大人者，与天地合其德，与日月合其明，与四时合其序，与鬼神合其吉凶。"所谓与天地合其德，是指人与自然要相互适应，相互协调，达到和谐的状态。汉代董仲舒虽然提出以天人感应为核心的"天人一也"(《春秋繁露·阴阳义》)的观点，但在中国文化史上率先提出"天人合一"命题的是北宋时期的张载，他在《正蒙·乾称》中指出："因明致诚，因诚致明，故天人合一，致学而可以成圣，得天而未遗人。"又在其著名的《西铭》中说："乾称父，坤称母，予兹貌焉，乃混然中处。天地之塞，吾其体；天地之帅，吾其性。民，吾同胞；物，吾与也。"天地犹如父母，人与万物都是天地所生，都由气所构成，气的本性就是人与万物的本性。老百姓都是自己的同胞兄弟，万物都是自己的朋友。这就是肯定人是自然界的一部分，因而人与自然是统一的，人与自然应该是和谐的。

中国传统文化中天人合一的思想，强调人与自然、人与社会的和谐，这与西方文化有很大的区别。西方基督教认为上帝造万物，上帝是惟一、绝对的、全知全能的，上帝是万物的主宰；而中国的儒家与道家认为万物不是绝对的、惟一的、全知全能的上帝创造的，而是由天地男女，由多种因素融合成和谐的状态而产生的。无论是世界观，还是思维方式、行为方式上，中国传统文化中多尚中贵和，追求人与自然、人与社会的和谐，向往世界和平。

中国古典诗词中也形象而又生动地展示尚中贵和的思想与"天人合一"的境界。例如明代俞安期《漓江舟行》："桂楫轻舟下粤关，谁云岭外客行艰？

高眠翻爱漓江路，枕底涛声枕上山。”这首诗正好折射出诗人热爱自然的禀性，而第四句是从“枕底”听觉、“枕上”视觉的叙写角度凸显了诗人与漓江天人合一的精神状态：自然山水环抱诗人，诗人投入自然山水。还有清代女诗人柳如是的《西湖绝句》：“垂杨小院绣帘东，莺阁残枝蝶趁风。大抵西泠寒食路，桃花得气美人中。”诗中“美人”使“桃花得气”，人的生命精气与自然融为一体，形成一种独特的艺术魅力。这是作为个体的人与自然的和谐状态，还有作为群体的人(社会)与自然的和谐状态：“江干多是钓人居，柳陌菱塘一带疏。好是日斜风定后，半江红树卖鲈鱼。”这是清代诗人王渔洋的一首《真州绝句》。这首诗写江边上的景物和渔家的生活，笔调清淡，明丽如画。一二句以轻松、清新之笔，描绘了江岸渔家周围的景象；三四句写黄昏时分，在晚霞的映照下，江岸充满了宁静和谐的气氛。三四句是数百年来传诵的佳句，选择“日斜风定后”的瞬间，将“半江红树”的美景与“卖鲈鱼”的叫卖声交织成一幅江岸渔村暮景的有声画，令人陶醉又情韵淡远。显然，读者与诗人王渔洋有心灵上的沟通：将发现自然与寻找自我相结合，将再现客观美景与抒写主观上神往和谐社会的理想相结合。

中国古典诗词中拓展人与自然和谐关系的审美途径方面具有鲜明的特色，这主要表现在自然之景与人的情感相互交融。清代郑燮[满江红](思家)词中有云“我梦扬州，便想到扬州梦我”，这与南宋辛弃疾的[贺新郎]词中“我见青山多妩媚，料青山见我应如是”，一是写梦境，一是写醒境，有异曲同工之妙，都是人与自然交融的点睛之笔。还有晋代陶渊明《饮酒》诗中的“采菊东篱下，悠然见南山”，唐代李白《独坐敬亭山》诗中的“相看两不厌，只有敬亭山”，其中都深藏着人与自然相互交融、悠然自得的天趣。还有清代宋荦的《即事》诗：“雨过山光翠且重，一轮新月挂长松。吏人散尽家童睡，坐听寒溪古寺钟。”雨后山色、松梢新月，如此良辰美景，能否成为赏心乐事呢？君不见，诗中所写的吏人已各自归去，家童也呼呼酣睡，可见大自然无私的怀抱本来向所有的人敞开着，但只有热爱自然的人才懂得欣赏它、享受它，我们可不要等闲放过了眼前的秋风春月！这充分说明以在人与自然的交融中，培养人的欣赏趣味的重要性。

思考与练习

1. 中国文化中“爱众为公”的精神体现在哪些方面？
2. 中国文化中“自强不息”的精神有哪些表现？

3. “厚德载物”一词出自哪本典籍？是什么意思？

4. 中国文化中“求是务实”精神有哪些表现？

延伸阅读与参考书目

何炳松等:《中国本位的文化建设宣言》,胡晓明、傅杰主编,《说中国》第四册,上海:上海文艺出版社,1998 年。

唐君毅等:《为中国文化敬告世界人士宣言》,胡晓明、傅杰主编,《说中国》第四册,上海:上海文艺出版社,1998 年。

陈序经:《中国文化的出路》,《民国丛书》第三编,上海:上海书店,1991 年。

张岱年、方克立主编:《中国文化概论》,北京:北京师范大学出版社,2004 年。

后　记

《中国文化概说》为高等师范学校和其他高职院校教材。在江苏省教育厅及有关部门的领导下，讨论编写计划并成立了编写组，由陈书禄任主编。参加编写工作的有(以姓氏笔画为序)：王青、杨光、陈书禄、常康。绪论、第一章、第十六章，由陈书禄编写；第二章、第三章、第四章、第五章，由王青编写；第六章、第七章、第八章、第九章，由杨光编写；第十章、第十一章、第十二章、第十三章、第十四章、第十五章，由常康编写。全书由主编统稿，并且作了一些修订。

《中国文化概说》在编写过程中，参考了国内外学者的有关论著，吸收了他们的研究成果，书中虽然已经作了若干注解，但限于篇幅，恕不一一说明。本书在图片使用中，有少数作者无法联系，出版社将暂存样书和稿酬，一旦联系上，即奉上。2014 年上半年教育部印发的《完善中华优秀传统文化教育指导纲要》中强调：加强中华优秀传统文化教育，是深化中国特色社会主义教育和"中国梦"宣传教育的重要组成部分，是构建中华优秀文化传承体系，推动文化传承创新的重要途径，是培育和践行社会主义核心价值观、落实立德树人根本任务的重要基础。根据上述精神，我们对初版《中国文化概说》进行了认真的修订，其中增加了延伸阅读与参考书目、思考题和插图等。本次修订，由主编陈书禄教授和副主编王青教授负责，其中王青教授出力颇多。在本书编写与初版、再版的过程中，有关领导与专家给予了热情的支持与帮助，初版编辑薛志红女士、新版编缉胡豪先生付出了辛勤的劳动。在此，我们一并表示衷心的感谢！由于编著者的水平所限与时间仓促，不足之处在所难免，期盼得到老师和同学们的批评和建议。

编　者

2014 年 6 月 8 日

图书在版编目(CIP)数据

中国文化概说 / 陈书禄主编. —南京：南京大学出版社，2014.10(2023.2 重印)
高等学校小学教育专业教材
ISBN 978-7-305-13997-0

Ⅰ. ①中… Ⅱ. ①陈… Ⅲ. ①文化史—中国—高等学校—教材 Ⅳ. ①K203

中国版本图书馆 CIP 数据核字(2014)第 222314 号

出版发行 南京大学出版社
社　　址 南京市汉口路 22 号　　邮　编 210093
出 版 人 金鑫荣

书　　名 中国文化概说
主　　编 陈书禄
责任编辑 胡　豪　　编辑热线 025-83594071
责任校对 梅　爽
照　　排 南京紫藤制版印务中心
印　　刷 常州市武进第三印刷有限公司
开　　本 787×960 1/16 印张 17.5 字数 290 千
版　　次 2014 年 10 月第 2 版 2023 年 2 月第 3 次印刷
ISBN 978-7-305-13997-0
定　　价 42.00 元

网址：http://www.njupco.com
官方微博：http://weibo.com/njupco
官方微信号：njupress
销售咨询热线：(025)83594756